运输作业实务

主　编：韩　璞

副主编：周启荣　周　洁　杨宇平

参　编：陈　红　简永富　劳德勇　闫　妍　梁广慧

傅渝萱　覃春月　史佳欢　黄维娜

中国财富出版社有限公司

图书在版编目（CIP）数据

运输作业实务 / 韩璞主编 . — 北京 : 中国财富出版社有限公司，2023.8

ISBN 978-7-5047-7978-6

Ⅰ . ①运…　Ⅱ . ①韩…　Ⅲ . ①物流—货物运输—中等专业学校—教材

Ⅳ . ① F252

中国国家版本馆 CIP 数据核字（2023）第 168327 号

策划编辑	黄正丽	**责任编辑**	刘　斐　赵晓微	**版权编辑**	李　洋
责任印制	尚立业	**责任校对**	杨小静	**责任发行**	敬　东

出版发行	中国财富出版社有限公司		
社　　址	北京市丰台区南四环西路 188 号 5 区 20 楼	**邮政编码**	100070
电　　话	010-52227588 转 2098（发行部）		010-52227588 转 321（总编室）
	010-52227566（24 小时读者服务）		010-52227588 转 305（质检部）
网　　址	http：//www.cfpress.com.cn	**排　　版**	宝蕾元
经　　销	新华书店	**印　　刷**	北京九州迅驰传媒文化有限公司
书　　号	ISBN 978-7-5047-7978-6/F · 3572		
开　　本	787mm×1092mm　1/16	**版　　次**	2024 年 6 月第 1 版
印　　张	18.25	**印　　次**	2024 年 6 月第 1 次印刷
字　　数	389 千字	**定　　价**	54.00 元

前　言

运输作业实务是物流管理专业学生学习物流运输基本知识与基本技能的必修课程。本书立足于基层运输业务操作，详细介绍了运输业务的操作流程和规范要求等。

本书适用于中职中专院校物流管理和交通运输专业的师生，也适用于从事物流工作的人员和非物流专业的师生。通过本课程的学习，学生可以掌握专业知识并尽快适应基层管理工作岗位的需求，为学习其他专业课程打下基础。

本书以提高学生的实践能力、创新能力、就业能力和创业能力为目标，融“教、学、训、练、评”为一体，依据学生认知能力的变化和知识学习的递进规律，注重从企业实践中提炼典型工作任务，体现了“项目引导—任务驱动”的教学思路，重点培养学生对实际业务问题的分析能力。按照运输作业实务的知识点和运输业务工作流程精心设计了高仿真的任务内容，任务中涵盖任务目标、任务发布、任务工单、任务实施、任务反思、任务评价、知识学习等完整的教学过程。另外，为增强学生的理解及提升学生学习的兴趣，学生可以根据学习需要扫描书中二维码，查看配套的数字化资源。

本书以运输业务流程为主线，将教学内容分为运输概述、公路货物运输操作、水路货物运输操作、铁路货物运输操作、航空货物运输操作、国际多式联运操作、甩挂运输操作及网络货运操作八个学习项目，每个项目根据物流企业的实际工作过程和核心技能要求，分解为若干具体的工作任务。

本书由广西物资学校韩璞担任主编，周启荣、周洁、杨宇平担任副主编，陈红、简永富、劳德勇、闫妍、梁广慧、傅渝萱、覃春月、史佳欢、黄维娜等人参与编写。

在本书的编写过程中，我们得到了北京络捷斯特科技发展股份有限公司张群艳等企业专家的大力支持，参考了大量的文献资料及网络资源，引用了一些专家学者的研究成果和一些公司的案例资料，在此向大家表示崇高的敬意和诚挚的谢意。

由于本书涉及的内容较为广泛，编写时间仓促，书中难免有不妥及错误之处，敬请读者批评、指正。

编　者

2024年3月

目　录

项目一　运输概述

任务一　认识运输与物流

任务目标

通过本任务的学习，可以达成以下目标。

知识目标	1. 了解运输的功能 2. 掌握物流运输系统的概念 3. 理解运输系统的构成内容
技能目标	1. 能梳理运输与物流的关系 2. 能梳理运输与物流其他各环节的关系
思政目标	具备全局意识及科学思辨能力

任务发布

华源集团上海物流中心是一家集仓储托管、仓储外包、仓库出租、物流运输、快递配送于一体的综合性仓储物流企业，致力于为企业打造线上线下销售过程中的仓配、运输一体化的运作模式。

经过层层筛选，李丽最终入职华源集团上海物流中心，根据公司规定，李丽首先要进行轮岗，轮岗的第一个岗位是运输操作员。现在，她需要思考以下几个问题。

（1）运输与物流有什么关系？

（2）运输与物流其他各环节之间有什么关系？

（3）物流运输系统由什么构成？

任务工单

认识运输与物流的任务计划如表1-1-1所示。

表 1-1-1 认识运输与物流的任务计划

任务名称：	
组长：	组员：
任务分工：	
方法、工具：	
任务步骤：	

任务实施

步骤一：梳理运输与物流的关系。

李丽通过自己对于华源集团上海物流中心业务的理解，结合所查的资料，梳理出运输与物流的关系。

（1）梳理运输与物流的关系，如下所示。

扫一扫

运输的概念

扫描二维码，查看运输的概念。

（2）梳理运输与物流其他各环节的关系。

操作步骤1：运输与仓储。

操作步骤2：运输与包装。

操作步骤3：运输与装卸搬运。

操作步骤4：运输与配送。

操作步骤5：运输与信息处理。

操作步骤6：运输与流通加工。

步骤二：识别物流运输系统。

李丽在了解华源集团上海物流中心的物流运输业务链条之后，梳理物流运输系统的构成。

（1）梳理物流运输系统的构成。

物流运输系统主要由三部分构成，分别是______、______、______。

（2）梳理物流运输系统的参与者。

①承运人。

②托运人。

③收货人。

④货运代理。

⑤政府。

任务反思

在完成任务的过程中，遇到了哪些问题？是如何解决的？

任务评价

学生互评表

<table>
<tr><td>班级</td><td></td><td>姓名</td><td></td><td>学号</td><td colspan="2"></td></tr>
<tr><td colspan="2">任务名称</td><td colspan="5">认识运输与物流</td></tr>
<tr><td colspan="2">评价项目（占比）</td><td colspan="3">评价标准</td><td>分值（分）</td><td>得分（分）</td></tr>
<tr><td colspan="2">考勤（10%）</td><td colspan="3">出勤情况（无故旷课、迟到、早退，出现一次扣10分；请假出现一次扣2分）</td><td>10</td><td></td></tr>
<tr><td rowspan="2">学习能力（10%）</td><td>合作学习能力</td><td colspan="3">小组合作参与程度（优6分，良4分，一般2分，未参与0分）</td><td>6</td><td></td></tr>
<tr><td>个人学习能力</td><td colspan="3">个人自主探究参与程度（优4分，良2分，未参与0分）</td><td>4</td><td></td></tr>
<tr><td rowspan="9">工作过程（60%）</td><td rowspan="7">梳理运输与物流及物流其他各环节的关系</td><td colspan="3">能准确梳理运输与物流的关系（每错一处扣3分）</td><td>12</td><td></td></tr>
<tr><td colspan="3">能准确梳理运输与仓储的关系（每错一处扣2分）</td><td>4</td><td></td></tr>
<tr><td colspan="3">能准确梳理运输与包装的关系（每错一处扣1分）</td><td>2</td><td></td></tr>
<tr><td colspan="3">能准确梳理运输与装卸搬运的关系（每错一处扣2分）</td><td>4</td><td></td></tr>
<tr><td colspan="3">能准确梳理运输与配送的关系（每错一处扣2分）</td><td>4</td><td></td></tr>
<tr><td colspan="3">能准确梳理运输与信息处理的关系（每错一处扣2分）</td><td>4</td><td></td></tr>
<tr><td colspan="3">能准确梳理运输与流通加工的关系（每错一处扣2分）</td><td>4</td><td></td></tr>
<tr><td rowspan="2">识别物流运输系统</td><td colspan="3">能准确梳理物流运输系统的构成（每错一处扣2分）</td><td>6</td><td></td></tr>
<tr><td colspan="3">能梳理物流运输系统参与者的主要内容（每错一处扣4分）</td><td>20</td><td></td></tr>
<tr><td rowspan="2">工作成果（20%）</td><td>完成情况</td><td colspan="3">能按规范及要求完成任务（未完成一处扣2分）</td><td>10</td><td></td></tr>
<tr><td>展示情况</td><td colspan="3">能准确展示运输与物流及物流其他各环节之间的关系（失误一次扣5分）</td><td>10</td><td></td></tr>
<tr><td colspan="5">合计</td><td>100</td><td></td></tr>
</table>

教师评价表

<table>
<tr><td>任务名称</td><td colspan="8">认识运输与物流</td></tr>
<tr><td>授课信息</td><td colspan="8"></td></tr>
<tr><td>班级</td><td></td><td>组别</td><td></td><td>姓名</td><td></td><td>学号</td><td colspan="2"></td></tr>
<tr><td colspan="2">评价项目（占比）</td><td colspan="5">评价标准</td><td>分值（分）</td><td>得分（分）</td></tr>
<tr><td colspan="2">考勤（10%）</td><td colspan="5">出勤情况（无故旷课、迟到、早退，出现一次扣10分；请假出现一次扣2分）</td><td>10</td><td></td></tr>
</table>

续 表

<table>
<tr><th colspan="2">评价项目（占比）</th><th>评价标准</th><th>分值（分）</th><th>得分（分）</th></tr>
<tr><td rowspan="2">学习能力（10%）</td><td>合作学习能力</td><td>小组合作参与程度（优6分，良4分，一般2分，未参与0分）</td><td>6</td><td></td></tr>
<tr><td>个人学习能力</td><td>个人自主探究参与程度（优4分，良2分，未参与0分）</td><td>4</td><td></td></tr>
<tr><td rowspan="9">工作过程（60%）</td><td rowspan="7">梳理运输与物流及物流其他各环节的关系</td><td>能准确梳理运输与物流的关系（每错一处扣3分）</td><td>12</td><td></td></tr>
<tr><td>能准确梳理运输与仓储的关系（每错一处扣2分）</td><td>4</td><td></td></tr>
<tr><td>能准确梳理运输与包装的关系（每错一处扣1分）</td><td>2</td><td></td></tr>
<tr><td>能准确梳理运输与装卸搬运的关系（每错一处扣2分）</td><td>4</td><td></td></tr>
<tr><td>能准确梳理运输与配送的关系（每错一处扣2分）</td><td>4</td><td></td></tr>
<tr><td>能准确梳理运输与信息处理的关系（每错一处扣2分）</td><td>4</td><td></td></tr>
<tr><td>能准确梳理运输与流通加工的关系（每错一处扣2分）</td><td>4</td><td></td></tr>
<tr><td rowspan="2">识别物流运输系统</td><td>能准确梳理物流运输系统的构成（每错一处扣2分）</td><td>6</td><td></td></tr>
<tr><td>能梳理物流运输系统参与者的主要内容（每错一处扣4分）</td><td>20</td><td></td></tr>
<tr><td rowspan="2">工作成果（20%）</td><td>完成情况</td><td>能按规范及要求完成任务（未完成一处扣2分）</td><td>10</td><td></td></tr>
<tr><td>展示情况</td><td>能准确展示运输与物流及物流其他各环节之间的关系（失误一次扣5分）</td><td>10</td><td></td></tr>
<tr><td colspan="3">合计</td><td>100</td><td></td></tr>
</table>

知识学习

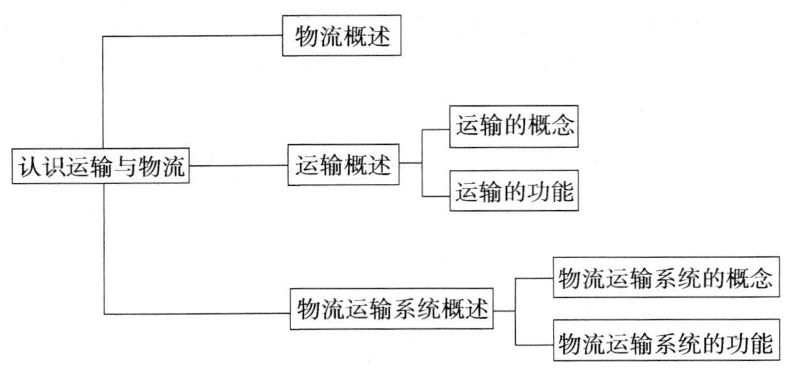

一、物流概述

《中华人民共和国国家标准：物流术语》（GB/T 18354—2021）中指出，物流（Logistics）是根据实际需要，将运输、储存、装卸、搬运、包装、流通加工、配送、信息处理等基本功能实施有机结合，使物品从供应地向接收地进行实体流动的过程。

二、运输概述

1.运输的概念

《中华人民共和国国家标准：物流术语》（GB/T 18354—2021）中指出，运输（Transport）是利用载运工具、设施设备及人力等运力资源，使货物在较大空间上产生位置移动的活动。

2.运输的功能

（1）物品转移。

无论物品处于什么形式，是原材料、零部件、在制品，还是制成品，无论物品处于什么阶段，运输都是必不可少的。运输的主要功能就是使物品在价值链中来回移动。运输利用的是时间资源、财务资源和环境资源，只有当运输确实提高物品价值时，该物品的移动才是重要的。

（2）物品存放。

对物品进行临时存放是一个特殊的运输功能。可将运输车辆作为临时的储存设施，这是因为转移中的物品需要储存，但在短时间内（1~3天）又将重新转移，该物品存放在仓库产生的成本以及由此产生的装卸成本之和可能高于存放在运输车辆中产生的成本。

扫一扫

扫描二维码，查看花王公司的复合运输。

花王公司的复合运输

三、物流运输系统概述

1.物流运输系统的概念

物流运输系统就是在一定的时间和空间内，由运输过程所需的基础设施、运输工具和运输参与者等若干动态要素相互作用、相互依赖和相互制约所构成的具有特定运输功能的有机整体。

2.物流运输系统的功能

（1）转移功能。

①物流运输系统的主要功能就是帮助物品在价值链中来回移动。

②物流运输系统的主要目的就是要以最少的时间、财务和环境成本，将物品从原产地转移到规定地点。

（2）储存功能。

①将运输车辆作为临时储存节点，可能会节省成本。

②在仓库有限的情况下，利用运输车辆储存也不失为一种可行的选择。

（3）衔接功能。

①不同物流节点通过物流运输系统衔接起来。

②在现代物流系统中，运输与信息网络并行实现物流节点的衔接，前者侧重于实物衔接，后者侧重于信息衔接。

扫一扫

物流系统的概念

扫描二维码，查看物流系统的概念。

思政提升

传化公路港：大数据时代的公路物流

在数字经济的大潮下，传化物流集团有限公司（以下简称传化物流）聚焦物流“干线+城配”端到端智能调度服务，开发了“陆鲸”“易货嘀”两大产品，形成互联网物流平台。

“陆鲸”（原易配货）定位于城际干线运力线上调度指挥平台，通过对城际干线卡车的调度，形成港与港、城与城的全国互联互通城际快线。截至2017年6月，“陆鲸”覆盖279个城市，平台上沉淀了132.7万个驾驶员会员，日活跃驾驶员5.9万人；拥有超过13万个货代会员，日发货信息5.8万条，在“鲸眼系统”的助力下，平台的全国货源响应率提高了14.21%。

“易货嘀”定位于同城货运线上调度智慧平台，用互联网技术整合社会化仓储和运力，为企业提供一站式城市物流供应链解决方案。目前，“易货嘀”覆盖30个国内枢纽级城市，网罗了7.44万个驾驶员会员，大型企业客户已超过1000家。

任何事情都是互相联系的，无论身处何种场景，都应该具备全局意识，能够科学看待问题，具备科学思辨能力。

参考答案

步骤一：梳理运输与物流的关系。

李丽通过自己对于华源集团上海物流中心业务的理解，结合所查的资料，梳理出运输与物流的关系。

（1）梳理运输与物流的关系，如下所示。

①运输是物流的核心要素之一。
②运输成本是物流成本的重要组成部分。
③运输是物流成为“第三利润源”的主要影响因素。
④运输影响物流活动的其他环节。

（2）梳理运输与物流其他各环节的关系。

操作步骤1：运输与仓储。

运输和仓储是物流系统中相互影响的两个重要环节。高效的运输可以降低库存量，提高库存周转率；仓储活动是运输过程的调节手段。在物流活动中，运输和仓储的关联性最强。

操作步骤2：运输与包装。

包装是保障运输完成、提高运输效率和运输质量的重要手段。货物的包装程度、包装方法、包装材料及尺寸都会影响运输，合适的包装尺寸可以使运输工具得到充分利用。这对于提高运输工具的装载率有十分重要的意义。

操作步骤3：运输与装卸搬运。

运输与装卸搬运是相互影响的关系。在完成运输活动的过程中，必然伴随装卸搬运活动；装卸搬运也是衔接各种运输方式的重要环节。装卸搬运的形式要与运输方式、运输工具相适应。

操作步骤4：运输与配送。

在企业物流活动中，将货物大批量、长距离地从生产工厂直接送达客户或配送中心的过程称为运输。将货物从配送中心就近发送到客户手中的过程称为配送。运输为大范围的物流活动提供了基础，而配送则确保了货物能够准时准地地送达客户手中。两者相互依存、相互促进，通过有效的协调和整合，可以提高整个物流系统的效率和客户满意度。

操作步骤5：运输与信息处理。

信息技术是促进现代物流运输快速发展的重要因素，信息技术在运输中的应用，不仅能提高物流运输的运行效率和管理水平，而且能促进企业间的信息共享与合作。运输信息化是现代物流发展的必然趋势。

操作步骤6：运输与流通加工。

物流的流通加工功能不仅能实现“延迟策略”，促进销售，而且能方便运输，降低运输成本，从而提高物流系统的总体效益。

步骤二：识别物流运输系统。

李丽在了解华源集团上海物流中心的物流运输业务链条之后，梳理物流运输系统的构成。

（1）梳理物流运输系统的构成。

物流运输系统主要由三部分构成，分别是 运输节点 、运输线路 、运输工具 。

（2）梳理物流运输系统的参与者。

①承运人。

《中华人民共和国国家标准:物流术语》（GB/T 18354—2021）中指出，承运人是本人或者委托他人以本人名义与托运人订立货物运输合同并承担运输责任的当事人。

②托运人。

《中华人民共和国国家标准:物流术语》（GB/T 18354—2021）中指出，托运人是本人或者委托他人以本人名义与承运人订立货物运输合同，并向承运人支付相应费用的一方当事人。

③收货人。

《中华人民共和国国家标准:物流术语》（GB/T 18354—2021）中指出，收货人是由托运人或发货人指定，依据有关凭证与承运人交接并收取货物的当事人或其代理人。

④货运代理。

货运代理是指接受货主或承运人委托，在授权范围内，代表货主办理进出口货物报关、交接、仓储、调拨、检验、包装、租船订舱等业务，或代表承运人承揽货载的机构或个人。货运代理又可以分为四种：货物运输代理（为货主代理）、租船代理（租船代理人和船东代理人）、船务代理（为承运人代理）和咨询代理（提供信息咨询服务）。

⑤政府。

政府主要包括对运输市场进行监督、管理和调控的政府有关机构和交通运输的各级管理部门。

任务二　认识运输方式

任务目标

通过本任务的学习，可以达成以下目标。

知识目标	1.熟悉影响运输方式选择的因素 2.掌握各种运输方式的优缺点
技能目标	1.能掌握利用SWOT分析法[①]分析各种运输方式的步骤 2.能分析各种运输方式的优缺点 3.能根据实际运输业务选择适合的运输方式
思政目标	培养科学的学习习惯，培养创新意识及创新思维

任务发布

华源集团上海物流中心是一家集仓储托管、仓储外包、仓库出租、物流运输、快递配送于一体的综合性仓储物流企业，致力于为企业打造线上线下销售过程中的仓配、运输一体化的运作模式。

经过一段时间的学习，李丽要跟随培训部的刘老师一起了解各种运输方式，只有熟知各种运输方式的特点才能更好地开展日常工作。

运输部主管要求李丽为不同的运输任务选择合理的运输方式，具体任务如下。

（1）把两箱急救药从长沙运到北京。

（2）把一批煤炭从山西运到秦皇岛。

（3）把一批小白菜从长沙郊区运到长沙市区。

（4）把一批钢材从重庆运到长沙。

（5）把15万吨石油从达曼运到上海。

（6）把10万立方米天然气从新疆运到北京。

那么，作为华源集团上海物流中心的一名员工，李丽应如何完成该任务呢？

---

① SWOT分析法：又称“态势分析法”“优劣势分析法”，是用来确定企业自身的优势（Strengths）、劣势（Weaknesses）、机会（Opportunities）和威胁（Threats）的一种综合分析方法。

任务工单

认识运输方式的任务计划如表 1－2－1 所示。

表 1-2-1　认识运输方式的任务计划

任务名称：	
组长：	组员：
任务分工：	
方法、工具：	
任务步骤：	

任务实施

步骤一：分析各种运输方式的优缺点。

（1）为了准确地分析各种运输方式的优缺点，李丽决定采用SWOT分析法进行分析。因此，李丽首先需要梳理出SWOT分析法的实施步骤。

SWOT分析法的实施步骤。

（2）利用SWOT分析法分析各种运输方式的优缺点。

操作步骤1：公路运输的SWOT分析。

公路运输是以车辆为主要运输工具的运输方式，李丽需要梳理出公路运输的优势、劣势、机会与威胁四个方面的内容。

优势	劣势
机会	威胁

操作步骤2：铁路运输的SWOT分析。

铁路运输是以火车为主要运输工具的运输方式，李丽需要梳理出铁路运输的优势、劣势、机会与威胁四个方面的内容。

优势	劣势
机会	威胁

操作步骤3：水路运输的SWOT分析。

水路运输简称水运，是以船舶为主要运输工具，以港口或港站为运输基地，以水域（包括海洋、河流和湖泊）为运输活动范围的一种运输方式，李丽需要梳理出水路运输的优势、劣势、机会与威胁四个方面的内容。

优势	劣势
机会	威胁

操作步骤4：航空运输的SWOT分析。

航空运输是使用飞机及其他航空器运送人员、货物、邮件的一种运输方式，李丽需要梳理出航空运输的优势、劣势、机会与威胁四个方面的内容。

优势	劣势
机会	威胁

操作步骤5：管道运输的SWOT分析。

管道运输是指以管道为主要运输工具，由大型钢管、泵站和加压设备等组成的运输系统完成运输工作的运输方式，李丽需要梳理出管道运输的优势、劣势、机会与威胁四个方面的内容。

优势	劣势
机会	威胁

（3）汇总各种运输方式的优缺点，将表1–2–2补充完整。

表1–2–2　各种运输方式的优缺点

运输方式	速度	运量	运价	适合货物的特点
公路运输				
铁路运输				
水路运输				
航空运输				
管道运输				

步骤二：选择合理的运输方式。

李丽需要结合影响运输方式选择的主要因素，为具体运输任务选择合理的运输方式。

（1）分析影响运输方式选择的主要因素。

物流的运输方式多种多样，如何选择合适的运输方式是物流合理化的重要问题。解决这个问题需要将________________________________等因素以及其他特别要求结合起来综合分析。

一般来说，15～20吨以下的货物，采用____________；15～20吨以上的货物，采用____________；200千米以内，采用____________；200～500千米，采用____________；500千米以上根据具体情况采用______________________。

（2）确定不同运输任务可选择的运输方式、最佳运输方式及理由，将表1-2-3补充完整。

表1-2-3　　货物的运输方式选择

货物	起始地点	可选择的运输方式	最佳运输方式及理由
两箱急救药	长沙—北京		
一批煤炭	山西—秦皇岛		
一批小白菜	长沙郊区—长沙市区		
一批钢材	重庆—长沙		
15万吨石油	达曼—上海		
10万立方米天然气	新疆—北京		

任务反思

在完成任务的过程中，遇到了哪些问题？是如何解决的？

任务评价

学生互评表

<table>
<tr><td>班级</td><td></td><td>姓名</td><td></td><td>学号</td><td colspan="2"></td></tr>
<tr><td colspan="2">任务名称</td><td colspan="5">认识运输方式</td></tr>
<tr><td colspan="2">评价项目（占比）</td><td colspan="3">评价标准</td><td>分值（分）</td><td>得分（分）</td></tr>
<tr><td colspan="2">考勤（10%）</td><td colspan="3">出勤情况（无故旷课、迟到、早退，出现一次扣10分；请假出现一次扣2分）</td><td>10</td><td></td></tr>
<tr><td rowspan="2">学习能力（10%）</td><td>合作学习能力</td><td colspan="3">小组合作参与程度（优6分，良4分，一般2分，未参与0分）</td><td>6</td><td></td></tr>
<tr><td>个人学习能力</td><td colspan="3">个人自主探究参与程度（优4分，良2分，未参与0分）</td><td>4</td><td></td></tr>
<tr><td rowspan="9">工作过程（60%）</td><td rowspan="7">分析各种运输方式的优缺点</td><td colspan="3">能准确梳理SWOT分析法的实施步骤（每错一处扣1分）</td><td>4</td><td></td></tr>
<tr><td colspan="3">能利用SWOT分析法准确分析公路运输的优势、劣势、机会与威胁（每错一处扣2分）</td><td>8</td><td></td></tr>
<tr><td colspan="3">能利用SWOT分析法准确分析铁路运输的优势、劣势、机会与威胁（每错一处扣2分）</td><td>8</td><td></td></tr>
<tr><td colspan="3">能利用SWOT分析法准确分析水路运输的优势、劣势、机会与威胁（每错一处扣2分）</td><td>8</td><td></td></tr>
<tr><td colspan="3">能利用SWOT分析法准确分析航空运输的优势、劣势、机会与威胁（每错一处扣2分）</td><td>8</td><td></td></tr>
<tr><td colspan="3">能利用SWOT分析法准确分析管道运输的优势、劣势、机会与威胁（每错一处扣2分）</td><td>8</td><td></td></tr>
<tr><td colspan="3"></td><td></td><td></td></tr>
<tr><td rowspan="2">选择合理的运输方式</td><td colspan="3">能准确分析影响运输方式选择的因素（每错一处扣1分）</td><td>4</td><td></td></tr>
<tr><td colspan="3">能为具体运输任务选择最为合理的运输方式，并说明理由（每错一处扣2分）</td><td>12</td><td></td></tr>
<tr><td rowspan="2">工作成果（20%）</td><td>完成情况</td><td colspan="3">能按规范及要求完成任务（未完成一处扣2分）</td><td>10</td><td></td></tr>
<tr><td>展示情况</td><td colspan="3">能准确展示各种运输方式的SWOT分析矩阵，并为具体运输任务选择最为合理的运输方式（失误一次扣5分）</td><td>10</td><td></td></tr>
<tr><td colspan="5">合计</td><td>100</td><td></td></tr>
</table>

教师评价表

<table>
<tr><td>任务名称</td><td colspan="7">认识运输方式</td></tr>
<tr><td>授课信息</td><td colspan="7"></td></tr>
<tr><td>班级</td><td></td><td>组别</td><td></td><td>姓名</td><td></td><td>学号</td><td></td></tr>
</table>

<table>
<tr><td colspan="2">评价项目
（占比）</td><td>评价标准</td><td>分值（分）</td><td>得分（分）</td></tr>
<tr><td colspan="2">考勤
（10%）</td><td>出勤情况（无故旷课、迟到、早退，出现一次扣10分；请假出现一次扣2分）</td><td>10</td><td></td></tr>
<tr><td rowspan="2">学习能力
（10%）</td><td>合作学习能力</td><td>小组合作参与程度（优6分，良4分，一般2分，未参与0分）</td><td>6</td><td></td></tr>
<tr><td>个人学习能力</td><td>个人自主探究参与程度（优4分，良2分，未参与0分）</td><td>4</td><td></td></tr>
<tr><td rowspan="8">工作过程
（60%）</td><td rowspan="6">分析各种运输方式的优缺点</td><td>能准确梳理SWOT分析法的实施步骤（每错一处扣1分）</td><td>4</td><td></td></tr>
<tr><td>能利用SWOT分析法准确分析公路运输的优势、劣势、机会与威胁（每错一处扣2分）</td><td>8</td><td></td></tr>
<tr><td>能利用SWOT分析法准确分析铁路运输的优势、劣势、机会与威胁（每错一处扣2分）</td><td>8</td><td></td></tr>
<tr><td>能利用SWOT分析法准确分析水路运输的优势、劣势、机会与威胁（每错一处扣2分）</td><td>8</td><td></td></tr>
<tr><td>能利用SWOT分析法准确分析航空运输的优势、劣势、机会与威胁（每错一处扣2分）</td><td>8</td><td></td></tr>
<tr><td>能利用SWOT分析法准确分析管道运输的优势、劣势、机会与威胁（每错一处扣2分）</td><td>8</td><td></td></tr>
<tr><td rowspan="2">选择合理的运输方式</td><td>能准确分析影响运输方式选择的因素（每错一处扣1分）</td><td>4</td><td></td></tr>
<tr><td>能为具体货物的运输选择最为合理的运输方式，并说明理由（每错一处扣2分）</td><td>12</td><td></td></tr>
<tr><td rowspan="2">工作成果
（20%）</td><td>完成情况</td><td>能按规范及要求完成任务环节（未完成一处扣2分）</td><td>10</td><td></td></tr>
<tr><td>展示情况</td><td>能准确展示各种运输方式的SWOT分析矩阵，并为具体运输任务选择最为合理的运输方式（失误一次扣5分）</td><td>10</td><td></td></tr>
<tr><td colspan="3">合计</td><td>100</td><td></td></tr>
</table>

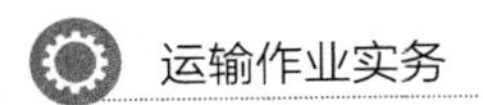

知识学习

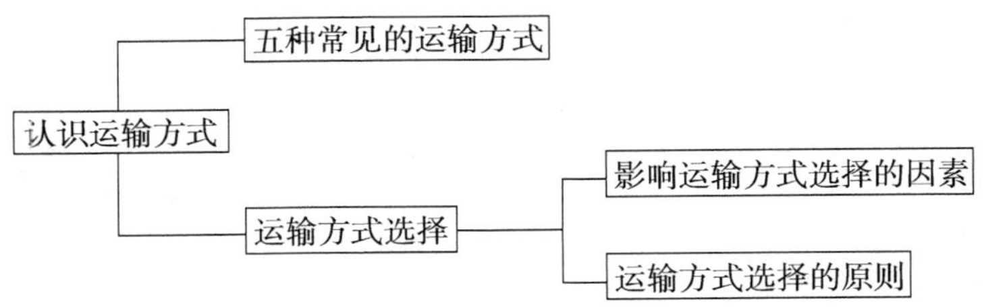

一、五种常见的运输方式

五种常见的运输方式如图 1–2–1 所示。

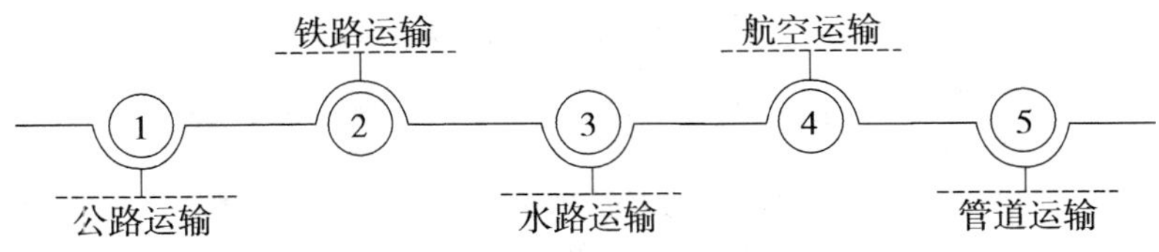

图 1–2–1　五种常见的运输方式

想一想

你家乡的商品运出和运进，采用的运输方式是什么？为什么采用该运输方式呢？

二、运输方式选择

1. 影响运输方式选择的因素

运输方式的选择，一般要考虑两个方面：一是运输方式的速度，二是运输费用。从运输功能来看，速度快是物品运输服务的基本要求。但是，速度快的运输方式，其运输费用往往较高。同时，在考虑运输的经济性时，不能只从运输费用本身来判断，还要考虑其他因素，例如，因运输速度加快，缩短了物品的备运时间，物品的必要库存减少，从而减少了物品的保管费用等。

在选择运输方式时，一般应考虑以下几个因素。

（1）运价。

不同的运输方式，其运价相差很大。通常，航空运输是最昂贵的，管道运输和水路运输则是最便宜的，而公路运输又比铁路运输贵。在实际运营中，应当根据运输时间、货物的性质及运输安全性等，对不同的运输方式进行综合比较。

（2）运输时间。

运输时间的长短从两方面影响运输的费用。其一，由于货物使用价值的适用期有限，可能造成损失，如水果、蔬菜等；或因为其时间价值的适用期有限而造成损失，如报纸、时装等。其二，在货物运输过程中，货物本身的价值也关联着资本占用的成本。对于那些价值较高或者批量大的商品，长时间的运输意味着资金被长时间锁定在在途存货中，影响企业财务流动性管理。

（3）运输服务质量

在运输领域，货物的灭失与损坏反映了运输服务质量。由于不同运输方式下，承运人在确保货物安全运输方面的能力存在差异，因此，运输过程中货物灭失与损坏的记录便成了决定是否选择该运输方式或该承运人的重要因素。

运输延误或者交付无法使用的货物不仅给客户带来不便，也可能引起库存成本的增加，导致缺货或延迟交货的问题。为了预防这一问题，发货人通常会采取增加保护性包装的措施，而这些额外成本最终会转嫁给客户。

扫一扫

联合运输

扫描二维码，查看联合运输的相关知识，思考为什么企业会选择联合运输方式。

2. 运输方式选择的原则

（1）安全性原则。

选择货物运输方式时，运输的安全性原则是首要考虑的原则，包括人身安全、设备安全和被运货物的安全。为了保证运输安全，首先应了解被运货物的特性，如质量、体积、贵重程度、内部结构以及其他物理化学性质（易碎、易燃、危险性等），然后选择安全可靠的运输方式。

（2）及时性原则。

运输的及时性是由运输速度和可靠性决定的，能否准确及时到货是选择运输方式时考虑的关键内容。运输速度的快慢和到货及时与否不仅决定了物资周转速度，而且对社会再生产的进行产生重要影响，由于运输不及时会造成客户所需物资短缺，有时还会给国民经济造成巨大损失。因此，应根据被运货物的急需程度选择合适的运输方式。

（3）准确性原则。

货物运输的准确性是指在运输过程中准时到货、无差错事故，做到不错发、不漏交、准确无误地完成运输任务。

（4）经济性原则。

货物运输的经济性是衡量运输效果的一项综合性指标，因为安全性原则、及时性原则、准确性原则考虑的因素在一定程度上均可转化成经济因素，但是这里的经济性原则强调的是从运输费用上考虑选择运输成本低的运输方式。运输费用是影响企业经济效益的一项主要因素，因此经济性原则是选择运输方式时应遵循的主要原则。

思政提升

中欧国际物流运输模式的创新

国际道路运输联盟（IRU）是一个全球道路运输行业联合会，旨在促进全球旅客及货物的可持续流通。

IRU为了简化过境流程，降低海关当局和运输与物流公司的管理成本，推出了《国际道路运输公约》（《TIR公约》），目的是简化通关程序，提高通关效率，缩短货物过境等候时间，节省物流费用。

《TIR公约》规定货运车辆在始发地装车以后，由海关加上封印，并发放通关文件（TIR证），这样车辆在抵达目的地前，过境时（途经国家需是《TIR公约》缔约国）可以免开箱检验，直接通关。2016年7月中国正式成为《TIR公约》第70个缔约国。

TIR证可以理解为货运车辆的一本“护照”，有了这个身份证明，这台车辆在通行沿途各国的时候，就可以免于当地海关检查，从而减少了货物在口岸的通关时间，提高了货物的通关效率，降低了运输成本。

TIR公路运输是中欧国际物流模式的创新，为货主提供了时效提升和成本优化的方案，打通了中欧国际贸易的快速通道。

创新，是熔责任、勇气、方法、态度、精神于一炉的实践，是行业求得生存和发展的制胜法宝。作为当代青年，遇到问题要从多方面进行考虑，不断培养科学的学习习惯和思考习惯，不断提升自身的创新意识和创新思维。

参考答案

步骤一：分析各种运输方式的优缺点。

（1）为了准确地分析各种运输方式的优缺点，李丽决定采用SWOT分析法进行分析。因此，李丽首先需要梳理出SWOT分析法的实施步骤。

SWOT分析法的实施步骤。

①罗列各种运输方式的优势、劣势、机会与威胁。

②优势、劣势与机会、威胁相组合，形成SO、ST、WO、WT策略。

③对SO、ST、WO、WT策略进行甄别和选择，确定目前应该采取的具体策略。

（2）利用SWOT分析法分析各种运输方式的优缺点。

操作步骤1：公路运输的SWOT分析。

公路运输是以车辆为主要运输工具的运输方式，李丽需要梳理出公路运输的优势、劣势、机会与威胁四个方面的内容。

①灵活，随时可以起运； ②实现“门到门”服务； ③适用于没有水路或铁路运输的地方； ④运输经济批量小，方便客户，零担运输组织比较方便； ⑤可供选择的行驶线路多，便于应对突发物流需求。	①单位承载量小； ②运输成本相对较高； ③环境污染较大； ④特种货物运输需要专用设备，一般运输企业不具备此种能力； ⑤长距离运输风险大，道路收费多。
优势	劣势
机会	威胁
①客户的需求趋向于多品种、小批量； ②特种货物运输需求的快速提升，增加了对公路运输的需求； ③从事公路运输的企业较多，容易进行资源整合、网络扩展； ④村村通公路、村村通电话，为我国公路运输奠定了良好的基础； ⑤公路运输中的配套设施包括加油站等都十分完善，为公路运输提供了保障。	①运输企业多，竞争压力大，企业低价竞争，市场秩序较乱； ②高速公路的收费给公路运输企业和需要用公路运输的企业带来了额外负担； ③特种货物运输需要的特种设备的供应商太少； ④有大量产品运输需求的企业在公路运输方式选择上有比较苛刻的要求； ⑤运输信息平台的运用方面存在着平台与平台之间互不通信的问题等。

操作步骤2：铁路运输的SWOT分析。

铁路运输是以火车为主要运输工具的运输方式，李丽需要梳理出铁路运输的优势、劣势、机会与威胁四个方面的内容。

①垄断性较强，运输规律性强，如时间、班次、运输量、运价等都有统一规定； ②运输量大； ③运输成本较低； ④运输的线路相对固定； ⑤运输作业流程规范性强； ⑥不容易受到天气的影响。	①运输灵活性不足； ②运输的网络覆盖面比公路运输小； ③部分地区铁路未通； ④前期建设成本高； ⑤铁路运输过程中货物的安全措施不足； ⑥统一的价格，无法与市场进行有效衔接。
优势	劣势
机会	威胁
①我国的产品产量增加，信息化速度提升，有利于铁路运输的业务合作； ②我国铁路网络的延伸、高铁的运营等，为铁路运输带来了新机遇； ③铁路行业的改革，有利于铁路货运市场化机制的运行； ④铁路运输国际化对接，有利于跨国运输。	①铁路运输的管理机制等，不能满足铁路货运市场化发展的需求； ②铁路的延伸投入成本过高； ③部分设施设备的老化速度快，维护、更新速度慢。

操作步骤3：水路运输的SWOT分析。

水路运输简称水运，是以船舶为主要运输工具，以港口或港站为运输基地，以水域（包括海洋、河流和湖泊）为运输活动范围的一种运输方式，李丽需要梳理出水路运输的优势、劣势、机会与威胁四个方面的内容。

①运量大； ②成本低； ③续航能力足； ④是国际贸易与物流最主要的运输方式； ⑤能承担大宗货物的长距离运输任务，特别是集装箱的运输。	①速度较慢； ②易受气候限制； ③季节性强； ④价格差异性大，不同的河流、不同的季节价格会有不同的变化； ⑤基础设施设备投入成本高。
优势	劣势
机会	威胁
①随着经营全球化、供应链一体化的发展，水路运输已成为国际海上运输的生命线； ②内河运输越来越受到各个国家的重视； ③节约资源、相对环保，单位货物能耗低； ④与其他运输方式有机结合，能够为客户提供便捷的门到门服务。	①水路运输往往是国际贸易或国际物流的主要运输方式，其运行与操作需要专业团队或专业公司，增加了中间环节； ②海域或岛屿争端及海盗等导致海上运输不安全； ③国际贸易容易受到区域政治、经济的影响。

操作步骤4：航空运输的SWOT分析。

航空运输是使用飞机及其他航空器运送人员、货物、邮件的一种运输方式，李丽需要梳理出航空运输的优势、劣势、机会与威胁四个方面的内容。

①速度快，运输时间短； ②适用于长距离的快速运输； ③不需要对商品进行特殊包装，稳定性好； ④适用于生鲜食品的运输； ⑤适用于应急物流； ⑥安全性高。	①载货量较小； ②运输成本高； ③受网点限制； ④环节多； ⑤投资成本高，受气候影响大。
优势	劣势
机会	威胁
①电子商务与网购业务的扩张，为航空运输带来了机会，特别是快递业的迅猛发展，对航空运输的需求越来越多； ②大型运输机的出现为降低货物的航空运输成本创造了条件； ③航空运输网点越来越多，网络覆盖面越来越广； ④多式联运的发展促进航空运输与其他运输方式的融合。	国际贸易容易受到区域政治、经济的影响。

操作步骤5：管道运输的SWOT分析。

管道运输是指以管道为主要运输工具，由大型钢管、泵站和加压设备等组成的运输系统完成运输工作的运输方式，李丽需要梳理出管道运输的优势、劣势、机会与威胁四个方面的内容。

①是运送液体、气体和粉状货物的专用方式； ②连续性强，运量大； ③运输成本低，损耗少； ④安全性好，不受气候影响； ⑤节能、环保。	①只针对特定货物； ②灵活性差； ③运输对象单一，不具有通用性，就某一具体管道而言，只限于单项货物的运输。
优势	劣势
机会	威胁
①随着产业的发展，能源需求加大； ②全球管道运输网络越来越全。	①受自然灾害的影响大； ②人为破坏难防范； ③管道更新与维护时期易造成运输中断； ④跨境传输易受到他国的干扰。

（3）汇总各种运输方式的优缺点，将表1-2-2补充完整（见表1-2-4）。

表1-2-4　　各种运输方式的优缺点

运输方式	速度	运量	运价	适合货物的特点
公路运输	较慢	较少	较贵	搬运灵活，量少
铁路运输	较快	较多	较便宜	量大，时间较紧
水路运输	最慢	最多	最便宜	大宗货物，时间宽松
航空运输	最快	少	最贵	贵重，急需，时间要求紧
管道运输	连续	多	便宜	气体，液体，连续性强

步骤二：选择合理的运输方式。

李丽需要结合影响运输方式选择的主要因素，为具体运输任务选择合理的运输方式。

（1）分析影响运输方式选择的主要因素。

物流的运输方式多种多样，如何选择合适的运输方式是物流合理化的重要问题。解决这个问题需要将运价、运输时间、运输服务质量等因素以及其他特别要求结合起来综合分析。

一般来说，15～20吨以下的货物，采用公路运输；15～20吨以上的货物，采用铁路运输；200千米以内，采用公路运输；200～500千米，采用铁路运输；500千米以上根据具体情况采用水路运输或航空运输。

（2）确定不同运输任务可选择的运输方式、最佳运输方式及理由，将表1-2-3补充完整（见表1-2-5）。

表1-2-5　　货物的运输方式选择

货物	起始地点	可选择的运输方式	最佳运输方式及理由
两箱急救药	长沙—北京	航空运输、铁路运输	航空运输（速度快、稳定性好）
一批煤炭	山西—秦皇岛	铁路运输	铁路运输（路远、运量大）
一批小白菜	长沙郊区—长沙市区	铁路运输、公路运输	公路运输（方便、灵活）
一批钢材	重庆—长沙	水路运输、铁路运输、公路运输	水路运输（运量大、成本低）
15万吨石油	达曼—上海	水路运输+管道运输+公路运输、水路运输+公路运输	水路运输+公路运输（实现门到门）
10万立方米天然气	新疆—北京	管道运输	管道运输（特殊性）

任务三　认识运输市场与定价

任务目标

通过本任务的学习，可以达成以下目标。

知识目标	1. 了解运输市场的概念 2. 认识运输市场的主体 3. 了解运输市场的竞争类型 4. 掌握运价的概念及形式
技能目标	1. 能识别运输市场的主体 2. 能识别运输市场体系 3. 能识别运输市场的竞争类型 4. 能识别具体的运输定价策略 5. 能利用运输定价方法准确计算运价
思政目标	培养成本节约意识

任务发布

李丽与其他新入职的同事完成了运输方式的知识学习，在熟悉公司业务的基础上，运输主管要求他们全面了解运输市场与定价的内容，尝试结合企业实际，制定货物运价。

任务工单

认识运输市场与定价的任务计划如表 1－3－1 所示。

表 1-3-1　认识运输市场与定价的任务计划

任务名称：	
组长：	组员：
任务分工：	
方法、工具：	

续　表

任务步骤：

任务实施

步骤一：识别运输市场的主体。

运输市场的主体主要有运输供给主体、运输中间商和运输需求主体，李丽需要结合所学习的知识及公司目前的业务，完成运输主体的匹配。

请将具体的运输市场的主体与具体的企业或个人对应连线。

运输市场的主体	企业或个人
运输供给主体	货运交易所
	汽车运输企业
运输中间商	运输信息服务企业
	个体运输企业
运输需求主体	货主
	货运配载企业

步骤二：分析运输市场体系。

运输市场三要有基本运输市场和直接相关市场，李丽需要结合所学知识及公司目前的业务，完成运输市场的匹配。

运输市场	具体市场
基本运输市场	干散货货运市场
	特种货货运市场
	货物仓储市场
直接相关市场	件杂货货运市场
	装卸、搬运市场
	运输工具维修市场

步骤三：识别运输市场竞争类型。

常见的运输市场竞争类型有完全竞争的运输市场、垄断竞争的运输市场、寡头垄断的运输市场及完全垄断的运输市场。每种运输市场竞争类型都有其特点，李丽需要分析各种运输市场竞争类型的主要特点及其条件并进行匹配。

运输市场竞争类型	特点
完全竞争的运输市场	各运输企业提供的产品具有同质性
	各运输企业和运输需求者都可以独立采取行动，运输企业、运输需求者之间互不依存
垄断竞争的运输市场	某一运输企业控制某种产品的全部市场供给
	少数运输企业控制整个市场，提供占运输市场最大份额的运输服务
寡头垄断的运输市场	市场上没有任何接近的替代品
	市场上有大量的运输企业
完全垄断的运输市场	各运输企业之间的行为相互影响
	每个运输企业均可以无障碍进入或退出市场

步骤四：识别运输定价策略。

运输定价策略有很多，且各自有各自的特点，李丽需要理解具体定价策略的原理。

请根据表1-3-2中给出的图示判别具体的运输定价策略。

表1-3-2　运输定价策略判别

运输定价图示	运输定价策略
定价区间：盈利区：寻求利润最大化；亏损区：寻求损失最小化 服务的价值　110元 平均成本或完全分配成本　100元 边际成本或变动成本　90元	

续　表

运输定价图示	运输定价策略
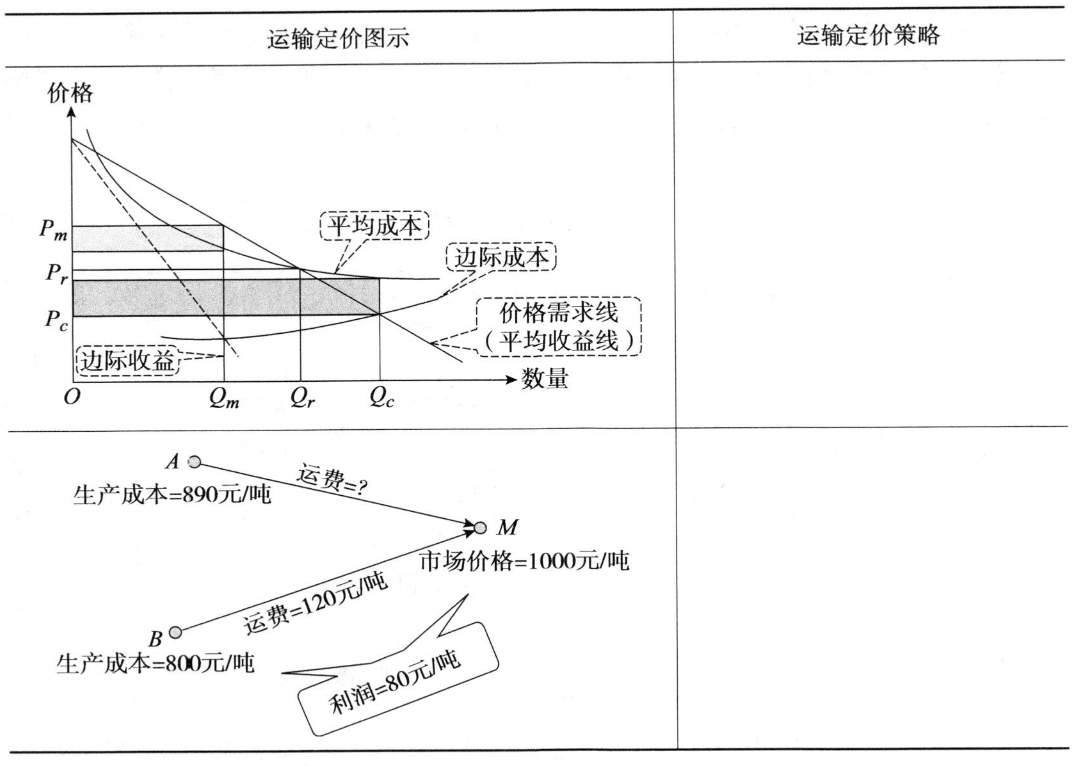	

步骤五：计算运价。

李丽需要结合自己所学习的运输定价方法，计算具体的运价。

（1）某运输企业固定成本为100万元，每货运吨变动成本为25元/吨公里，已知其保本货运量为1000吨。试用盈亏平衡法计算保本运价。

（2）某运输企业计划运量的全部变动成本为100万元，每货运吨变动成本为0.14元/吨公里，间接费用为80万元，如果企业规定其成本利润率（即加成率）为30%，试用成本加成定价法确定运价。

任务反思

在完成任务的过程中，遇到了哪些问题？是如何解决的？

任务评价

学生互评表

<table>
<tr><td>班级</td><td></td><td>姓名</td><td></td><td>学号</td><td colspan="2"></td></tr>
<tr><td colspan="2">任务名称</td><td colspan="5">认识运输市场与定价</td></tr>
<tr><td colspan="2">评价项目（占比）</td><td colspan="3">评价标准</td><td>分值（分）</td><td>得分（分）</td></tr>
<tr><td colspan="2">考勤（10%）</td><td colspan="3">出勤情况（无故旷课、迟到、早退，出现一次扣10分；请假出现一次扣2分）</td><td>10</td><td></td></tr>
<tr><td rowspan="2">学习能力（10%）</td><td>合作学习能力</td><td colspan="3">小组合作参与程度（优6分，良4分，一般2分，未参与0分）</td><td>6</td><td></td></tr>
<tr><td>个人学习能力</td><td colspan="3">个人自主探究参与程度（优4分，良2分，未参与0分）</td><td>4</td><td></td></tr>
<tr><td rowspan="6">工作过程（60%）</td><td>识别运输市场的主体</td><td colspan="3">能准确匹配运输市场的主体（每错一处扣2分）</td><td>12</td><td></td></tr>
<tr><td>分析运输市场体系</td><td colspan="3">能准确匹配运输市场体系（每错一处扣2分）</td><td>12</td><td></td></tr>
<tr><td>识别运输市场竞争类型</td><td colspan="3">能准确匹配运输市场竞争类型（每错一处扣2分）</td><td>22</td><td></td></tr>
<tr><td>识别运输定价策略</td><td colspan="3">能根据运输定价图示准确填制运输定价策略（每错一处扣2分）</td><td>6</td><td></td></tr>
<tr><td rowspan="2">计算运价</td><td colspan="3">能准确利用盈亏平衡法计算保本运价（每错一处扣4分）</td><td>4</td><td></td></tr>
<tr><td colspan="3">能准确利用成本加成定价法确定运价（每错一处扣4分）</td><td>4</td><td></td></tr>
<tr><td rowspan="2">工作成果（20%）</td><td>完成情况</td><td colspan="3">能按规范及要求完成任务（未完成一处扣2分）</td><td>10</td><td></td></tr>
<tr><td>展示情况</td><td colspan="3">能准确展示运输市场的主体匹配结果、运输市场体系匹配结果、运输市场竞争类型匹配结果，运价计算准确（失误一次扣2.5分）</td><td>10</td><td></td></tr>
<tr><td colspan="5">合计</td><td>100</td><td></td></tr>
</table>

教师评价表

<table>
<tr><td>任务名称</td><td colspan="7">认识运输市场与定价</td></tr>
<tr><td>授课信息</td><td colspan="7"></td></tr>
<tr><td>班级</td><td></td><td>组别</td><td></td><td>姓名</td><td></td><td>学号</td><td></td></tr>
<tr><td colspan="2">评价项目（占比）</td><td colspan="4">评价标准</td><td>分值（分）</td><td>得分（分）</td></tr>
<tr><td colspan="2">考勤（10%）</td><td colspan="4">出勤情况（无故旷课、迟到、早退，出现一次扣10分；请假出现一次扣2分）</td><td>10</td><td></td></tr>
<tr><td rowspan="2">学习能力（10%）</td><td>合作学习能力</td><td colspan="4">小组合作参与程度（优6分，良4分，一般2分，未参与0分）</td><td>6</td><td></td></tr>
<tr><td>个人学习能力</td><td colspan="4">个人自主探究参与程度（优4分，良2分，未参与0分）</td><td>4</td><td></td></tr>
<tr><td rowspan="6">工作过程（60%）</td><td>识别运输市场的主体</td><td colspan="4">能准确匹配运输市场的主体（每错一处扣2分）</td><td>12</td><td></td></tr>
<tr><td>分析运输市场体系</td><td colspan="4">能准确匹配运输市场体系（每错一处扣2分）</td><td>12</td><td></td></tr>
<tr><td>识别运输市场竞争类型</td><td colspan="4">能准确匹配运输市场竞争类型（每错一处扣2分）</td><td>22</td><td></td></tr>
<tr><td>识别运输定价策略</td><td colspan="4">能根据运输定价图示准确填制运输定价策略（每错一处扣2分）</td><td>6</td><td></td></tr>
<tr><td rowspan="2">计算运价</td><td colspan="4">能准确利用盈亏平衡法计算保本运价（每错一处扣4分）</td><td>4</td><td></td></tr>
<tr><td colspan="4">能准确利用成本加成定价法确定运价（每错一处扣4分）</td><td>4</td><td></td></tr>
<tr><td rowspan="2">工作成果（20%）</td><td>完成情况</td><td colspan="4">能按规范及要求完成任务（未完成一处扣2分）</td><td>10</td><td></td></tr>
<tr><td>展示情况</td><td colspan="4">能准确展示运输市场的主体匹配结果、运输市场体系匹配结果、运输市场竞争类型匹配结果，运价计算准确（失误一次扣2.5分）</td><td>10</td><td></td></tr>
<tr><td colspan="6">合计</td><td>100</td><td></td></tr>
</table>

知识学习

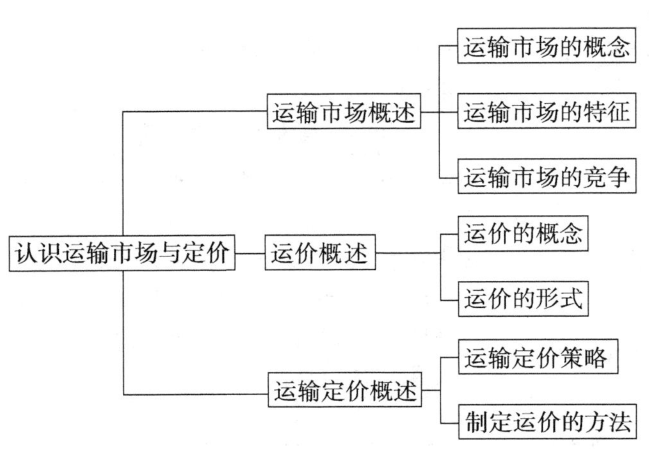

一、运输市场概述

1.运输市场的概念

狭义的运输市场是指承运人提供载运工具和运输服务，来满足旅客或货主对运输需要的交易活动场所，以及进行运输能力买卖的场所，如车站、港口等。广义的运输市场是指进行运输劳务交换所反映的各种经济关系和经济活动现象的总和。

2.运输市场的特征

运输市场的特征如图1-3-1所示。

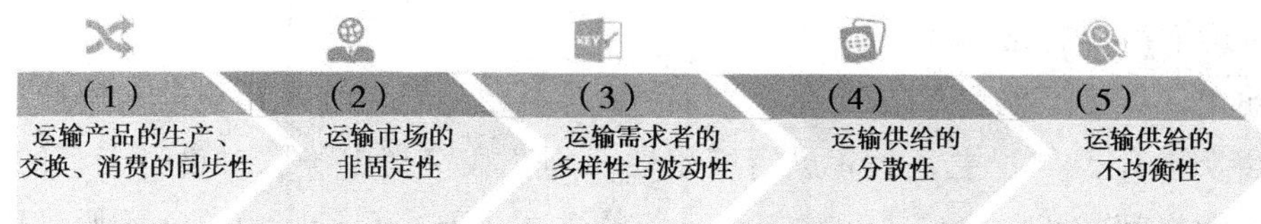

图1-3-1　运输市场的特征

想一想

目前物流行业中的运输市场有哪些竞争类型呢？

3.运输市场的竞争

（1）运输市场的竞争类型。

①完全竞争的运输市场。

完全竞争的运输市场是指竞争充分而不受任何阻碍和干扰的一种市场结构。完全竞争的运输市场必须具备以下条件：市场上有大量的运输企业；各运输企业提供的产品具有同质性；各运输企业可以无障碍地进入或退出市场。

②垄断竞争的运输市场。

垄断竞争的运输市场是一种既垄断又竞争、既不是完全垄断也不是完全竞争的市场，是同类但不同质的市场。垄断竞争的运输市场竞争较激烈，垄断程度较低，比较接近完全竞争的运输市场，是实际存在较多的一种运输市场类型。垄断竞争的运输市场具有以下特点：市场上有众多的运输企业；市场上的每个运输企业和运输需求者都可以独立采取行动，运输企业之间、运输需求者之间互不依存；运输企业的运输产品有差别，在同样的价格下，如果运输需求者对某家运输企业的产品表现出特殊的偏好，该运输企业的产品就与同行业内其他运输企业的产品具有差别。

③寡头垄断的运输市场。

寡头垄断的运输市场就是少数运输企业控制整个市场，提供占运输市场最大份额的运输服务。寡头垄断的典型特征是各运输企业之间的行为相互影响，以至于运输企业的决策要考虑竞争对手的反应。

④完全垄断的运输市场。

完全垄断的运输市场是一种与完全竞争的运输市场相对立的极端形式的市场类型。完全垄断的运输市场是指只有一个运输企业提供运输产品的市场类型。完全垄断的运输市场的假设条件有三个：

一是整个市场的运输产品完全由一家运输企业提供，运输需求者众多；

二是没有任何相似的替代品，运输需求者不可能购买到性能等方面相近的替代品；

三是有进入限制，新的运输企业无法进入市场，从而完全排除了竞争。

（2）运输市场的竞争方式。

运输企业作为运输产品的供给者，除了要与其他运输企业进行竞争，争取旅客与货源，事实上还要与货主、旅客进行策略性谈判，在交易中争取对自己有利的条件。就运输企业之间的竞争来说，运输市场竞争的方式主要有运价竞争、运输服务质量竞争、运输产品多样化竞争和替代品竞争。

二、运价概述

1. 运价的概念

运价即运输产品的价格，是运输产品价值的货币表现。同其他商品的价格一样，运输产品的价格对运输需求、消费者购买行为等有着极其重要的影响。

2. 运价的形式

（1）政府定价。

政府定价是指各级交通管理部门按照运价管理权限制定的运输统一价格。政府定价的职能随着市场经济的不断发展与完善，正逐渐淡化。

（2）政府指导价。

政府指导价是指各级交通管理部门按照运价管理权限，制定的运输指导价、浮动幅度及最低保护价。

（3）经营者定价。

经营者定价是指经营者在相关法律规定的范围内，根据运输生产成本、平均利润水平和市场供求状况等，自主制定的运价。

三、运输定价概述

1. 运输定价策略

运输定价策略有多种，常见的运输定价策略主要有成本导向定价策略、价值导向定价策略和组合定价策略三种。

（1）成本导向定价策略。

成本导向定价策略是指企业以在提供产品或服务的过程中所产生的成本为基础进行定价的策略。成本导向定价策略侧重考虑成本费用的补偿问题，成本是定价的最低经济界限。该方法比较简单，容易操作，是一种常见的定价策略，它既适用于确定低价值产品的收费金额，又适用于市场竞争异常激烈的情况。

扫一扫

摩托罗拉的运输成本控制举措

扫描二维码，了解摩托罗拉的运输成本控制举措。

（2）价值导向定价策略。

价值导向定价策略是指以托运人对运输服务的感知价格为基础的定价策略。在该定价策略中，运输成本只是一个必要条件，不是充分条件。例如，运输1吨煤炭的价格通常比运输1吨电子设备的价格要低得多。当市场竞争不太激烈，承运人运输的货物价值较高时，比较倾向于采用价值导向定价策略。如果市场竞争激烈，迫于竞争对手的压力，采取价格导向定价策略的运价会逐渐下降。

（3）组合定价策略。

组合定价策略是将运输服务价格控制在运输成本和服务价值最大值之间的定价策略。

2. 制定运价的方法

（1）盈亏平衡法。

运输企业在制定运价时，通常是以平均运输成本作为制定运价的重要基础，这种制定运价的方法称为盈亏平衡法。平均运输成本是指运输企业将运输过程中耗费的运输总成本分摊到每一单位货物上，按照统一的尺度来计量和补偿的成本。

价格制定的原则是采用运输总成本与运输总收入相等时的货物运价率作为保本运价率。当运输总收入等于运输总成本时，运价就是保本运价。

$$运输总成本=固定成本+每货运吨变动成本\times保本运量$$

$$运输总收入=保本运价\times保本运量$$

$$运输总收入=运输总成本$$

由此可得：

保本运价 =（固定成本 + 每货运吨变动成本 × 保本运量）/ 保本运量

= 固定成本 / 保本运量 + 每货运吨变动成本

平均运输成本 = 运输总成本 / 货物总运量

（2）成本加成定价法。

成本是制定运价的基础，盈利水平则是影响定价的重要依据。成本加成定价法以盈利水平为制定运价的依据用该方法制定出的运价通常是在平均运输成本的基础上加成一个固定百分率。这个固定百分率称作加成率，其计算公式为：

运价 = 平均运输成本 ×（1+ 加成率）

= 运输总成本 / 货物总运量 ×（1+ 加成率）

（3）边际贡献定价法。

边际贡献是指产品销售收入与产品变动成本的差额。单位产品边际贡献指产品单价与单位产品变动成本的差额。

边际贡献弥补固定成本后如有剩余，就形成企业的纯收入；如果边际贡献不足以弥补固定成本，那么企业将发生亏损。

在企业经营不景气、销售困难、生存比获取利润更重要时，或企业生产能力过剩、只有降低售价才能扩大销售时，可以采用边际贡献定价法。

采用边际贡献定价法时，仅计算变动成本，略去固定成本，以预期的边际贡献补偿固定成本，并获得收益，计算如下所示：

产品单价 =（总的变动成本 + 边际贡献）/ 总产量

（4）竞争导向定价法。

竞争导向定价法主要包括以下几类。

①随行就市定价法。

在垄断竞争和完全竞争的市场结构条件下，为了避免竞争特别是价格竞争带来的损失，大多数企业都采用随行就市定价法，即将本企业某产品价格保持在市场平均价格水平上，利用这样的价格来获得平均报酬。

②产品差别定价法。

产品差别定价法是指企业通过营销，使同种同质的产品在消费者心目中树立起不同的产品形象，进而根据自身特点，选取低于或高于竞争者的价格作为本企业产品价格。因此，产品差别定价法是一种进攻性的定价方法。

③密封投标定价法。

在国内外，许多大宗商品、原材料、成套设备和建筑工程项目的买卖和承包，往往采用发包人招标、承包人投标的方式确定最终承包价格。

思政提升

现代成本意识

在当今经济全球化的背景下，降低单位物流成本不仅具有显著的经济效益，而且能够扩大销售半径和供应链半径，实现全球范围内配置最优资源，实现整体效率最高。以海运集装箱的创新为例，它极大地减少了跨国运输的成本，为现代全球跨境供应链的构建提供了坚实的支撑。然而，如果仅为了减少物流成本在总成本中的比重而采取全部本地采购和销售的策略，虽然看似降低了物流成本占比，但实际上这种做法在整体经济效率上是低效的，并且在经济全球化环境中难以维持。

现代成本意识要求企业管理人员高度重视成本管理和控制，不受“成本无法再降低”传统思维定式的束缚，充分认识到企业成本降低的潜力是无穷无尽的，然而这种降低必须建立在维护企业效益的基础上，必须经过深思熟虑，有组织、有计划地进行。

参考答案

步骤一：识别运输市场的主体。

运输市场的主体主要有运输供给主体、运输中间商和运输需求主体，李丽需要结合所学习的知识及公司目前的业务，完成运输主体的匹配。

请将具体的运输市场的主体与具体的企业或个人对应连线。

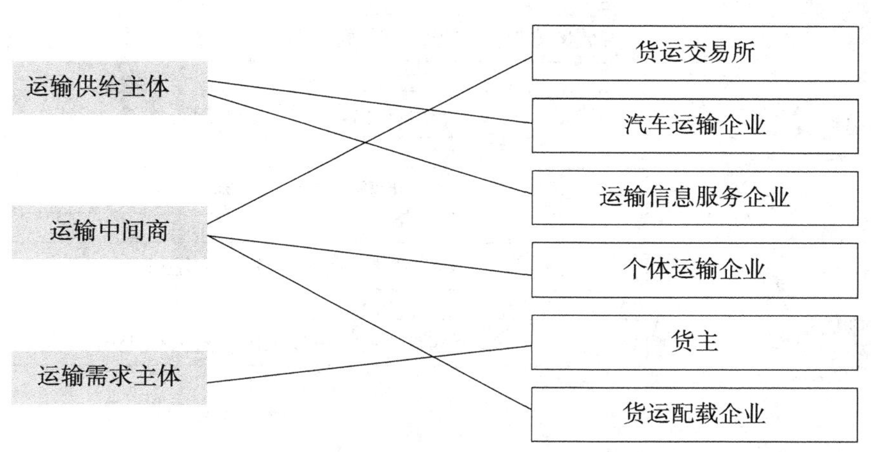

步骤二：分析运输市场体系。

运输市场主要有基本运输市场和直接相关市场，李丽需要结合所学知识及公司目前的业务，完成运输市场的匹配。

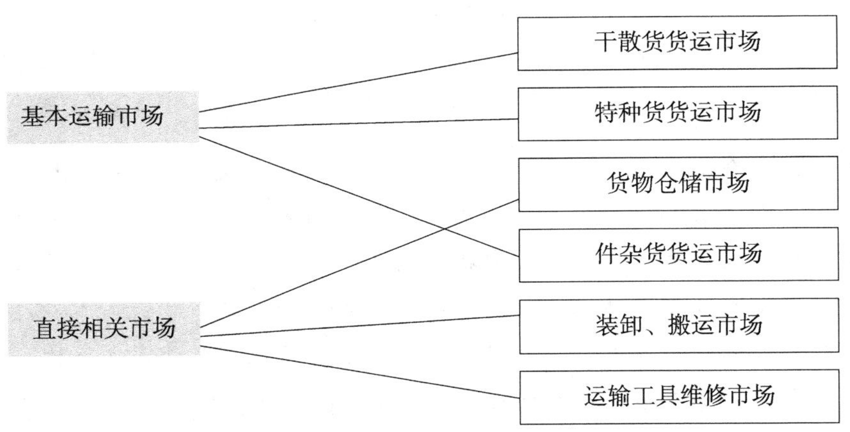

步骤三：识别运输市场竞争类型。

常见的运输市场竞争类型有完全竞争的运输市场、垄断竞争的运输市场、寡头垄断的运输市场及完全垄断的运输市场。每种运输市场竞争类型都有其特点，李丽需要分析各种运输市场竞争类型的主要特点及其条件并进行匹配。

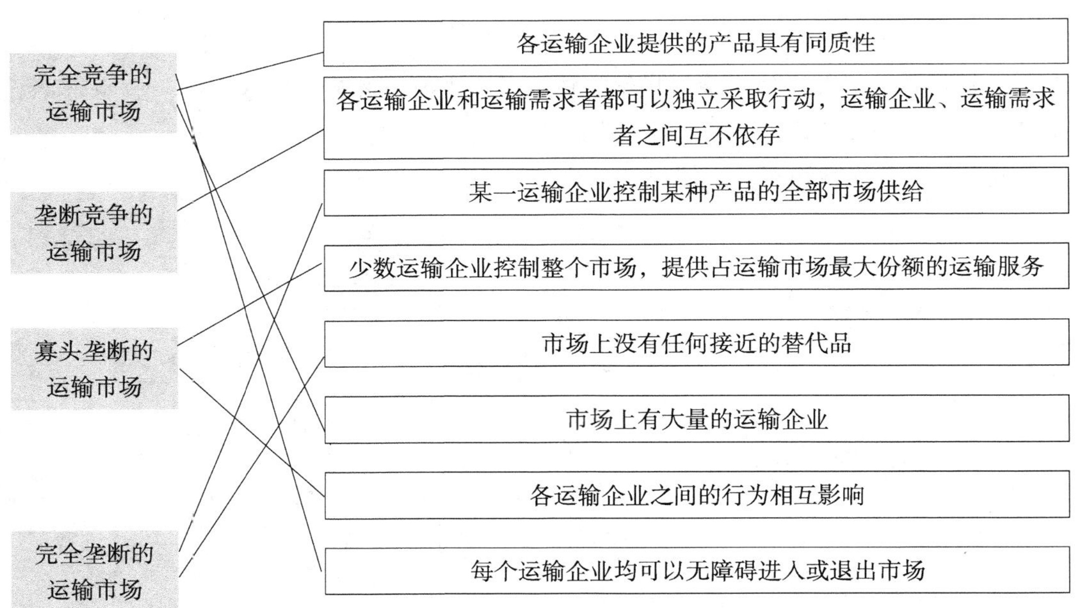

步骤四：识别运输定价策略。

运输定价策略有很多，且各自有各自的特点，李丽需要理解具体定价策略的原理。

请根据表1–3–2中给出的图示判别具体的运输定价策略（见表1–3–3）。

表 1–3–3　　运输定价策略判别

运输定价图示	运输定价策略
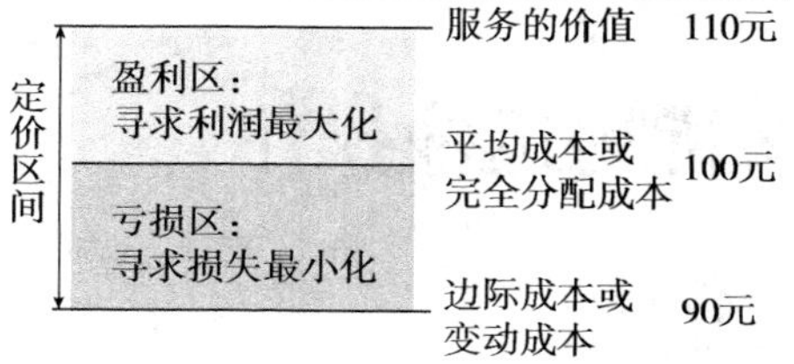 定价区间 服务的价值　110元 盈利区：寻求利润最大化 平均成本或完全分配成本　100元 亏损区：寻求损失最小化 边际成本或变动成本　90元	价值导向定价策略
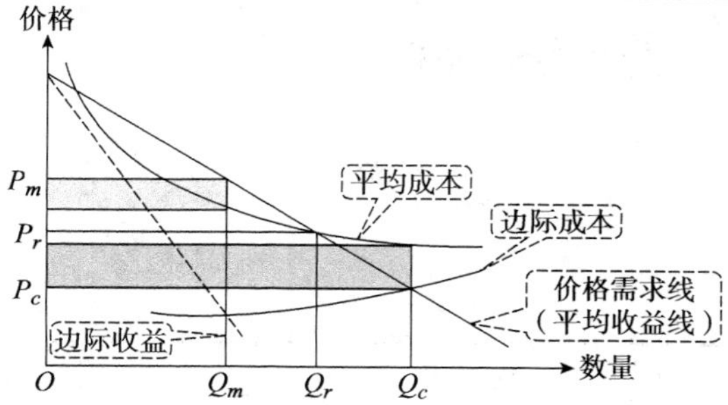 价格 P_m　P_r　P_c 平均成本 边际成本 价格需求线（平均收益线） 边际收益 O　Q_m　Q_r　Q_c　数量	组合定价策略
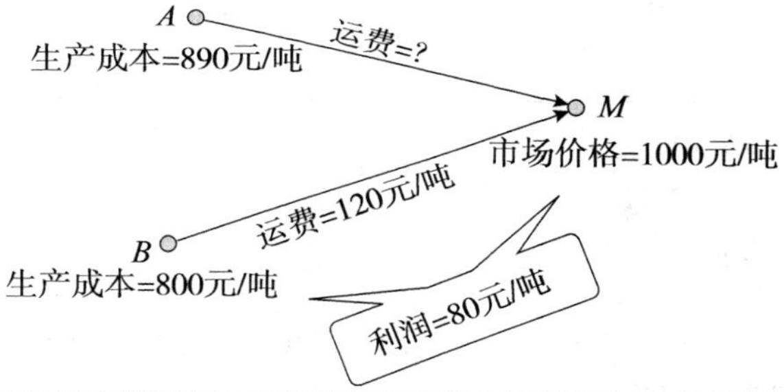 A 生产成本=890元/吨 运费=? M 市场价格=1000元/吨 运费=120元/吨 B 生产成本=800元/吨 利润=80元/吨	成本导向定价策略

步骤五：计算运价。

李丽需要结合自己所学习的运输定价方法，计算具体的运价。

（1）某运输企业固定成本为100万元，每货运吨变动成本为25元／吨公里，已知其保本货运量为1000吨。试用盈亏平衡法计算保本运价。

运输总收入＝运输总成本

保本运价＝固定成本／保本运量＋每货运吨变动成本

＝1000000/1000+25=1025（元/吨）

（2）某运输企业计划运量的全部变动成本为100万元，每货运吨变动成本为0.14元/吨公里，间接费用为80万元，如果企业规定其成本利润率（即加成率）为30%，试用成本加成定价法确定运价。

运价＝平均运输成本 ×（1+加成率）

＝［0.14+80/（100 / 0.14）］×（1+30%）=0.3276（元/吨）

项目二　公路货物运输操作

任务一　公路货物运输概述

任务目标

通过本任务的学习，可以达成以下目标。

知识目标	1. 熟悉公路货物运输的含义及特点 2. 了解运输包装与标志 3. 掌握公路货物运输的分类
技能目标	1. 能梳理公路货物运输的业务流程 2. 能梳理公路货物运输的技术设施与设备 3. 能辨别公路货物运输包装形式 4. 能辨别公路货物运输的类型
思政目标	培养对我国公路货物运输行业的认知

任务发布

李丽与其他新入职的同事在完成运输基础知识的学习之后，运输主管带他们去参观了物流中心，让他们实地了解物流中心运输车辆的作业内容及其他工作人员的具体工作。

经过实地的参观及了解之后，运输主管要求李丽与其他新入职的同事能够根据了解到的内容，绘制公路货物运输业务流程图，并对公路运输的类型进行总结。

任务工单

公路货物运输概述的任务计划如表 2－1－1 所示。

表2-1-1 公路货物运输概述的任务计划

任务名称：	
组长：	组员：
任务分工：	
方法、工具：	
任务步骤：	

任务实施

步骤一：公路货物运输优缺点总结与业务流程图绘制。

李丽根据所学内容和实地参观结果，总结公路货物运输的优缺点，并绘制其业务流程图。

（1）公路货物运输优缺点总结。

根据所学内容，将表2-1-2补充完整。

表2-1-2 公路货物运输的优缺点

优点	缺点

（2）绘制公路货物运输业务流程图。

操作步骤1：梳理公路货物运输的业务流程。

结合对物流中心的参观以及所学的知识，李丽先总结出公路货物运输主要的业务流程包括：____

____。

操作步骤2：结合梳理出来的业务流程，绘制公路货物运输业务流程图。绘制业务流程图时，可以采用的软件有Visio、PPT等。李丽选择采用PPT绘制业务流程图。

①新建一个PPT文档，然后选择“插入”→“流程图”→“新建空白图”。

②依次选择流程图图形，拖至绘制区域，尝试绘制公路货物运输业务流程图。

③调整字体样式，美化业务流程图。

调整流程图工具栏的选项，美化业务流程图，确定最终业务流程图后，导出文件即可。

步骤二：公路货物运输主要的技术设施与设备梳理。

操作步骤1：梳理公路货物运输主要的技术设施与设备。

公路货物运输主要的技术设施与设备有__________、__________、__________。

操作步骤2：梳理公路货物运输主要的技术设施与设备的相关内容。

表2-1-3　　公路货物运输主要的技术设施与设备及其相关内容

主要的技术设施与设备	相关内容

步骤三：公路货物运输包装形式辨别。

请分析在公路货物运输中，不同类型的货物适合的包装形式。

表 2-1-4　　　　　　　　**不同类型货物适合的包装形式**

货物	包装形式	
日用杂货、茶叶等		
机械设备、大理石、瓷砖等		
棉麻、羊毛等		
粮食、糖、化肥等		
水泥、塑料原料等		
水果、蔬菜等		
腐蚀性液体、酒、榨菜等		
各种压缩液化气体等		
油漆等		
活动物、车辆、设备、钢管、钢板、石块等		

步骤四：公路货物运输类型辨别。

根据表 2-1-5 给出的不同运输需求，选择适合的运输类型。

表 2-1-5　　　　　　　　**不同运输需求适合的运输类型**

运输需求	运输类型
托运人托运计费重量为 3 吨及以下的货物	
托运人托运 5 吨大理石	
运输距离在 25 千米以上	
托运人托运 300 个冰激凌	

任务反思

在完成任务的过程中，遇到了哪些问题？是如何解决的？

任务评价

学生互评表

<table>
<tr><td>班级</td><td></td><td>姓名</td><td></td><td>学号</td><td colspan="2"></td></tr>
<tr><td colspan="2">任务名称</td><td colspan="5">公路货物运输概述</td></tr>
<tr><td colspan="2">评价项目
（占比）</td><td colspan="3">评价标准</td><td>分值（分）</td><td>得分（分）</td></tr>
<tr><td colspan="2">考勤
（10%）</td><td colspan="3">出勤情况（无故旷课、迟到、早退，出现一次扣10分；请假出现一次扣2分）</td><td>10</td><td></td></tr>
<tr><td rowspan="2">学习能力
（10%）</td><td>合作学习能力</td><td colspan="3">小组合作参与程度（优6分，良4分，一般2分，未参与0分）</td><td>6</td><td></td></tr>
<tr><td>个人学习能力</td><td colspan="3">个人自主探究参与程度（优4分，良2分，未参与0分）</td><td>4</td><td></td></tr>
<tr><td rowspan="8">工作过程
（60%）</td><td rowspan="4">公路货物运输优缺点总结与业务流程图绘制</td><td colspan="3">能准确总结公路货物运输的优点（每错一处扣2分）</td><td>8</td><td></td></tr>
<tr><td colspan="3">能准确总结公路货物运输的缺点（每错一处扣2分）</td><td>8</td><td></td></tr>
<tr><td colspan="3">能准确梳理公路货物运输的业务流程（每错一处扣1分）</td><td>9</td><td></td></tr>
<tr><td colspan="3">能根据公路货物运输的业务流程准确绘制公路货物运输业务流程图（每错一处扣2分）</td><td>10</td><td></td></tr>
<tr><td rowspan="2">公路货物运输的技术设施与设备梳理</td><td colspan="3">能准确梳理公路货物运输主要的技术设施与设备（每错一处扣2分）</td><td>6</td><td></td></tr>
<tr><td colspan="3">能准确梳理公路货物运输主要的技术设施与设备的相关内容（每错一处扣2分）</td><td>6</td><td></td></tr>
<tr><td>公路货物运输包装形式辨别</td><td colspan="3">能为具体的货物选择比较合适的包装形式（每错一处扣0.5分）</td><td>5</td><td></td></tr>
<tr><td>公路货物运输类型辨别</td><td colspan="3">能准确判定不同运输需求适合的运输类型（每错一处扣2分）</td><td>8</td><td></td></tr>
<tr><td rowspan="2">工作成果
（20%）</td><td>完成情况</td><td colspan="3">能按规范及要求完成任务（未完成一处扣2分）</td><td>10</td><td></td></tr>
<tr><td>展示情况</td><td colspan="3">能准确展示绘制的公路货物运输业务流程图（失误一次扣5分）</td><td>10</td><td></td></tr>
<tr><td colspan="5">合计</td><td>100</td><td></td></tr>
</table>

教师评价表

<table>
<tr><td>任务名称</td><td colspan="8">公路货物运输概述</td></tr>
<tr><td>授课信息</td><td colspan="8"></td></tr>
<tr><td>班级</td><td></td><td>组别</td><td></td><td>姓名</td><td></td><td>学号</td><td colspan="2"></td></tr>
<tr><td colspan="2">评价项目
（占比）</td><td colspan="5">评价标准</td><td>分值
（分）</td><td>得分
（分）</td></tr>
<tr><td colspan="2">考勤
（10%）</td><td colspan="5">出勤情况（无故旷课、迟到、早退，出现一次扣10分；请假出现一次扣2分）</td><td>10</td><td></td></tr>
<tr><td rowspan="2">学习能力
（10%）</td><td>合作学习能力</td><td colspan="5">小组合作参与程度（优6分，良4分，一般2分，未参与0分）</td><td>6</td><td></td></tr>
<tr><td>个人学习能力</td><td colspan="5">个人自主探究参与程度（优4分，良2分，未参与0分）</td><td>4</td><td></td></tr>
<tr><td rowspan="8">工作过程
（60%）</td><td rowspan="4">公路货物运输优缺点总结与业务流程图绘制</td><td colspan="5">能准确总结公路货物运输的优点（每错一处扣2分）</td><td>8</td><td></td></tr>
<tr><td colspan="5">能准确总结公路货物运输的缺点（每错一处扣2分）</td><td>8</td><td></td></tr>
<tr><td colspan="5">能准确梳理公路货物运输的业务流程（每错一处扣1分）</td><td>9</td><td></td></tr>
<tr><td colspan="5">能根据公路货物运输的业务流程准确绘制公路货物运输业务流程图（每错一处扣2分）</td><td>10</td><td></td></tr>
<tr><td rowspan="2">公路货物运输的技术设施与设备梳理</td><td colspan="5">能准确梳理公路货物运输主要的技术设施与设备（每错一处扣2分）</td><td>6</td><td></td></tr>
<tr><td colspan="5">能准确梳理公路货物运输主要的技术设施与设备的相关内容（每错一处扣2分）</td><td>6</td><td></td></tr>
<tr><td>公路货物运输包装形式辨别</td><td colspan="5">能为具体的货物选择比较合适的包装形式（每错一处扣0.5分）</td><td>5</td><td></td></tr>
<tr><td>公路货物运输类型辨别</td><td colspan="5">能准确判定不同运输需求适合的运输类型（每错一处扣2分）</td><td>8</td><td></td></tr>
<tr><td rowspan="2">工作成果
（20%）</td><td>完成情况</td><td colspan="5">能按规范及要求完成任务（未完成一处扣2分）</td><td>10</td><td></td></tr>
<tr><td>展示情况</td><td colspan="5">能准确展示绘制的公路货物运输业务流程图（失误一次扣5分）</td><td>10</td><td></td></tr>
<tr><td colspan="7">合计</td><td>100</td><td></td></tr>
</table>

知识学习

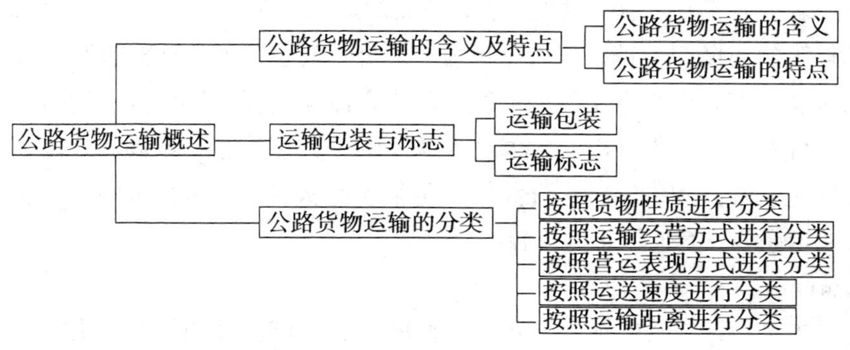

一、公路货物运输的含义及特点

1. 公路货物运输的含义

公路运输也称道路运输，是指在道路上使用汽车运送旅客或货物的运输方式。其中，公路货物运输是指在道路上使用汽车运送货物的运输方式。

2. 公路货物运输的特点

（1）机动灵活，适应性强。

（2）可以实现“门到门”的直达运输。

（3）有较快的运送速度。

（4）原始投资少，资金回收快。

（5）容易掌握车辆驾驶技术。

（6）单位运量较小，运输成本较高。

（7）运行的持续性较差。

（8）安全性较低，容易造成环境污染。

扫一扫

公路货物运输行业概览

扫描二维码，了解公路货物运输行业。

二、运输包装与标志

1. 运输包装

运输包装是为了减少运输过程对货物造成的损坏，保障运输安全，方便储运装卸，加快交接点验的速度。这种以运输储运为主要目的的包装就是运输包装，又称为外包装。运输包装的主要作用在于保护货物，防止在储运过程中发生货损货差，尽可能避免运输途中各种外界条件可能对货物产生的影响，方便检验、计数和分拨。货物的运输包装按照包装形式和包装材料分为箱状包装、捆状包装、袋装包装、桶状包装、裸状包装、成组包装及其他形式的包装。

2. 运输标志

运输标志是指贴在货物或运输包装表面的，有一定含义的图形、文字等。其主要作用是在储运过程中识别和区分货物，说明装卸作业要求、合理操作方法，以保护货物的完整和人身及运输工具的安全。运输标志按照其所起的作用可分为识别标志、重量体积标志、指示标志、警告标志和原产地标志。

三、公路货物运输的分类

1.按照货物性质进行分类

（1）普通货物运输。

普通货物运输是指货物在运输、装卸、保管及配送的过程中，没有特殊要求，不需要采用特殊措施和方法的货物运输。

（2）特种货物运输。

特种货物运输是指货物在运输、装卸、保管及配送的过程中，需要采用特殊措施和方法的货物运输。特种货物运输又可分为危险货物运输、大型货物运输、鲜活货物运输和贵重货物运输。

2.按照运输经营方式进行分类

（1）公共运输。

公共运输以整个社会为服务对象，是专业经营公路货物运输业务的方式，具体有定期定线、定线不定期及定区不定期三种模式。

（2）契约运输。

契约运输是指汽车运输企业按照承托双方签订的运输契约运送货物。契约期限短的为半年或一年，长的可达数年。按契约规定，托运人保证提供一定的货运量，承运人保证提供所需的运力。

（3）自用运输。

自用运输是指企业、机关自置车辆运送自己的货物，一般不对外营业。

（4）汽车货运代理。

汽车货运代理方式下，企业既不拥有货源也不拥有汽车，它们以中间人的身份一面向货主揽货，一面委托运输企业托运，借此收取手续费用和佣金。

3.按照营运表现方式进行分类

（1）整车货物运输。

托运人一次托运货物的计费重量在3吨及3吨以上，或不足3吨但其性质、体积、形状需要使用一辆汽车运输的方式，为整车货物运输。

（2）零担货物运输。

托运人一次托运货物的计费重量在3吨及3吨以下的方式，为零担货物运输。

（3）集装箱货物运输。

以集装箱为容器，使用汽车运输的方式，为集装箱货物运输。

（4）出租汽车货物运输。

采用装有出租营业标志的小型货运汽车，供货主临时雇用，并按时间、里程和规定费率收取运输费用的，为出租汽车货物运输。

（5）搬家货物运输。

为个人或单位搬迁提供运输和搬运装卸服务，并按规定收取费用的，为搬家货物运输。

4. 按照运送速度进行分类

（1）一般货物运输。

一般货物运输是指普通速度的货物运输。普通速度的货物运输期限自起运日起计算，计算方法为运输里程除以每日运距，通常每日运距为200千米。

（2）快件货物运输。

快件货物运输要在规定的距离和时间内将货物运达目的地的。快件货物运输的具体要求：从货物受理日15时起算，300千米运距的，要在24小时内运达；1000千米运距的，要在48小时内运达；2000千米运距的，要在72小时内运达。

（3）特快件货物运输。

应托运人要求，采取即托即运的，为特快件货物运输。托运人将货物交付给承运人起运的具体时刻即货物送出时间，承运人有责任在规定时限内送达货物。

5. 按照运输距离进行分类

（1）长途运输。

长途运输指运输距离在25千米以上的货物运输。

（2）短途运输。

短途运输指运输距离在25千米及25千米以下的货物运输。

思政提升

公路货运行业发展前景及趋势

公路货运作为我国各行业及物品流通的基础行业之一，近年来国家有关部门陆续出台一系列相关政策，支持、规范行业的发展，内容涉及提升公路建设质量、公路网布局、运输规范等方面，为我国公路货运行业的发展提供了良好的政策环境。

市场需求和信息技术的发展程度亦能对公路货运的发展方向产生深远的影响，总体而言，服务质量全面升级是行业发展的核心逻辑：随着信息产业的技术应用进一步向货物运输行业渗透，货运枢纽以及交通网络的响应时间将逐渐缩短，公路货运在资源的调度效率上将进一步得到提升；围绕着现代物流体系的全面建设，除去以传统公路货运在货物运输中发挥的作用，公路货运亦将更高效地联结水路、铁路乃至航空运输，公水铁联运一体化将在未来全面提升至新的层次；作为服务性行业，公路货运行业利用各种手段做出的革新终将为下游用户的服务体验带来积极影响，持续提升的服务质量将是行业行稳致远的根本所在。

科技时刻在发展，运输行业也在进步，我们必须提升对公路货运行业发展的信心与认识。

参考答案

步骤一：公路货物运输优缺点总结与业务流程图绘制。

李丽根据所学内容和实地参观结果，总结公路货物运输的优缺点，并绘制其业务流程图。

（1）公路货物运输优缺点总结。

根据所学内容，将表2–1–2补充完整（见表2–1–6）。

表2–1–6　　公路货物运输的优缺点

优点	缺点
机动灵活，适应性强；可以实现“门到门”直达运输；有较快的运送速度；原始投资少，资金回收快；容易掌握车辆驾驶技术	单位运量较小，运输成本较高；运行的持续性较差；安全性较低，容易造成环境污染

（2）绘制公路货物运输业务流程图。

操作步骤1：梳理公路货物运输的业务流程。

结合对物流中心的参观以及所学的知识，李丽先总结出公路货物运输主要的业务流程包括：托运受理、过磅起票、仓库保管、配载装车、车辆运行、货物中转、到站卸货、货物交付。

操作步骤2：结合梳理出来的业务流程，绘制公路货物运输业务流程图。绘制业务流程图时，可以采用的软件有Visio、PPT等。李丽选择采用PPT绘制业务流程图。

①新建一个PPT文档，然后选择“插入”→“流程图”→“新建空白图”（见图2–1–1）。

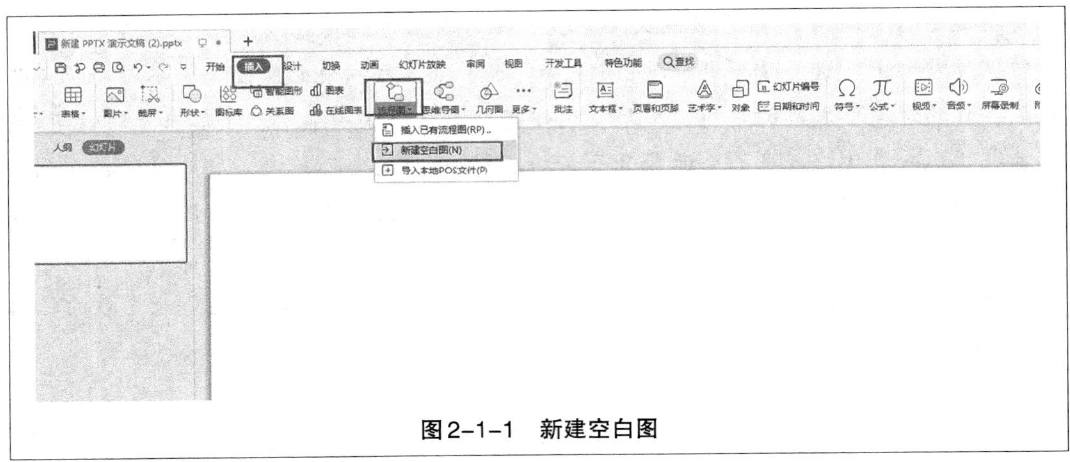

图 2–1–1　新建空白图

②依次选择流程图图形，拖至绘制区域，尝试绘制公路货物运输业务流程图（见图 2–1–2）。

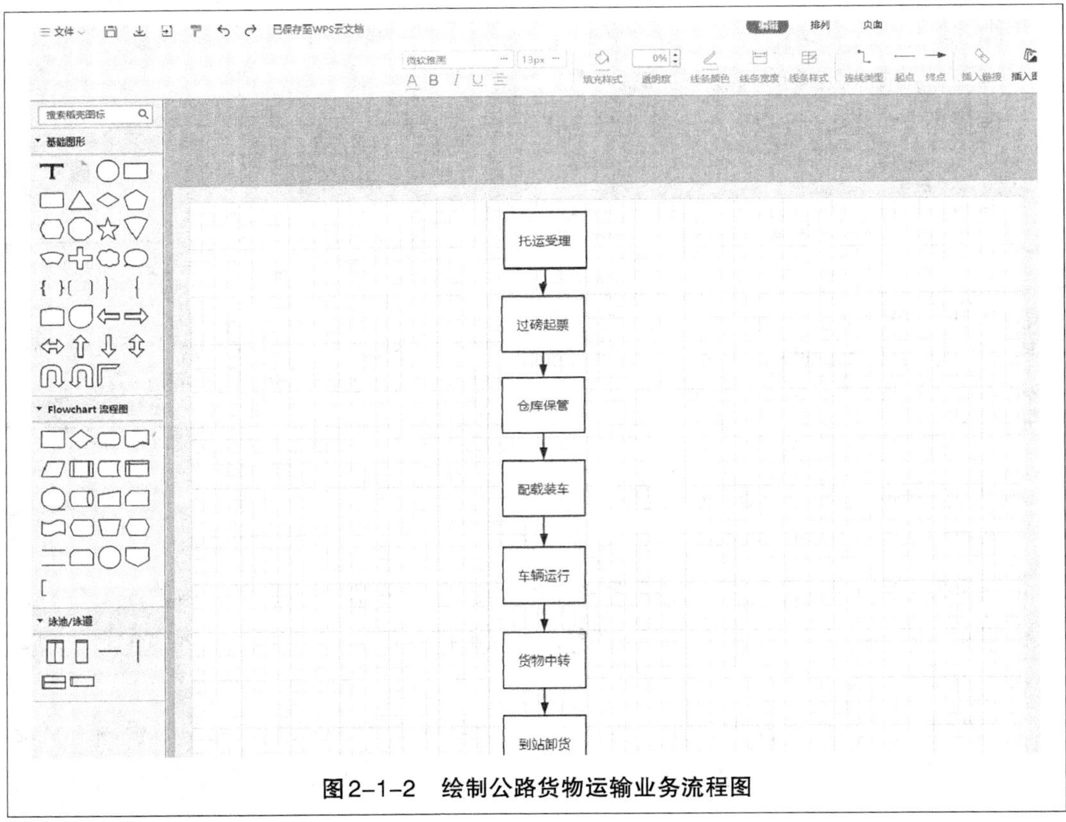

图 2–1–2　绘制公路货物运输业务流程图

③调整字体样式，美化业务流程图。

调整流程图工具栏的选项，美化业务流程图，确定最终业务流程图后，导出文件即可（见图 2–1–3）。

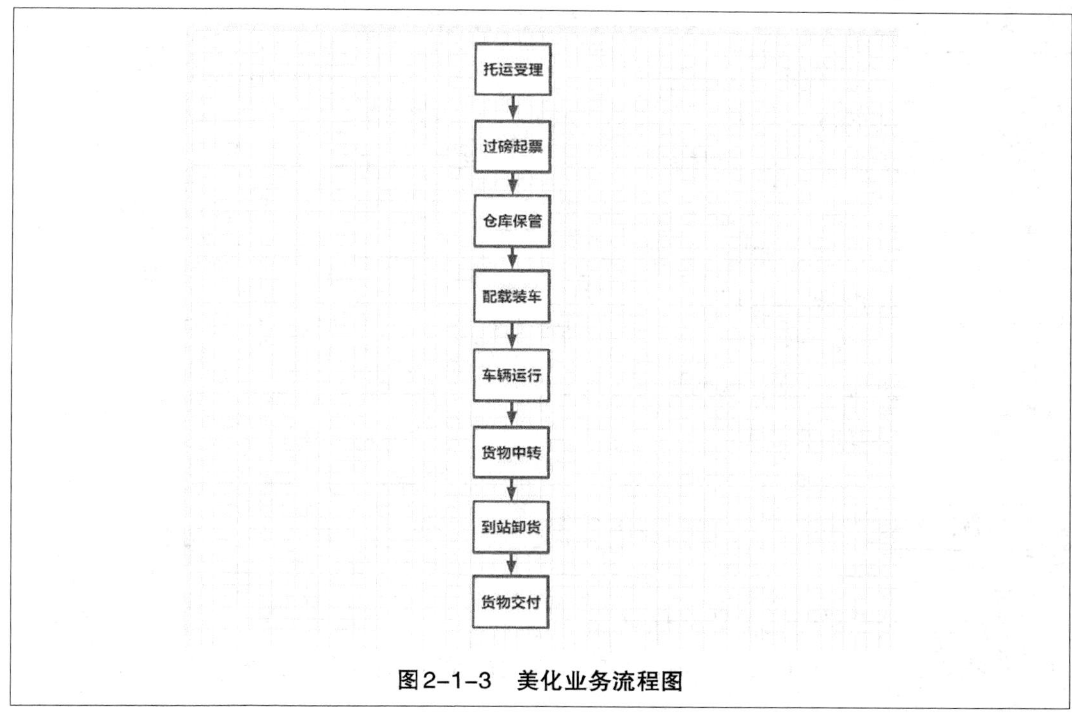

图2-1-3　美化业务流程图

步骤二：公路货物运输主要的技术设施与设备梳理。

操作步骤1：梳理公路货物运输主要的技术设施与设备。

公路货物运输主要的技术设施与设备有<u>　公路　</u>、<u>　载货汽车　</u>、<u>　公路场站　</u>。

操作步骤2：梳理公路货物运输主要的技术设施与设备的相关内容（见表2-1-7）。

表2-1-7　　公路货物运输主要的技术设施与设备及其相关内容

主要的技术设施与设备	相关内容
公路	公路是指供各种无轨车辆和行人等通行的工程设施。公路是连接城市、乡村，主要供汽车行驶并具备一定技术标准和设施的道路。公路主要分为高速公路、一级公路、二级公路、三级公路、四级公路
载货汽车	载货汽车也叫载重汽车，是专门用于运送货物的汽车。载货汽车根据用途可分为普通载货汽车、专用载货汽车、牵引车和挂车
公路场站	公路场站是办理公路货运业务，为用户提供仓储保管、车辆保养和修理及其他相关服务的场所。一般包括货运站、停车场（库）、保修站、加油站和食宿楼等设施

步骤三：公路货物运输包装形式辨别。

请分析在公路货物运输中，不同类型的货物适合的包装形式（见表2-1-8）。

表2-1-8　　不同类型货物适合的包装形式

货物	包装形式	
日用杂货、茶叶等	胶合板箱	箱状包装
机械设备、大理石、瓷砖等	板条、亮格箱	
棉麻、羊毛等	包、捆	捆状包装
粮食、糖、化肥等	麻袋	袋状包装
水泥、塑料原料等	纸袋	
水果、蔬菜等	篓、筐	其他形式的包装
腐蚀性液体、酒、榨菜等	坛、翁	
各种压缩液化气体等	钢瓶	
油漆等	罐	
活动物、车辆、设备、钢管、钢板、石块等	裸装	裸状包装

步骤四：公路货物运输类型辨别。

根据表2-1-5给出的不同运输需求，选择适合的运输类型（见表2-1-9）。

表2-1-9　　不同运输需求适合的运输类型

运输需求	运输类型
托运人托运计费重量为3吨及以下的货物	零担运输
托运人托运5吨大理石	整车运输
运输距离在25千米以上	长途运输
托运人托运300个冰激凌	特种运输（冷链运输）

任务二　公路整车货物运输业务操作

任务目标

通过本任务的学习，可以达成以下目标。

知识目标	1.掌握公路整车货物运输的含义 2.理解公路整车货物运输与公路零担货物运输的主要区别 3.清楚公路整车货物运输的作业流程
技能目标	1.能准确梳理公路整车货物运输与公路零担货物运输业务的主要区别 2.能结合实际任务，按照要求组织公路整车货物运输
思政目标	培养严谨的工作作风及良好的职业操守

任务发布

2022年7月2日，上海市缤纷世界生物工程公司业务员找到了华源集团上海物流中心，要求托运变性淀粉。其托运的货物名称、数量、流向（起点—终点）及相关要求整理如表2-2-1所示。

表2-2-1　　客户托运货物简明记录

托运人	收货人	货物名称及数量	起点—终点	相关要求	运输方式选择
上海市缤纷世界生物工程公司	广州零点生物工程公司	变性淀粉5吨	上海—广州	以最经济的办法运输，希望尽快送达	公路整车

案例分析：

公路整车货物运输是指托运人一次托运货物的计费重量在3吨及3吨以上，或不足3吨但其性质、体积、形状需要使用一辆汽车运输的方式。本案例中，上海市缤纷世界生物工程公司为托运人，华源集团上海物流中心为承运人。组织汽车将变性淀粉5吨（多于3吨）从起运地（上海）到收货地（广州）的运输，为公路整车货物运输。

李丽接到运输主管的任务之后，应该如何组织这批货物的运输呢？

任务工单

公路整车货物运输业务操作的任务计划如表2-2-2所示。

表2-2-2　　公路整车货物运输业务操作的任务计划

<table>
<tr><td colspan="2">任务名称：</td></tr>
<tr><td>组长：</td><td>组员：</td></tr>
<tr><td colspan="2">任务分工：</td></tr>
<tr><td colspan="2">方法、工具：</td></tr>
<tr><td colspan="2">任务步骤：</td></tr>
</table>

任务实施

步骤一：梳理公路整车货物运输与公路零担货物运输的主要区别。

李丽在组织公路整车货物运输之前，首先需要明确公路整车货物运输与公路零担货物运输的区别。

（1）公路整车货物运输与公路零担货物运输的主要区别项有：____________、____________、____________、____________、____________。

（2）梳理公路整车货物运输与公路零担货物运输主要区别的具体内容，完成表2-2-3的填制。

表2-2-3　　公路整车货物运输与公路零担货物运输的主要区别

区别项	主要区别的具体内容

扫一扫

公路整车货物运输与公路零担货物运输示意图

扫描二维码，查看公路整车货物运输与公路零担货物运输示意图。

步骤二：组织公路整车货物运输。

按照作业的先后顺序，公路整车货物运输的作业流程如下。

李丽需要结合任务内容，完成具体的公路整车货物运输组织。

（1）受理托运。

①审核托运信息。

李丽在接到托运人的托运信息之后，首先需要判定是否可以托运。李丽审核之后，认为该货物不属于禁运品，且收货地址在公司服务范围之内，因此，接受承运。

一般来说，不予以受理托运的6条基本规定如下。

②确定托运人有无特殊要求，如运输期限、押运人数或托运方议定的有关事项。

③填写公路货物托运单。

由于客户是用传真发来具体的托运信息，因此李丽需要结合具体任务中的具体货物信息，以及托运人提供的电话、姓名等信息按照要求填写公路货物托运单。

操作步骤1：确定托运人、收货人的名称、地址、电话等基础信息。

李丽根据托运人发来的传真信息，整理出托运人及收货人的基础信息，并将表2–2–4和表2–2–5补充完整。

表2–2–4　　托运人的基础信息

单位名称	地址	联系电话	装货地点

表2–2–5　　收货人的基础信息

单位名称	地址	联系电话	卸货地点

操作步骤2：确定货物的基础信息。

结合货物的基础信息，可知货物名称为____________，件数为200件，每件重量为25千克，计费重量（吨）为____________；货物价值为10000元；李丽通过查询货物等级表，确定变性淀粉的货物等级为____________。

操作步骤3：确定计费里程及计费项目。

李丽通过查询公路里程表，得出此次运输的里程为____________；查询公司货物运费信息，得出基本运价为0.48元/吨公里，因此，可计算出基础运费为____________。华源集团上海物流中心在组织公路整车货物运输时，还会收取装卸费、单程空驶损失费及保价费。其中装卸费计费标准为8.00元/吨，可得此批变性淀粉的装卸费为____________；单程空驶损失费的计费标准为运费的50%，可得此批变性淀粉的单程空驶损失费为____________；保价费的计费标准为货物价值的3%，可得此批变性淀粉的保价费为____________。

扫一扫

公路运输货物等级表及基本运价

扫描二维码，查看公路运输货物等级表及基本运价。

全国主要城市间公路里程表

扫描二维码，查看全国主要城市间公路里程表。

操作步骤4：完成公路货物托运单的填制。

李丽需要结合上述分析结果，完成公路货物托运单（见表2-2-6）的填制。

表2-2-6　　公路货物托运单

2022年7月2日　　　　托运单编号：2-N79-200

<table>
<tr><td>托运人</td><td colspan="2"></td><td>地址</td><td colspan="3"></td><td>电话</td><td></td><td>装货地点</td><td></td><td>厂休日</td><td>星期日</td></tr>
<tr><td>收货人</td><td colspan="2"></td><td>地址</td><td colspan="3"></td><td>电话</td><td></td><td>卸货地点</td><td></td><td>厂休日</td><td>星期六</td></tr>
<tr><td rowspan="2">货物名称</td><td rowspan="2">包装</td><td rowspan="2">件数</td><td rowspan="2">体积（m^3）长×宽×高</td><td rowspan="2">每件重（kg）</td><td rowspan="2">计费重量（吨）</td><td rowspan="2">里程（公里）</td><td rowspan="2">货物价值</td><td rowspan="2">货物等级</td><td colspan="4">计费项目</td></tr>
<tr><td>项目</td><td colspan="2">计费标准</td><td>金额（元）</td></tr>
<tr><td>变性淀粉</td><td>编织袋</td><td>200</td><td></td><td></td><td></td><td></td><td></td><td></td><td>运费</td><td colspan="2">0.48元/吨公里</td><td></td></tr>
<tr><td></td><td></td><td></td><td></td><td></td><td></td><td></td><td></td><td></td><td>装卸费</td><td colspan="2">8.00元/吨</td><td></td></tr>
<tr><td></td><td></td><td></td><td></td><td></td><td></td><td></td><td></td><td></td><td>单程空驶损失费</td><td colspan="2">50%运费</td><td></td></tr>
<tr><td></td><td></td><td></td><td></td><td></td><td></td><td></td><td></td><td></td><td>保价费</td><td colspan="2">3%货物价值</td><td></td></tr>
<tr><td>合计</td><td colspan="11">万　　　仟　　　佰　　　拾　　　元　　　角</td><td></td></tr>
<tr><td>特约事项</td><td colspan="12"></td></tr>
<tr><td>托运经办人签字</td><td>李乐</td><td colspan="2">经办人电话 15324810121</td><td>收货人签字盖章</td><td colspan="2"></td><td>承运经办人及电话</td><td colspan="2">李丽 15801491290</td><td>承运单位</td><td colspan="2"></td></tr>
</table>

④托运单编号及分送。

托运单认定后，编制托运单的号码，并将结算通知发至托运人（货主）。托运单的编号没有统一规定，各企业自己编号。从便于查核和财务结算的角度出发，多数企业的编号内容包含日期、经办人号码和货物数量等。例如，编号2-N79-200表示2日第N79号经办人办理的200件货物。

（2）验货待运。

验货环节的主要操作内容如下。

（3）车辆调度。

在接收到出货信息后，调度员安排适宜车辆到装货地点装运货物。

操作步骤1：登记调度命令。

操作步骤2：发布调度命令。

调度员要明确自己的职责，通过发布调度命令调度车辆。运输车辆的加开、停运、折返、变更线路及车辆甩挂等命令，由调度员发布，其他人员无权发布。

在信息化的社会里发布调度命令，多数是在填写调度命令后，通过电话（手机）联系落实，再补充纸质调度命令，以备存档。各级调度命令应妥善保管一年。

调度命令如涉及其他单位和人员，应同时发送。

操作步骤3：交付调度命令。

调度员在向驾驶员发布调度命令时，如果驾驶员不在，调度命令应发给所属车队班组，由相应人员负责转达，涉及的相关人员应认真执行确认和回执制度。

（4）货物监装。

车辆到达装货地点后，驾驶员和接货人员会同托运人，对货物________、________和________等进行清点和核实，核对无误后进行装车。

（5）货物运送/押运。

货物装车后，即可出发。驾驶员应及时做好货运途中的行车检查工作，既要保持货物________、________，又要保持________________________。

在货物起运前后，当遇特殊原因托运方或承运方需要变更运输时，应及时由承运和托运双方协商处理，填制________________，所发生的变更费用，需按有关规定处理。

根据托运人提供的基础信息，本票货物________押运。

（6）运费结算与统计。

运费结算，一是对运输单位外部，即对货主（托运人）进行运杂费结算，收取应收未收的运杂费；二是对运输单位内部，即对驾驶员完成运输任务应得的工资（包括基本工资与附加工资）收入进行定期结算。

运杂费包括运费与杂费两项费用。运费指按单位运输量的价格（即收费标准）及所完成运输任务数量（运输量）计算的运输费用。杂费指除运费之外所发生的其他费用，主要包括__________、__________、__________、__________、__________、__________、__________及__________等。

此环节，承运人与收货人应该按照计费标准检查各项费用是否收取完成。

（7）货物交付。

货物运达收货地点，应正确办理交付手续并交付货物。__________应凭有效单证提（收）取货物，无故拒提（收）取货物，应赔偿__________因此造成的损失。__________或者__________，依照《中华人民共和国民法典》的相关规定，__________可以提存货物。

货物交付时，__________与__________应当做好交接工作，发现货损货差，由承运人与收货人共同编制__________，交接双方在货运事故记录上签字确认。货物交接时承托双方对货物的质量和内容有质疑时均可提出__________与__________，其费用由__________负担。

任务反思

在完成任务的过程中，遇到了哪些问题？是如何解决的？

任务评价

学生互评表

班级		姓名		学号	
任务名称	公路整车货物运输业务操作				
评价项目（占比）	评价标准			分值（分）	得分（分）
考勤（10%）	出勤情况（无故旷课、迟到、早退，出现一次扣10分；请假出现一次扣2分）			10	

续 表

<table>
<tr><th colspan="2">评价项目（占比）</th><th>评价标准</th><th>分值（分）</th><th>得分（分）</th></tr>
<tr><td rowspan="2">学习能力（10%）</td><td>合作学习能力</td><td>小组合作参与程度（优6分，良4分，一般2分，未参与0分）</td><td>6</td><td></td></tr>
<tr><td>个人学习能力</td><td>个人自主探究参与程度（优4分，良2分，未参与0分）</td><td>4</td><td></td></tr>
<tr><td rowspan="13">工作过程（60%）</td><td rowspan="2">梳理公路整车货物运输与公路零担货物运输的区别</td><td>能准确梳理公路整车货物运输与公路零担货物运输的区别项（每错一处扣2分）</td><td>6</td><td></td></tr>
<tr><td>能准确根据具体的区别项梳理详细的区别内容（每错一处扣2分）</td><td>6</td><td></td></tr>
<tr><td rowspan="11">组织公路整车货物运输</td><td>能准确判定托运业务是否可以承运（每错一处扣3分）</td><td>3</td><td></td></tr>
<tr><td>能准确梳理不予以受理托运的6条基本规定（每错一处扣1分）</td><td>6</td><td></td></tr>
<tr><td>能结合任务信息确定货物基本信息（每错一处扣1分）</td><td>3</td><td></td></tr>
<tr><td>能准确计算计费里程及计费项（每错一处扣1分）</td><td>5</td><td></td></tr>
<tr><td>能根据分析结果准确填制公路货物托运单（每错一处扣1分）</td><td>9</td><td></td></tr>
<tr><td>能准确说明实施货物监装时需要监装的内容项（每错一处扣2分）</td><td>6</td><td></td></tr>
<tr><td>能准确说明货物运送过程应注意的要点内容（每错一处扣2分）</td><td>6</td><td></td></tr>
<tr><td>能准确判定托运业务是否需要押运（每错一处扣2分）</td><td>2</td><td></td></tr>
<tr><td>能准确判定运输费用及运杂费（每错一处扣1分）</td><td>5</td><td></td></tr>
<tr><td>能判定货物交付双方的责任及业务要点（每错一处扣0.5分）</td><td>5</td><td></td></tr>
<tr><td rowspan="2">工作成果（20%）</td><td>完成情况</td><td>能按规范及要求完成任务（未完成一处扣2分）</td><td>10</td><td></td></tr>
<tr><td>展示情况</td><td>能准确展示填制的公路货物托运单（失误一次扣5分）</td><td>10</td><td></td></tr>
<tr><td colspan="3">合计</td><td>100</td><td></td></tr>
</table>

教师评价表

<table>
<tr><td>任务名称</td><td colspan="8">公路整车货物运输业务操作</td></tr>
<tr><td>授课信息</td><td colspan="8"></td></tr>
<tr><td>班级</td><td></td><td>组别</td><td></td><td>姓名</td><td></td><td>学号</td><td colspan="2"></td></tr>
<tr><td colspan="2">评价项目（占比）</td><td colspan="5">评价标准</td><td>分值（分）</td><td>得分（分）</td></tr>
<tr><td colspan="2">考勤（10%）</td><td colspan="5">出勤情况（无故旷课、迟到、早退，出现一次扣10分；请假出现一次扣2分）</td><td>10</td><td></td></tr>
</table>

续　表

评价项目（占比）		评价标准	分值（分）	得分（分）
学习能力（10%）	合作学习能力	小组合作参与程度（优6分，良4分，一般2分，未参与0分）	6	
	个人学习能力	个人自主探究参与程度（优4分，良2分，未参与0分）	4	
工作过程（60%）	梳理公路整车货物运输与公路零担货物运输的区别	能准确梳理公路整车货物运输与公路零担货物运输的区别项（每错一处扣2分）	6	
		能准确根据具体的区别项梳理详细的区别内容（每错一处扣2分）	6	
	组织公路整车货物运输	能准确判定托运业务是否可以承运（每错一处扣3分）	3	
		能准确梳理不予以受理托运的6条基本规定（每错一处扣1分）	6	
		能结合任务信息确定货物基本信息（每错一处扣1分）	3	
		能准确计算计费里程及计费项（每错一处扣1分）	5	
		能根据分析内容准确填制公路货物托运单（每错一处扣1分）	9	
		能准确说明实施货物监装时需要监装的内容项（每错一处扣2分）	6	
		能准确说明货物运送过程应注意的要点内容（每错一处扣2分）	6	
		能准确判定托运业务是否需要押运（每错一处扣2分）	2	
		能准确判定运输费用及运杂费（每错一处扣1分）	5	
		能判定货物交付双方的责任及业务要点（每错一处扣0.5分）	5	
工作成果（20%）	完成情况	能按规范及要求完成任务（未完成一处扣2分）	10	
	展示情况	能准确展示填制的公路货物托运单（失误一次扣5分）	10	
合计			100	

知识学习

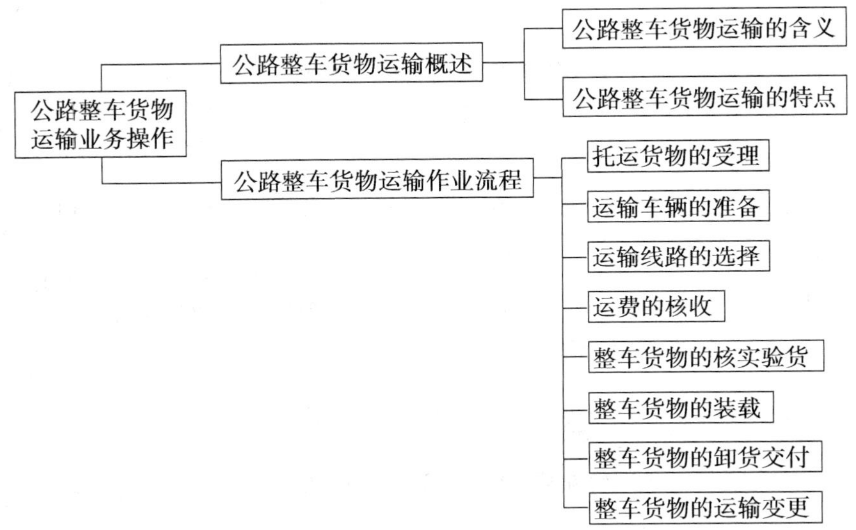

一、公路整车货物运输概述

1.公路整车货物运输的含义

根据道路货物运输的规定，公路整车货物运输是指托运人一次托运货物的计费重量在3吨及3吨以上，或不足3吨但其性质、体积、形状需要使用一辆汽车运输的方式。一次托运是指同一托运人、同一托运单、同时托运。

以下货物必须按照整车运输。

（1）鲜活货物。

（2）需用专车运输的货物。

（3）不能与其他货物拼装运输的危险品。

（4）易于污染其他货物的不洁货物。

（5）不易于计数的散装货物。

2.公路整车货物运输的特点

（1）一车一张货票、一个发货人。

（2）整车货物多点装卸，按全程合计最大载重量计重，最大载重量不足车辆额定载重量时，按车辆额定载重量计算。

（3）托运整车货物由托运人自理装车，未装足车辆额定载重量时，按车辆额定载重量核收运费。

（4）整车货物运输一般不需中间环节或中间环节很少，送达时间短，相应的货运集散成本较低。

二、公路整车货物运输作业流程

公路整车货物运输作业流程如图2-2-1所示。

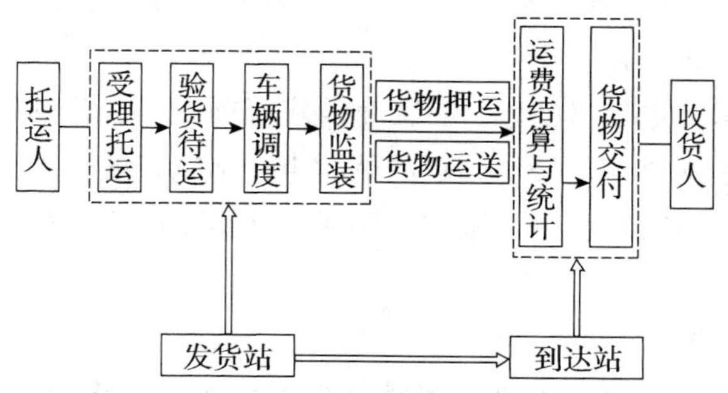

图2-2-1　公路整车货物运输作业流程

1. 托运货物的受理

（1）托运受理方法。

①登门受理。

②到产地受理。

③现场受理。

④驻点受理。

⑤通过接打电话、接收传真、接收信函等方式受理。

⑥签订年度、半年度、季度或月度运输合同。

⑦站点受理。

（2）托运单的填写。

①托运单填写的作用。

a. 托运单是公路运输部门开具货票的凭证。

b. 托运单是调整部门派车、货物装卸和货物到达交付的依据。

c. 托运单是运输期间发生运输延滞、空驶、运输事故时判定双方责任的原始记录。

d. 托运单是货物收据、交货凭证。

②托运单内容的审批和认定。

公路运输部门收到由货物托运人填写的托运单后，应对托运单的内容进行审批，主要审批以下内容。

a. 审核货物的详细情况（名称、体积、重量、运输要求），以及根据具体情况确定是否受理；货物的重量不仅是企业统计运输工作量和核算货物运费的依据，还与车载重量的充分利用、保证行车安全和货物完好有关。货物重量分为实际重量和计费重量，货物重量必须准确。

b.检验有关运输凭证。

c.审批有无特殊运输要求。

2.运输车辆的准备

运输车辆的准备主要包括选择合适的车辆，并对车辆进行全方位的检查。

3.运输线路的选择

根据托运人要求的送货目的地，运输企业应提前设计合理的行驶线路，尽力做到合理化运输。整车运输是从出发地到目的地的直达运输，线路的设计相对简单，但要注意沿途的路况对车辆通行能力的限制，同时应注意临时限行的道路信息，提前绕道行驶。

4.运费的核收

货物运输的计费里程和运杂费由货物受理人员在审核货物托运单的内容后确定。发货人办理货物托运时，应按规定向车站缴纳运杂费，并领取承运凭证——货票。

货票是一种财务性质的票据，是根据货物托运单填记的。货票上明确了货物的装卸地点，发货人与收货人的姓名和地址，货物的名称、包装、件数和重量，计费里程与计费重量，运杂费等。在发运站，它是向发货人核收运费的依据；在到达站，它是与收货人办理货物交付的凭证之一。

5.整车货物的核实验货

整车货物的核实验货工作一般包括受理前的核实和起运前的验货。

（1）受理前的核实。

受理前的核实是在货主提出托运计划并填写货物托运单后，运输企业派人会同货主进行的核实工作。

（2）起运前的验货。

起运前的验货主要包括以下工作内容。

①承托双方共同验货。

②落实货源、货流。

③落实装卸、搬运设备。

④查清货物待运条件是否变更。

⑤确定装车时间。

⑥通知发货、收货单位做好过磅、分垛、装卸等准备工作。

6.整车货物的装载

在货物装车前，监装人员应注意并检查货物包装有无破损、渗漏、污染等引起的货损，如有则应在随车同行的单证上加盖印章或作批注，以明确责任。

7.整车货物的卸货交付

货物监卸人员在接到卸货预报后，应立即了解卸货地点、货位、行车道路、卸车机械等情况。在车辆到达卸货地点后，应会同收货人员、驾驶员、卸车人员检查车辆装载有无异常，一旦发现异常，则应在做出卸车记录后再开始卸车。

卸货时应根据运单及货票所列的项目与收货人点件或监秤记码交接。如发现货损、货差，则应按有关规定编制记录并申报处理。收货人可在记录或货票上签署意见但无权拒收货物。交货完毕后，应由收货人在货票及收货回单联上签字盖章，此时承运人的责任即告终止。

8. 整车货物的运输变更

整车货物的运输变更通常是货物托运人或收货人就运输中的货物因特殊原因而对运输提出的变更要求，主要有以下几种情况。

（1）取消运输要求，即货物已申请托运，但尚未装车。

（2）停止装运，即已开始装车或正在装车，但尚未起运。

（3）中途停运，即货物未运抵目的地前，并能通知停运的情况。

（4）运回起运站，即货物已运抵到站，收货人提货之前收回。

（5）变更到达站，即在车辆运输所经过的站别范围内或在原运程内变更目的地。

（6）变更收货人。

无论是整车货物还是零担货物，运输变更均以一张货票记载的全部货物为限。

思政提升

数字化平台颠覆弹性整车运输市场

中国公路货运市场存在供给分散、需求即时的特点。在供给侧，90%的市场由长尾个体卡车驾驶员组成；在需求侧，合同性市场占比有限，中小企业的运输需求波动性较大，即时需求占主体。

作为整车运输领域的代表企业，福佑卡车的定位是履约平台，平台不仅连接上下游用户，同时把控运输过程，对交易结果负责。平台全程跟踪车辆轨迹，对晚点等异常情况实时预警，一旦出现异常情况即时介入处理，通过数字化手段保障货物安全并保证准时到达。

作为公路货运市场最底层的支柱——整车运输市场，尤其是弹性需求市场，已被数字化平台颠覆，并实现效率改进。随着创新模式的涌现和发展，未来的竞争将日益加剧，而物流效率和服务质量也将再上新台阶。

我国整个货运市场都还处于高速发展的阶段，作为当代青年，要有创新意识，还要具备数字化意识。

参考答案

步骤一：梳理公路整车货物运输与公路零担货物运输的主要区别。

李丽在组织公路整车货物运输之前，首先需要明确公路整车货物运输与公路零担货物运输的区别。

（1）公路整车货物运输与公路零担货物运输的主要区别项有：货物接收形式、是否直达运输、装车环节、是否需要押运、收付款方式。

（2）梳理公路整车货物运输与公路零担货物运输主要区别的具体内容，完成表2-2-3的填制（见表2-2-7）。

表2-2-7　　公路整车货物运输与公路零担货物运输的主要区别

区别项	主要区别的具体内容
货物接收形式	整车货物运输是整车（批）地接收，而零担货物运输是零星地接收
是否直达运输	整车货物运输多数是直达运输，货物从发货地直接运到收货地，没有入库保管环节；零担货物运输是接收多个客户的货物后，入库保管，等货物凑足整车或到达一定时间后才装车运送
装车环节	整车货物运输是整车整装，而零担货物运输往往要有分拣、组配和拣选环节
是否需要押运	整车货物运输的部分货物，如活的动植物和贵重物品的运输等，需要押运；零担货物运输一般不需要押运
收付款方式	整车货物运输多数是预交部分运杂费（30%～70%），交付货物前结算剩余的运杂费；多数零担货物运输是先交清运杂费后再实施货物运输

步骤二：组织公路整车货物运输。

按照作业的先后顺序，公路整车货物运输的作业流程如下。

> 受理托运—验货待运—车辆调度—货物监装—货物运送/押运—运费结算与统计—货物交付。

李丽需要结合任务内容，完成具体的公路整车货物运输组织。

（1）受理托运。

①审核托运信息。

李丽在接到托运人的托运信息之后，首先需要判定是否可以托运。李丽审核之后，认为该货物不属于禁运品，且收货地址在公司服务范围之内，因此，接受承运。

一般来说，不予以受理托运的6条基本规定如下。

> a.法律禁止流通的物品（如毒品）或各级政府部门指令不予运输的货物；
> b.属于国家统管的货物或经各级政府部门列入管理的货物，必须取得准运证明方可出运；
> c.禁运的危险货物；
> d.未取得卫生检疫合格证明的动植物；
> e.未取得准运证明的超长、超高、超宽货物；
> f.需要托运人押运而托运人不能押运的货物。

②确定托运人有无特殊要求，如运输期限、押运人数或托运方议定的有关事项。

③填写公路货物托运单。

由于客户是用传真发来具体的托运信息，因此李丽需要结合具体任务中的具体货物信息，以及托运人提供的电话、姓名等信息按照要求填写公路货物托运单。

操作步骤1：确定托运人、收货人的名称、地址、电话等基础信息。

李丽根据托运人发来的传真信息，整理出托运人及收货人的基础信息，并将表2–2–4和表2–2–5补充完整（见表2–2–8和表2–2–9）。

表2–2–8　　托运人的基础信息

单位名称	地址	联系电话	装货地点
上海市缤纷世界生物工程公司	上海市松江区香闵路700号	（021）60302477	上海市松江区九亭镇

表2–2–9　　收货人的基础信息

单位名称	地址	联系电话	卸货地点
广州零点生物工程公司	广州市黄埔区金峰园路8号	（020）38372402	广州市黄埔区金峰园路8号

操作步骤2：确定货物的基础信息。

结合货物的基础信息，可知货物名称为＿变性淀粉＿，件数为200件，每件重量为25千克，计费重量（吨）为＿5吨＿；货物价值为10000元；李丽通过查询货物等级表，确定变性淀粉的货物等级为三级普通货物。

操作步骤3：确定计费里程及计费项目。

李丽通过查询公路里程表，得出此次运输的里程为1182公里；查询公司货物运费信息，得出基本运价为0.48元/吨公里，因此，可计算出基础运费为2836.8元。华源集团上海物流中心在组织公路整车货物运输时，还会收取装卸费、单程空驶损失费及保价费。其中装卸费计费标准为8.00元/吨，可得此批变性淀粉的装卸费为40

元；单程空驶损失费的计费标准为运费的50%，可得此批变性淀粉的单程空驶损失费为1418.4元；保价费的计费标准为货物价值的3%，可得此批变性淀粉的保价费为300元。

操作步骤4：完成公路货物托运单的填制。

李丽需要结合上述分析结果，完成公路货物托运单（见表2-2-6）的填制（见表2-2-10）。

表2-2-10　　公路货物托运单

2022年7月2日　　托运单编号：2-N79-200

<table>
<tr><td>托运人</td><td colspan="2">上海市缤纷世界生物工程公司</td><td>地址</td><td colspan="3">上海市松江区香闵路700号</td><td>电话</td><td>（021）60302477</td><td>装货地点</td><td>上海市松江区九亭镇</td><td>厂休日</td><td>星期日</td></tr>
<tr><td>收货人</td><td colspan="2">广州零点生物工程公司</td><td>地址</td><td colspan="3">广州市黄埔区金峰园路8号</td><td>电话</td><td>（020）38372402</td><td>卸货地点</td><td>广州市黄埔区金峰园路8号</td><td>厂休日</td><td>星期六</td></tr>
<tr><td rowspan="2">货物名称</td><td rowspan="2">包装</td><td rowspan="2">件数</td><td rowspan="2">体积（m³）长×宽×高</td><td rowspan="2">每件重（kg）</td><td rowspan="2">计费重量（吨）</td><td rowspan="2">里程（公里）</td><td rowspan="2">货物价值（元）</td><td rowspan="2">货物等级</td><td colspan="4">计费项目</td></tr>
<tr><td>项目</td><td colspan="2">计费标准</td><td>金额（元）</td></tr>
<tr><td>变性淀粉</td><td>编织袋</td><td>200</td><td></td><td>25</td><td>5</td><td>1182</td><td>10000</td><td>三级普通货物</td><td>运费</td><td colspan="2">0.48元/吨公里</td><td>2836.8</td></tr>
<tr><td></td><td></td><td></td><td></td><td></td><td></td><td></td><td></td><td></td><td>装卸费</td><td colspan="2">8.00元/吨</td><td>40</td></tr>
<tr><td></td><td></td><td></td><td></td><td></td><td></td><td></td><td></td><td></td><td>单程空驶损失费</td><td colspan="2">50%运费</td><td>1418.4</td></tr>
<tr><td></td><td></td><td></td><td></td><td></td><td></td><td></td><td></td><td></td><td>保价费</td><td colspan="2">3%货物价值</td><td>300</td></tr>
<tr><td>合计</td><td colspan="11">零 万 肆 仟 伍 佰 玖 拾 伍 元 贰 角</td><td>4595.2</td></tr>
<tr><td>特约事项</td><td colspan="12"></td></tr>
<tr><td>托运经办人签字</td><td>李乐</td><td colspan="2">经办人电话15324810121</td><td>收货人签字盖章</td><td colspan="2"></td><td colspan="2">承运经办人及电话</td><td>李丽15801491290</td><td>承运单位</td><td colspan="2">华源集团上海物流中心（章）</td></tr>
</table>

④托运单编号及分送。

托运单认定后，编制托运单的号码，并将结算通知发至托运人（货主）。托运单的编号没有统一规定，各企业自己编号。从便于查核和财务结算的角度出发，多数企业的编号内容包含日期、经办人号码和货物数量等。例如，编号2–N79–200表示2日第N79号经办人办理的200件货物。

（2）验货待运。

验货环节的主要操作内容如下。

①托运单上的货物是否已处于待运状态；

②货物的包装是否符合运输要求；

③货物的数量准确与否，发运日期有无变更；

④装卸场地的机械设备、通行能力是否完好。

（3）车辆调度。

在接收到出货信息后，调度员安排适宜车辆到装货地点装运货物。

操作步骤1：登记调度命令。

操作步骤2：发布调度命令。

调度员要明确自己的职责，通过发布调度命令调度车辆。运输车辆的加开、停运、折返、变更线路及车辆甩挂等命令，由调度员发布，其他人员无权发布。

在信息化的社会里发布调度命令，多数是在填写调度命令后，通过电话（手机）联系落实，再补充纸质调度命令，以备存档。各级调度命令应妥善保管一年。

调度命令如涉及其他单位和人员，应同时发送。

操作步骤3：交付调度命令。

调度员在向驾驶员发布调度命令时，如果驾驶员不在，调度命令应发给所属车队班组，由相应人员负责转达，涉及的相关人员应认真执行确认和回执制度。

（4）货物监装。

车辆到达装货地点后，驾驶员和接货人员会同托运人，对货物包装、数量和重量等进行清点和核实，核对无误后进行装车。

（5）货物运送/押运。

货物装车后，即可出发。驾驶员应及时做好货运途中的行车检查工作，既要保持货物完好无损、无漏失，又要保持车辆技术状况完好。

在货物起运前后，当遇特殊原因托运方或承运方需要变更运输时，应及时由承运和托运双方协商处理，填制运输变更申请书，所发生的变更费用，需按有关规定处理。

根据托运人提供的基础信息，本票货物不需要押运。

（6）运费结算与统计。

运费结算，一是对运输单位外部，即对货主（托运人）进行运杂费结算，收取应收未收的运杂费；二是对运输单位内部，即对驾驶员完成运输任务应得的工资（包括基本工资与附加工资）收入进行定期结算。

运杂费包括运费与杂费两项费用。运费指按单位运输量的价格（即收费标准）及所完成运输任务数量（运输量）计算的运输费用。杂费指除运费之外所发生的其他费用，主要包括调车费、延滞费、装货落空损失费、车辆货物处置费、装卸费、道路通行费、保管费及变更运输费等。

此环节，承运人与收货人应该按照计费标准检查各项费用是否收取完成。

（7）货物交付。

货物运达收货地点，应正确办理交付手续并交付货物。收货人应凭有效单证提（收）取货物，无故拒提（收）取货物，应赔偿承运人因此造成的损失。收货人不明或者收货人无正当理由拒绝受领货物的，依照《中华人民共和国民法典》的相关规定，承运人可以提存货物。

货物交付时，承运人与收货人应当做好交接工作，发现货损货差，由承运人与收货人共同编制货运事故记录，交接双方在货运事故记录上签字确认。货物交接时承托双方对货物的质量和内容有质疑时均可提出查验与复磅，其费用由责任方负担。

任务三　公路零担货物运输业务操作

任务目标

通过本任务的学习，可以达成以下目标。

知识目标	1. 了解公路零担货物运输业务操作流程 2. 掌握公路零担货物运输业务受理操作要点 3. 掌握公路零担货物运输调度及干线发运操作要点 4. 掌握公路零担货物运输到达交接操作要点
技能目标	1. 能正确判别运输受理业务，并利用信息系统完成运输业务受理操作 2. 能根据运输订单信息进行运输车辆及驾驶员的调度安排，利用信息系统完成干线调度及发运操作 3. 能实施干线运输车辆在途跟踪，合理处理在途异常 4. 能组织到达卸货验收，并利用信息系统实施货物到达查验及到达入站扫描
思政目标	培养计划意识及规范意识

任务发布

2022年7月1日，主管张斌向订单员下达任务，要求做好相关运输订单的业务受理工作。订单员应根据给出的运输订单（从上海向广州运送170.5kg的便签本），判断其是否能够正常受理。

完成业务受理之后，调度员需要结合当天执行干线发运的运输任务，进行运输车辆及驾驶员的调度安排，并在信息系统中完成干线调度及发运操作。

调度员要及时识别在途运输中的异常情况，并且能针对具体的在途异常提出解决办法。

2022年7月1日，调度员接到了有一批货物到站的通知，调度员需要完成到站货物交接操作，并利用信息系统及手持终端完成到站货物信息处理。

任务工单

公路零担货物运输业务操作的任务计划如表2–3–1所示。

表2-3-1　　公路零担货物运输业务操作的任务计划

任务名称：	
组长：	组员：
任务分工：	
方法、工具：	
任务步骤：	

任务实施

步骤一：运输业务受理。

操作员根据给出的运输订单信息，审核是否在承运范围内，然后将在承运范围内的业务信息录入系统，完成业务受理操作。

（1）审核运输业务信息，按照要求查验货物，那么，都需要审核哪些具体信息？

扫一扫

零担货物托运受理范围

扫描二维码，查看零担货物托运受理范围。

（2）计算运输费用，操作员需要根据公司零担班线及运价表，计算具体的运输费用。如何计算运输费用呢？

（3）录入运输订单基础信息（见图2-3-1）和业务受理基础信息（见图2-3-2），在运输管理系统中应该完成哪些操作呢？

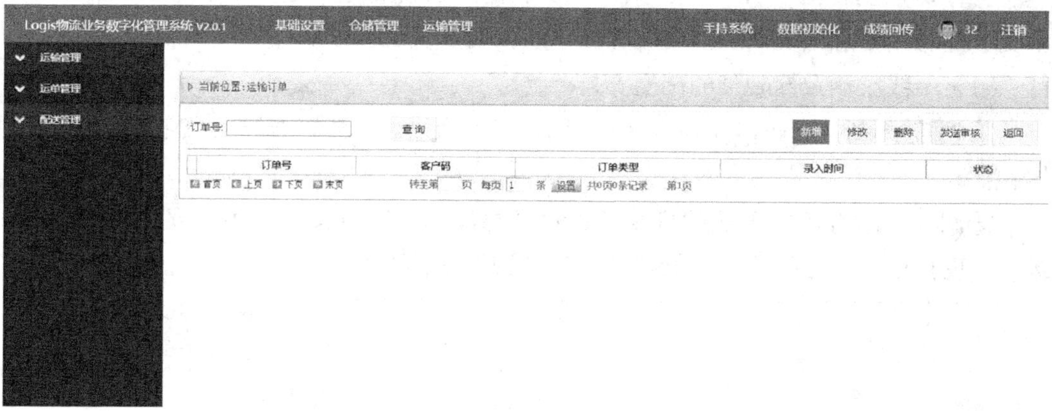

图2-3-1　运输订单基础信息

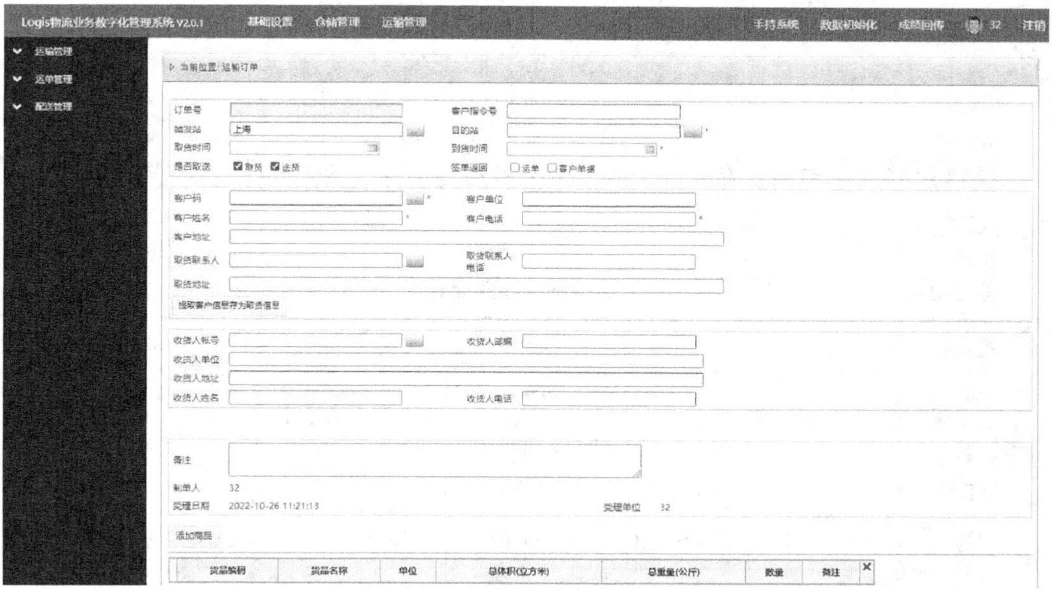

图2-3-2　业务受理基础信息

（4）确认运输订单，需要在运输管理系统中如何操作呢？

步骤二：干线运输调度。

操作员根据物流中心中需要执行干线运输的运输业务，进行干线车辆及驾驶员的调度，并利用信息系统及手持终端完成干线调度及发运操作。

（1）干线车辆及驾驶员的调度安排。

①调度员利用Excel汇总运输干线订单，汇总出各个干线的货物总重量及总体积。

②调度员结合不同干线的货物总重量及总体积，进行具体车辆及驾驶员的调度安排。调度员应如何进行运输车辆及驾驶员的调度安排呢？

③确定好运输车辆及驾驶员之后，调度员需要制订运输调度作业计划，将表2-3-2补充完整。

表2-3-2　　运输调度作业计划

<table>
<tr><td>线路</td><td colspan="6"></td></tr>
<tr><td>发车时间</td><td colspan="2"></td><td>车牌号</td><td colspan="3"></td></tr>
<tr><td>车辆载重（吨）</td><td colspan="2"></td><td>车辆容积（立方米）</td><td colspan="3"></td></tr>
<tr><td>序号</td><td>发货城市</td><td>到货城市</td><td>客户单位</td><td>件数</td><td>重量（吨）</td><td>体积（立方米）</td></tr>
<tr><td></td><td></td><td></td><td></td><td></td><td></td><td></td></tr>
</table>

续 表

序号	发货城市	到货城市	客户单位	件数	重量（吨）	体积（立方米）
合计						

（2）调度员制订完运输调度作业计划之后，需要操作系统完成干线调度（见图2-3-3）。调度员需要在运输管理系统中执行哪些操作呢？

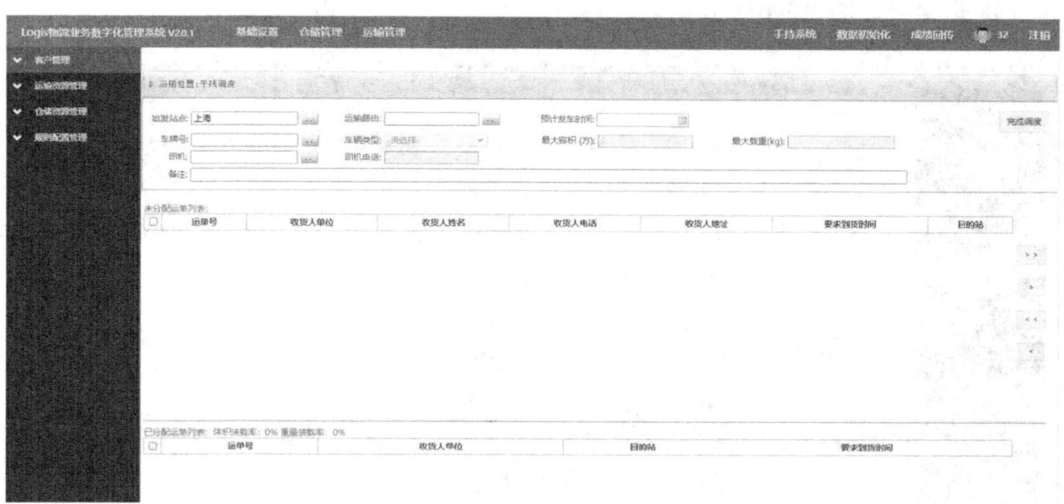

图2-3-3　干线调度界面

①调度员进入运输管理系统，进入干线调度操作界面，如图2-3-4所示。

②进入干线调度界面后，调度员首先完成上海到广州的干线调度，选择运输路由为____________，预计发车时间为____________，车牌号为____________，驾驶员为____________。

③执行调度操作，点击界面中“向右”的箭头，查看体积装载率和重量装载率是

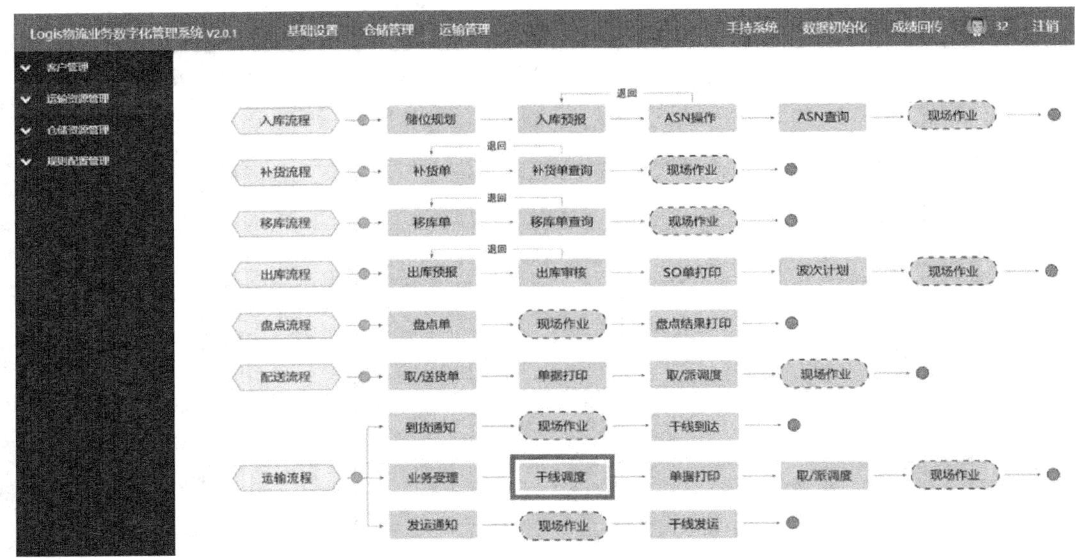

图2-3-4　干线调度操作界面

否符合标准，确认无误后，点击____________。

④调度员完成调度之后，返回主界面，点击“单据打印”，进行干线运输调度单打印，如图2-3-5、图2-3-6所示。

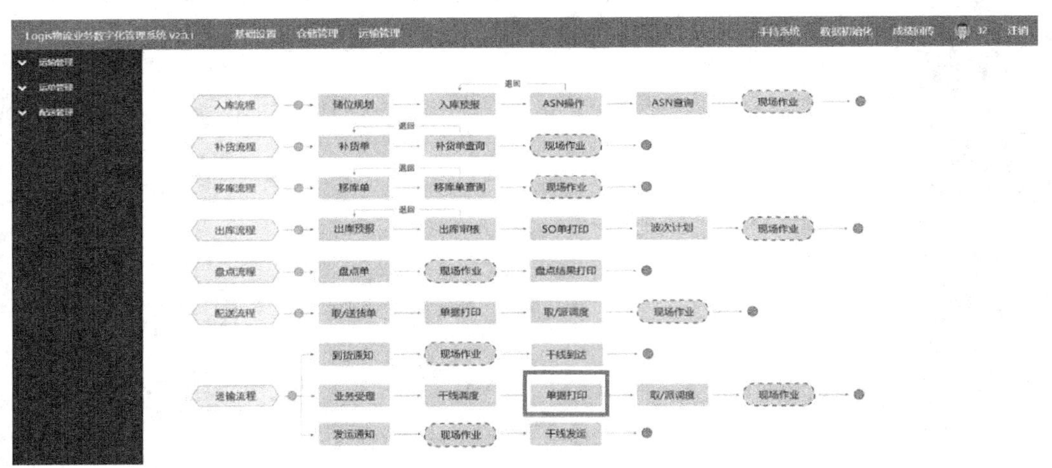

图2-3-5　单据打印界面

（3）完成调度之后，调度员需要进行干线调度发运装车。如何执行干线调度发运装车呢？

①调度员进入运输管理系统操作界面，点击____________，进入界面之后，点击____________，将干线调度信息发送至下一环节。

②返回主界面，点击____________按钮，界面中出现当前操作，如图2-3-7所示。

打印

运单	0000000284215
始发站:上海	目的站:广州
托运单位:上海晨光文具股份有限公司	邮编:
取货联系人:王晶	联系电话:13182819643
取货地址:上海市奉贤区金钱公路3469号	
收货单位:晨光文具（教育路店）	邮编:
收货人:程建华	收货人电话:15917355060
收货地址:广州市教育东路12号	

货品名称	数量	单位	总体积（m³）	总重量（kg）	备注
便签本	50	箱	1.46	36.0	

发货人签字:______________　　收货人签字:______________

第一联（白联）：发货人留存　第二联（红联）：物流公司留存　第三联（黄联）：收货人留存

图2-3-6　运输单据

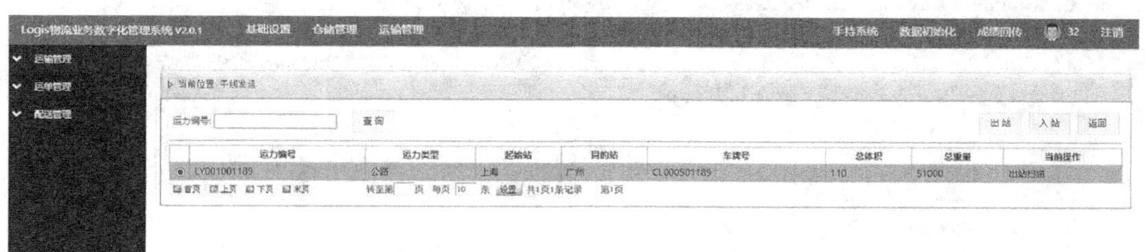

图2-3-7　发运当前操作

③场站操作员接到调度员发送过来的运输交接单，根据交接的发运信息，确定运单号及需要发运的班线车辆，将该车辆上所需装载的所有货物从笼车内提取出来，搬运至发货月台。

场站操作员使用手持终端进行“干线出站”的操作，进入系统后点击____________，进入作业选择界面；点击____________，进入干线出站界面；点击____________，进入干线出站扫描界面。

④调度员选择待发运的班线信息，点击____________（注：手动输入运单号并按回车键确认，在实际操作中，本模块需扫描实际单据信息），扫描完成后，在____________处会显示具体的数量信息，如图2-3-8所示。

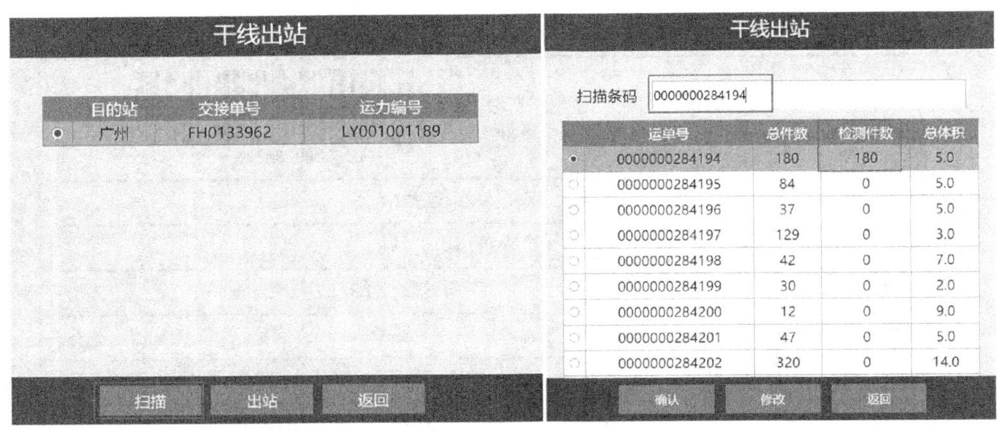

图2-3-8　检测件数

⑤待扫描的检测件数与总件数一致后，确认扫描信息无误，点击__________，上传扫描结果。返回扫描界面，选中运单信息，点击__________按钮进行出站确认。

完成干线发运之后，场站操作员扫描确认完毕的货物将进行装车操作，待货物装车完毕后，场站操作员需要在驾驶员的监督下关闭厢门，关闭厢门后，取出铅封锁，置于车厢门上，并在交接单上填写具体的铅封情况，填好铅封信息后，场站操作员将交接单中的粉色联交给驾驶员，随车发运，如图2-3-9所示。

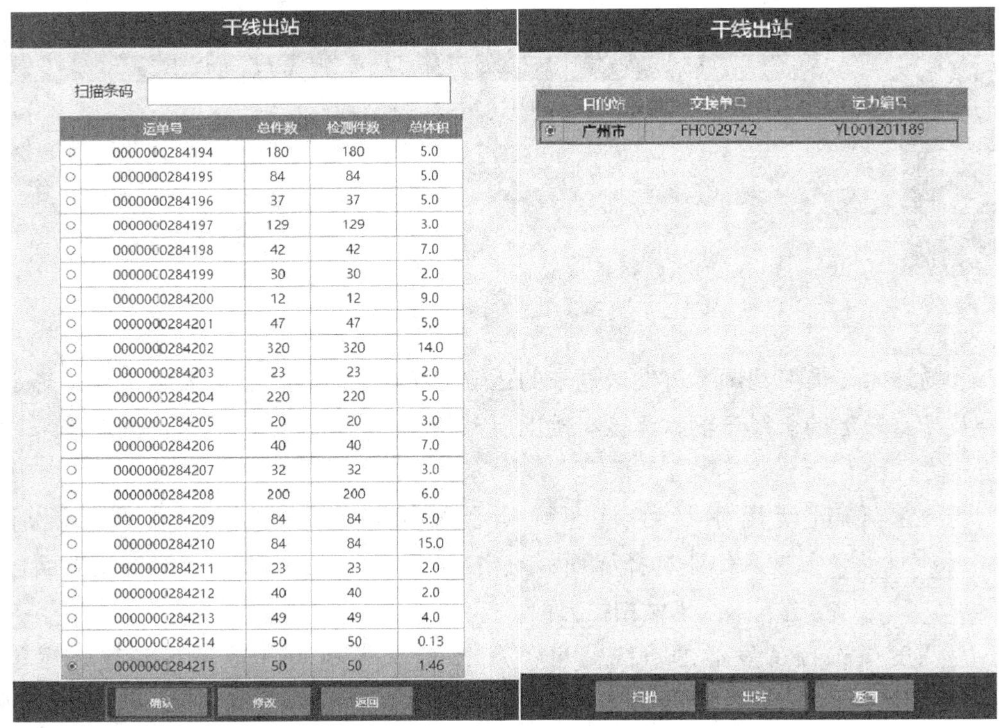

图2-3-9　干线出站确认

步骤三：运输在途跟踪。

（1）干线运输车辆发车后，场站操作员需要实施运输在途跟踪。在途跟踪的主要方式有哪些呢？

（2）在途跟踪过程中，会有哪些在途异常呢？应如何处理呢？

异常一：在途运输车辆长时间停滞。

处理方法如下。

异常二：在途遇到恶劣天气。

处理方法如下。

异常三：在途运输车辆异常，无法继续执行运输任务。

处理方法如下。

步骤四：运输到达交接。

车辆到达，卸货之后，现场操作员需要执行哪些操作呢？

（1）调度员接收到始发站的到货预报后，应与驾驶员确认具体到达时间。

（2）核实到站信息。

驾驶员驾驶车辆到达货运中心后，工作人员指挥驾驶员将车辆停靠在指定的交接场地，同时注意车辆和人员安全。驾驶员到调度处将货物运输交接单提交给调度员检查，调度员检查单据，并核对单据与到货预报信息是否一致。核对无误后，调度员将货物运输交接单交给现场操作员执行到货任务。

（3）到站货物交接验收。

现场操作员凭借货物运输交接单核对车辆的施封枚数、字号，并检查车辆施封的具体情况。

现场操作员进行车辆封志检查时，需要检查的内容如下。

①____。

②____。

③____。

检查车辆封志无异常情况后，现场操作员按照操作规范进行卸车。

与此同时，现场操作员凭借________核对________、________，清点__________，检查__________。

经检查没有任何异常情况后，现场操作员在__________上填写到站时间并签字确认，交调度员留存。

扫一扫

扫一扫，查看货物到站异常处理。

货物到站异常处理

（4）货物入站扫描。

交接验收完成后，现场操作员对到站货物进行入站扫描，并搬运到指定区域内进行暂存。

那如何在系统中实施到货处理呢?

进入运输管理系统界面，点击____________，进行到货处理。进入“到货通知”的处理界面后，____________中有到货信息，点击____________，查看到货情况，出现具体的运输明细，查看完成后，点击“关闭”，结束当前操作，如图2–3–10和图2–3–11所示。

确认信息无误后，点击____________，进行到货确认，系统会将到货信息发送到场站操作员的手持终端，便于其后续作业。

做好到货准备之后，场站操作员进入系统，点击____________，进入作业选择界面；点击____________，进入____________界面，如图2–3–12、图2–3–13和图2–3–14所示。

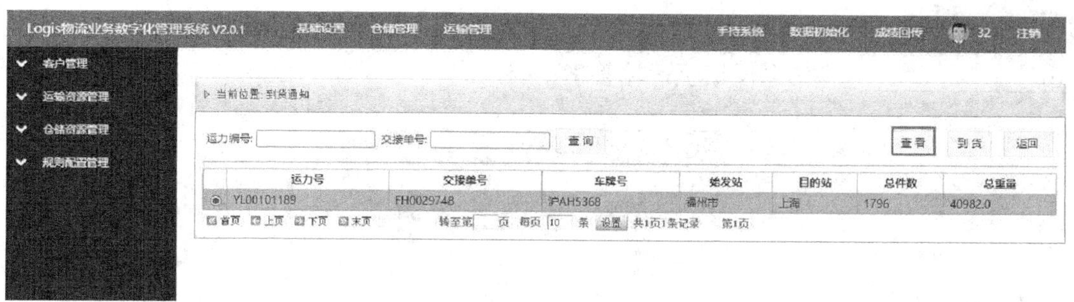

图2-3-10　到货信息查看

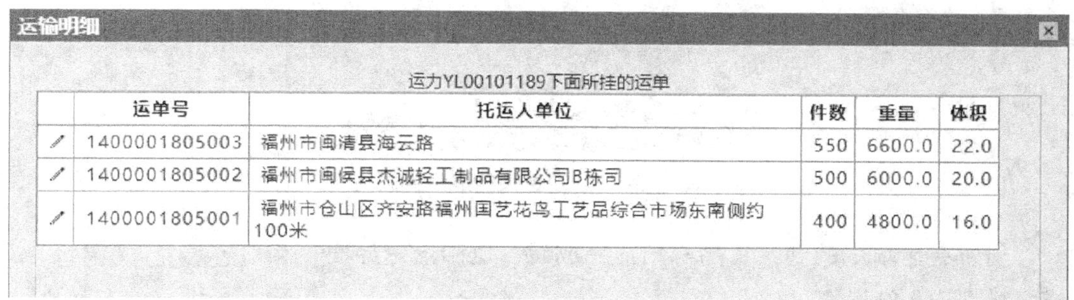

	运单号	托运人单位	件数	重量	体积
	1400001805003	福州市闽清县海云路	550	6600.0	22.0
	1400001805002	福州市闽侯县杰诚轻工制品有限公司B栋司	500	6000.0	20.0
	1400001805001	福州市仓山区齐安路福州国艺花鸟工艺品综合市场东南侧约100米	400	4800.0	16.0

图2-3-11　运输明细

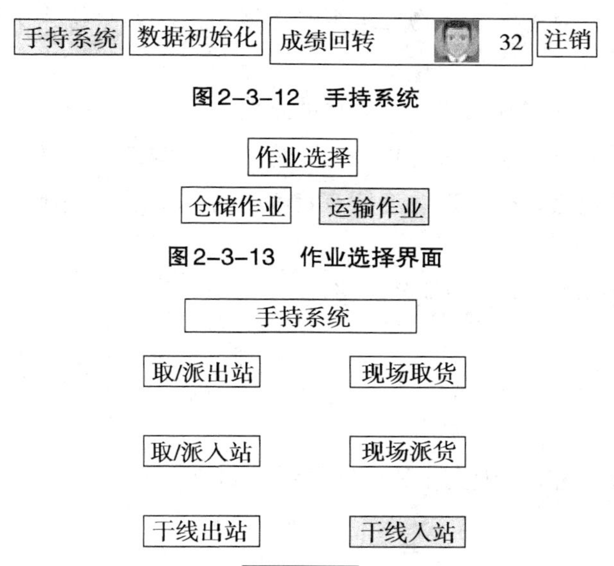

图2-3-12　手持系统

图2-3-13　作业选择界面

图2-3-14　干线入站

接着进入如图2-3-15所示界面，选择一条待入站记录，点击____________按钮进入运单货品扫描页面，将运单号输入扫描条码处，按下回车键，就会显示出检测件数（注：输入完成后需按回车键，在实际操作中，本模块需实际扫描），完成条码扫描后，在检测件数处会显示相应的数量，重复进行所有到站货品的扫描操作，最后点击____________，将信息反馈至运输管理系统。

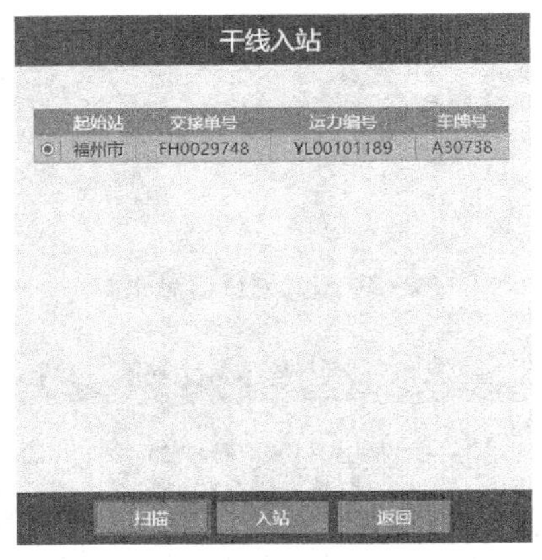

图2-3-15　手持系统显示界面

当所有运单中的到站货品都扫描完成后，返回上一界面，点击____________，完成干线到达入站操作。

（5）入站分拣。

场站操作员将扫描完毕的货物搬运至输送线，由场站分拣人员进行货物的入站分拣作业。

场站分拣人员重点查看标签上方的目的站信息，确认待分拣货物的配送方向，如货物标签显示货物为派送至上海的货物，要将货物从输送线上搬下，分拣至标有“上海”的笼车内进行暂存。待输送线上所有货物分拣完毕后，关闭输送线，将笼车推回暂存区即可。

到此，干线到达的全部作业操作完毕。

任务反思

在完成任务的过程中，遇到了哪些问题？是如何解决的？

任务评价

学生互评表

<table>
<tr><td>班级</td><td></td><td colspan="2">姓名</td><td></td><td>学号</td><td colspan="2"></td></tr>
<tr><td>任务名称</td><td></td><td colspan="6">公路零担货物运输业务操作</td></tr>
<tr><td colspan="2">评价项目（占比）</td><td colspan="4">评价标准</td><td>分值（分）</td><td>得分（分）</td></tr>
<tr><td colspan="2">考勤（10%）</td><td colspan="4">出勤情况（无故旷课、迟到、早退，出现一次扣10分；请假出现一次扣2分）</td><td>10</td><td></td></tr>
<tr><td rowspan="2">学习能力（10%）</td><td>合作学习能力</td><td colspan="4">小组合作参与程度（优6分，良4分，一般2分，未参与0分）</td><td>6</td><td></td></tr>
<tr><td>个人学习能力</td><td colspan="4">个人自主探究参与程度（优4分，良2分，未参与0分）</td><td>4</td><td></td></tr>
<tr><td rowspan="12">工作过程（60%）</td><td rowspan="4">运输业务受理</td><td colspan="4">能准确审核货物信息，判定可受理的运输业务（每错一处扣1分）</td><td>4</td><td></td></tr>
<tr><td colspan="4">能准确计算运输费用（每错一处扣1分）</td><td>4</td><td></td></tr>
<tr><td colspan="4">能利用信息系统完成运输业务受理操作（每错一处扣1分）</td><td>4</td><td></td></tr>
<tr><td colspan="4">能确认运输业务信息，并发送审核（每错一处扣4分）</td><td>4</td><td></td></tr>
<tr><td rowspan="3">干线运输调度</td><td colspan="4">能准确进行各个干线运输路由的车辆及驾驶员调度（每错一处扣2分）</td><td>10</td><td></td></tr>
<tr><td colspan="4">能利用信息系统完成具体干线运输路由的调度操作（每错一处扣2分）</td><td>10</td><td></td></tr>
<tr><td colspan="4">能利用信息系统完成具体干线运输路由的干线发运操作（每错一处扣1分）</td><td>5</td><td></td></tr>
<tr><td rowspan="2">运输在途跟踪</td><td colspan="4">能准确总结运输在途跟踪的主要内容（每错一处扣1分）</td><td>2</td><td></td></tr>
<tr><td colspan="4">能准确梳理运输在途跟踪异常情况的处理方法（每错一处扣2分）</td><td>6</td><td></td></tr>
<tr><td rowspan="3">运输到达交接</td><td colspan="4">能实施到站货物车辆封志检查（每错一处扣1分）</td><td>3</td><td></td></tr>
<tr><td colspan="4">能准确实施到站货物的检验与交接（每错一处扣1分）</td><td>4</td><td></td></tr>
<tr><td colspan="4">能利用信息系统及手持终端完成到站货物入站操作（每错一处扣2分）</td><td>4</td><td></td></tr>
<tr><td rowspan="2">工作成果（20%）</td><td>完成情况</td><td colspan="4">能按规范及要求完成任务（未完成一处扣2分）</td><td>10</td><td></td></tr>
<tr><td>展示情况</td><td colspan="4">能准确展示公路零担货物运输业务操作流程（失误一次扣5分）</td><td>10</td><td></td></tr>
<tr><td colspan="6">合计</td><td>100</td><td></td></tr>
</table>

教师评价表

<table>
<tr><td>任务名称</td><td colspan="7">公路零担货物运输业务操作</td></tr>
<tr><td>授课信息</td><td colspan="7"></td></tr>
<tr><td>班级</td><td></td><td>组别</td><td></td><td>姓名</td><td></td><td>学号</td><td></td></tr>
</table>

<table>
<tr><td colspan="2">评价项目（占比）</td><td>评价标准</td><td>分值（分）</td><td>得分（分）</td></tr>
<tr><td colspan="2">考勤（10%）</td><td>出勤情况（无故旷课、迟到、早退，出现一次扣10分；请假出现一次扣2分）</td><td>10</td><td></td></tr>
<tr><td rowspan="2">学习能力（10%）</td><td>合作学习能力</td><td>小组合作参与程度（优6分，良4分，一般2分，未参与0分）</td><td>6</td><td></td></tr>
<tr><td>个人学习能力</td><td>个人自主探究参与程度（优4分，良2分，未参与0分）</td><td>4</td><td></td></tr>
<tr><td rowspan="12">工作过程（60%）</td><td rowspan="4">运输业务受理</td><td>能准确审核货物信息，判定可受理的运输业务（每错一处扣1分）</td><td>4</td><td></td></tr>
<tr><td>能准确计算运输费用（每错一处扣1分）</td><td>4</td><td></td></tr>
<tr><td>能利用信息系统完成运输业务受理操作（每错一处扣1分）</td><td>4</td><td></td></tr>
<tr><td>能确认运输业务信息，并发送审核（每错一处扣4分）</td><td>4</td><td></td></tr>
<tr><td rowspan="3">干线运输调度</td><td>能准确进行各个干线运输路由的车辆及驾驶员调度（每错一处扣2分）</td><td>10</td><td></td></tr>
<tr><td>能利用信息系统完成具体干线运输路由的调度操作（每错一处扣2分）</td><td>10</td><td></td></tr>
<tr><td>能利用信息系统完成具体干线运输路由的干线发运操作（每错一处扣1分）</td><td>5</td><td></td></tr>
<tr><td rowspan="2">运输在途跟踪</td><td>能准确总结运输在途跟踪的主要内容（每错一处扣1分）</td><td>2</td><td></td></tr>
<tr><td>能准确梳理运输在途跟踪异常情况的处理方法（每错一处扣2分）</td><td>6</td><td></td></tr>
<tr><td rowspan="3">运输到达交接</td><td>能实施到站货物车辆封志检查（每错一处扣1分）</td><td>3</td><td></td></tr>
<tr><td>能准确实施到站货物的检验与交接（每错一处扣1分）</td><td>4</td><td></td></tr>
<tr><td>能利用信息系统及手持终端完成到站货物入站操作（每错一处扣2分）</td><td>4</td><td></td></tr>
<tr><td rowspan="2">工作成果（20%）</td><td>完成情况</td><td>能按规范及要求完成任务（未完成一处扣2分）</td><td>10</td><td></td></tr>
<tr><td>展示情况</td><td>能准确展示公路零担货物运输业务操作流程（失误一次扣5分）</td><td>10</td><td></td></tr>
<tr><td colspan="3">合计</td><td>100</td><td></td></tr>
</table>

知识学习

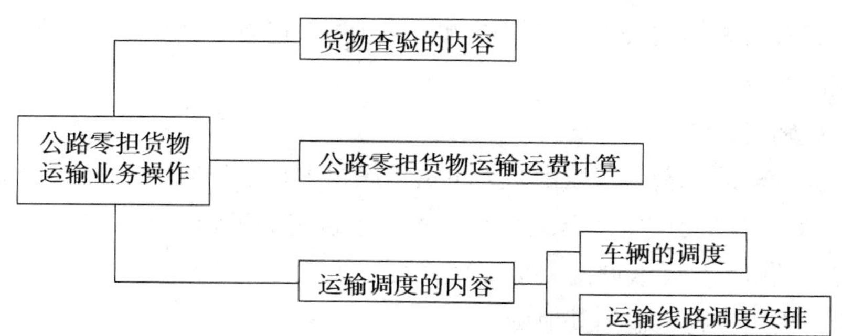

一、货物查验的内容

货物查验的内容主要有货物性质、货物件数、货物质量和货物包装。

（1）货物性质。

检查货物的性质，根据企业主营业务，确定能否受理。

（2）货物件数。

检查每批货物的件数，用来确定货物托运的类型属于整车托运、零担托运，还是包车托运。

（3）货物质量。

检查每批货物的质量，用来确定货物托运的类型属于整车托运、零担托运，还是包车托运。

（4）货物包装。

检查货物的包装是否符合国家和交通运输部门的规定和要求。对不符合包装标准和要求的货物，应由托运人调整包装。对不会造成运输设备及其他货物污染和损失的货物，如托运人坚持原包装，托运人要在特约事项注明自行承担由此造成的货损。

二、公路零担货物运输运费计算

货运受理人员在完成货物查验、托运单内容审核后，需要对货物运输的计费里程和货物的运杂费进行认定。

第一步：确定计费重量。

零担货物运输的计费重量一般以千克为单位。起始计费重量为1千克，重量在1千克以上，尾数不足1千克的，四舍五入。一般货物的计费重量均按毛重（含货物包装、衬垫及运输需要的附属物品）计算；轻泡货物以货物包装最长、最宽、最高部位尺寸计算体积，按每立方米折合333千克计算其计费重量。

第二步：确定货物等级及运价。

普通货物分为一等货物、二等货物和三等货物，并实行分等计价。以一等货物为计价基础，二等货物加成15%，三等货物加成30%。查阅《汽车运价规则》，确定货物等级和相应的加成率。

第三步：确定计费里程。

公路货物运输的计费里程以千米为单位，尾数不足1千米，以1千米计费。计费里程以各地交通主管部门核定的营运里程为准，未核定的里程，由承托双方商定。同一运输区间有两条以上营运线路的，按最短线路计费。

第四步：确定货物运输的其他费用。

零担货物运输的其他费用主要包括以下几种。

①渡费：车辆如需过渡运行，由起运站代收渡费。

②标签费和标志费。

③联运服务费：通过两种以上的运输工具的联合运输以及跨省（市）的公路联运，核收联运服务费。

④中转包干费：联运中转换装所产生的装卸、搬运、仓储等费用，实行全程包干，起运站一次核收。

⑤退票费：受理托运后货主要求退运，按规定收取已发生的劳务费用及消耗票证的印制费用。

⑥保管费。

⑦快件费：应货主要求办理快件运输，收取快件费。

⑧保价（保险）费：对贵重物品实行保价运输，按货物价值制定收费标准。

第五步：计算运费。

零担货物运费=计费重量×计费里程×零担货物运价+货物运输的其他费用

其中货物运输的其他费用以元为单位，不足1元时，四舍五入。

三、运输调度的内容

1. 车辆的调度

调度工作人员接到一项运输任务后，要根据运输任务的具体信息，安排合适的车辆去执行运输任务。在调度具体的车辆时，不仅要求车辆状况与货物状况相匹配，还要求车辆状况与道路情况相匹配。

（1）车辆品牌的选择。

主要考虑各品牌车辆的质量水平和性能是否符合运输任务的要求，尤其是是否与道路情况相匹配。

（2）车辆吨位的选择。

尽量选择核定吨位与运送货运量相匹配的车辆，提高车辆的载重利用率，但注意不能超载。

（3）车辆容积的选择。

对于一些轻泡货物、有包装的货物、形状不规则的货物，在选择车辆时，一定要考虑车辆的容积，提高车辆的容积利用率。

（4）车辆货厢形式的选择。

根据货厢形式的不同，车辆主要分为平板车、低栏板车、高栏板车、篷布车、厢式车（普通厢车、冷藏厢车）等，要根据货物特性、气候条件等选择车辆的货厢形式。

（5）车况的选择。

如果是长途、复杂道路、重要客户、重要货物的运输，应安排车况较好的车辆。

在选择车辆时，除了要考虑上述五个方面的因素，还要综合考虑其他各个方面的因素，如当天的运输任务情况、车辆归队情况、天气情况、驾驶员情况等。

2. 运输线路调度安排

分析运输线路需要考虑的内容主要有道路情况、车辆装载情况、要求到货时间、装货点/卸货点之间的距离、每个装货点/卸货点的装/卸货时间、天气条件等。

（1）道路情况。

考虑企业的运输线路是否满足托运人委托要运输货物的线路；同一辆车所装的货物是否同向、是否顺路；道路的通行情况。

（2）车辆装载情况。

车辆的装载是否能基本满载。

（3）要求到货时间。

货物能否在客户要求到货时间准时送达目的地。

（4）装货点/卸货点之间的距离。

如果同一辆车装载多个地点的货物，地点间的距离较远，需要考虑前一地点装/卸货后剩余的货物量，尽量减少长距离空载。

（5）每个装货点/卸货点的装/卸货时间。

每个装货点/卸货点的装/卸货时间如果比较长，需要将该时间加入运输时间内考虑。

（6）天气条件。

运输期间是否会出现暴雨、台风、降雪、大雾等情况，是否会影响正常运输，最终影响到货时间。

思政提升

计划与目标设定的重要性

国外曾有人做过一次实验，组织三组人，向十千米以外的村庄步行前进。

第一组不知道去的村庄的名字，也不知道有多远，只是跟着向导走。结果这个组刚走了两三千米就有人叫苦，走到一半，有的人甚至再也不肯走了，越走组内人的情绪越低。

第二组知道去哪个村庄，也知道它有多远，但路边没有里程碑。走到一半时开始有人叫苦，走到四分之三的路程时，大家情绪低落了，觉得路程太远了。当有人说快到了的时候，大家又都振作起来，加快了脚步。

第三组不仅知道路程有多远，去的村庄叫什么名字，而且路边每过一千米都有一个里程碑。当他们走了五千米之后，每再看到一个里程碑，便爆发一阵欢呼声。走了七八千米之后，大家大声唱歌、说笑，以驱走疲劳。最后两千米，他们情绪越来越高涨，因为他们知道胜利就在眼前了。

组织中任何一项管理活动都需要按计划执行，否则就是盲目的行动，组织目标也难以实现。理性的企业家由于拥有灵活的、与环境相适应的计划，企业经营活动有据可依，所以其经营的企业能取得较好的效益。

因此，我们无论是在日常学习中还是在工作中，都要有计划意识和规范意识，不断提升自身对风险或不良结果的预见能力。

参考答案

步骤一：运输业务受理。

操作员根据给出的运输订单信息，审核是否在承运范围内，然后将在承运范围内的业务信息录入系统，完成业务受理操作。

（1）审核运输业务信息，按照要求查验货物，那么，都需要审核哪些具体信息?

①首先判断货物是否属于禁运品或限运品，如果属于禁运品或限运品，需要拒收，并做出合理的解释；如果不属于禁运品或限运品，则判断货物运输的目的地是否在本公司的承运范围内，若属于本公司承运范围，则接收货物，若不属于，则拒收，并说明理由。 ②查验货物包装、件数及质量是否符合标准。

（2）计算运输费用，操作员需要根据公司零担班线及运价表，计算具体的运输费用。如何计算运输费用呢?

①梳理运费计算公式。

零担货物运费的计算公式：零担货物运费=计费重量×计费里程×零担货物运价+货物运输的其他费用

②计算零担货物运费。

a.确定计费重量：由已知信息可知，待运输的货物为便签本，重量为170.5kg，因此，其计费重量为171kg。

b.确定零担货物运价。

从已知信息可知，从上海运往广州，其基本运价为0.0048元/（kg·km），便签本为普通货物，因此，此批零担货物的运价为0.0048元/（kg·km）。

c.确定计费里程。

任务中的货物是从上海运往广州，查询全国主要城市间公路里程表，可知其计费里程为1563km。

d.确定货物运输的其他费用。

从已知信息可知，运输此批货物暂无任何其他费用产生，即货物运输的其他费用为0。

e.计算零担货物运费。

根据零担货物运费的计算公式可得，此批货物的运费=171×1563×0.0048+0≈1283（元）

（3）录入运输订单基础信息（见图2-3-1）和业务受理基础信息（见图2-3-2），在运输管理系统中应该完成哪些操作呢？

①选择“运输订单”，进入订单管理界面，点击“新增”按钮，如图2-3-16所示。

图2-3-16　新增运输任务

②进入订单录入页面，根据运输订单中的具体作业要求录入运输信息。

根据运输订单的信息，填写客户指令号“YSTZD001”，选择目的站为“广州”，选择取货时间为“2022-07-01　08：00：00”，选择到货时间“2022-07-04　17：00：00”，并勾选“取货”和“送货”，如图2-3-17所示。

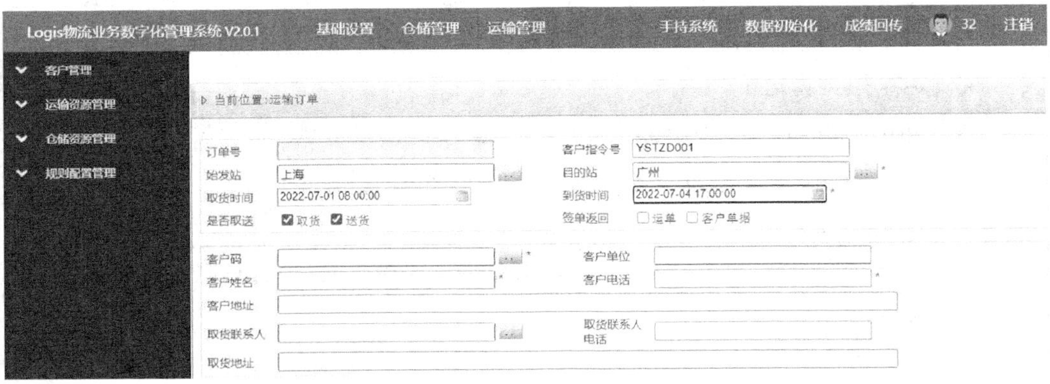

图2-3-17　始发站、目的站信息

接着选择客户码为“KH01901189”，并点击“提取客户信息存为取货信息”，选择收货人账号为“SHR09401189”，如图2-3-18所示。

图2-3-18　取货人、收货人信息

点击“添加商品”，选择货品名称为“便签本”，输入总体积为1.46立方米、总重量为171千克、数量为50，如图2-3-19所示。

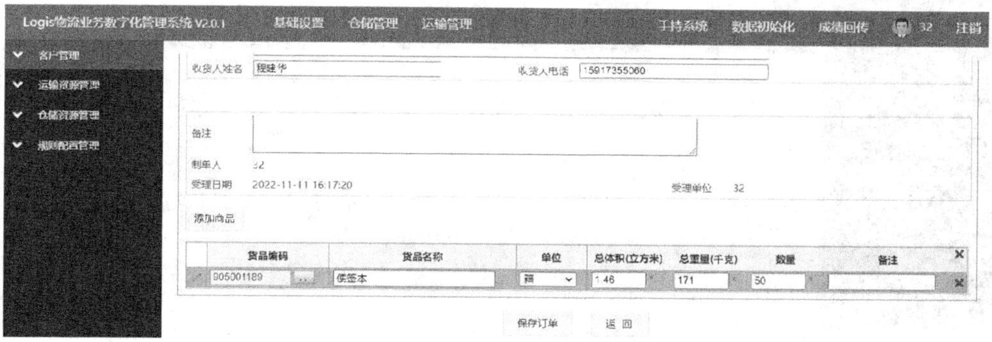

图2-3-19　商品详细信息

最后，点击“保存订单”，如图2-3-20所示。

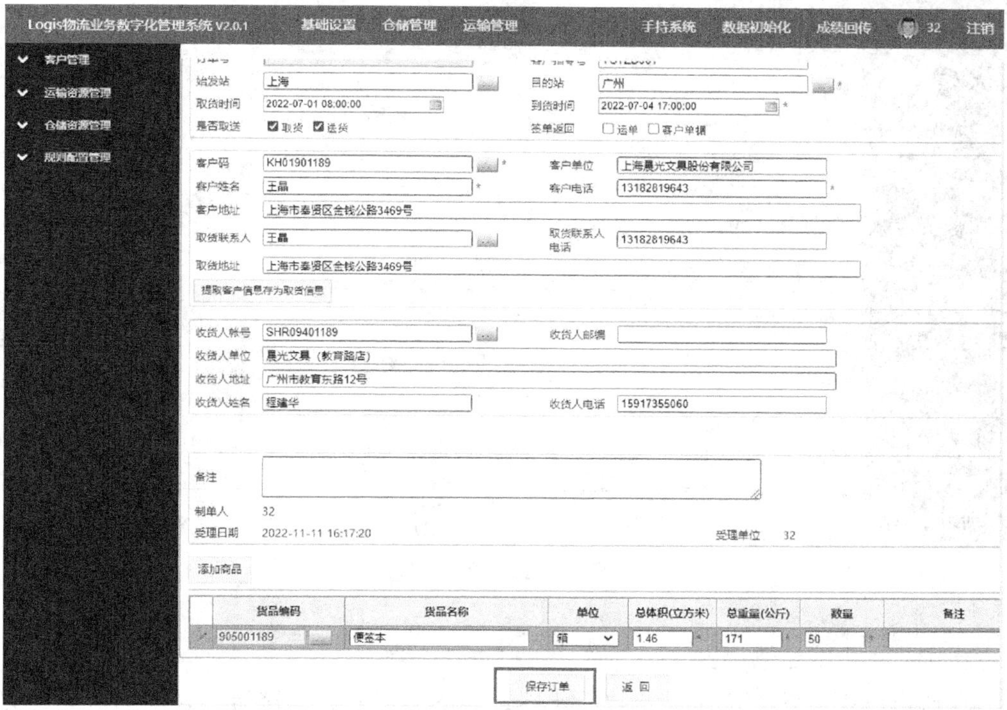

图2-3-20　保存订单

（4）确认运输订单，需要在运输管理系统中如何操作呢？

①对已录入完毕并保存成功的运输订单，生成作业计划。在运输订单管理列表界面，勾选已经录入完毕的运输订单，点击“发送审核”，如图2-3-21所示。

②进入运输订单信息核对的界面，核查订单信息，确认无误后，点击“确认审核”，如图2-3-22所示。按照同样的步骤完成其他订单的审核。

图2-3-21 发送审核

图2-3-22 确认审核

步骤二：干线运输调度。

操作员根据物流中心中需要执行干线运输的运输业务，进行干线车辆及驾驶员的调度，并利用信息系统及手持终端完成干线调度及发运操作。

（1）干线车辆及驾驶员的调度安排。

①调度员利用Excel汇总运输干线订单，汇总出各个干线的货物总重量及总体积。

②调度员结合不同干线的货物总重量及总体积，进行具体车辆及驾驶员的调度安排。调度员应如何进行运输车辆及驾驶员的调度安排呢？

a. 明确运输车辆及驾驶员调度的考虑因素。

实施运输车辆调度时，需要考虑车辆的经常行驶区域、车辆的载重及容积、车辆能否执行运输任务等。

实施驾驶员调度安排时，需要考虑驾驶员自身的健康情况、驾驶员对于运输线路的熟悉程度以及其能否执行运输任务等。

b. 实施上海—广州的车辆及驾驶员调度。

经过数据汇总（此处是业务受理的一票货物以及物流中心所有需要运往广州的零担货物数据汇总），可以得知上海运往广州的货物总重量为40.838吨，货物总体积为104.59立方米，根据任务要求，车辆满载率为80%就可判定为满载，按照下面的程序来确定具体的运输车辆。

物流中心现有17.5米的厢式车，该种车载重51吨，其装载率为80%时可载重40.8吨，上海到广州的货物为40.838吨，货物装载率略高于80%；目前物流中心自有车辆和承运商都有符合要求的车辆，分别是自有车辆沪A32809、承运商车辆沪A2G286和沪A33H23，根据已知条件，进行车辆运输成本核算。自有车辆成本核算：沪A32809运输成本=百公里油耗数 × 油价 × 百公里数+其他费用=58×6.9×12+7×1200=13202.4（元）。承运商车辆成本核算：沪A2G286运输成本=每公里费用×公里数=11.8×1200=14160（元）；沪A33H23运输成本=12.6×1200=15120（元）。

根据成本核算结果可知，车辆沪A32809的运输成本是最小的，因此，上海到广州的货物装到车辆沪A32809上。

一般来说，干线车辆经常行驶线路以及驾驶员是固定的，已知沪A32809的驾驶员李立春状态良好，可以执行运输任务。

③确定好运输车辆及驾驶员之后，调度员需要制订运输调度作业计划，将表2-3-2补充完整（见表2-3-3）。

表2-3-3　　运输调度作业计划

线路	上海市—广州市					
发车时间	2022-07-01 18：00：00		车牌号	沪A32809		
车辆载重（吨）	51		车辆容积（立方米）	110		
序号	发货城市	到货城市	客户单位	件数	重量（吨）	体积（立方米）
1	上海	广州	贝发集团股份有限公司	200	10.5	15.27
2	上海	广州	晨光文具	50	0.171	1.46

续 表

序号	发货城市	到货城市	客户单位	件数	重量（吨）	体积（立方米）
3	上海	广州	贝发集团股份有限公司	150	4.6	10.02
4	上海	广州	得力集团有限公司	480	2.02	30.3
5	上海	广州	晨光文具	430	9.6	15.3
6	上海	广州	贝发集团股份有限公司	230	5.8	15.8
7	上海	广州	得力集团有限公司	250	3.5	7.01
8	上海	广州	晨光文具	260	4.647	9.25
合计				2050	40.838	104.41

（2）调度员制订完运输调度作业计划之后，需要操作系统完成干线调度（见图2–3–3）。调度员需要在运输管理系统中执行哪些操作呢？

①调度员进入运输管理系统，进入干线调度操作界面，如图2–3–4所示。

②进入干线调度界面后，调度员首先完成上海到广州的干线调度，选择运输路由为__上海市—广州市__，预计发车时间为__2022–07–01　18：00：00__，车牌号为__沪A32809__，驾驶员为__李立春__（见图2–3–23）。

图2–3–23　干线调度路由、车辆基础信息维护

③执行调度操作，点击界面中“向右”的箭头，查看体积装载率和重量装载率是否符合标准，确认无误后，点击__“完成调度”__（见图2–3–24）。

图2-3-24　干线调度操作

④调度员完成调度之后，返回主界面，点击“单据打印”，进行干线运输调度单打印，如图2-3-5、图2-3-6所示。

（3）完成调度之后，调度员需要进行干线调度发运装车。如何执行干线调度发运装车呢？

①调度员进入运输管理系统操作界面，点击<u>“干线发运”</u>，进入界面之后，点击<u>“发运”</u>，将干线调度信息发送至下一环节（见图2-3-25和图2-3-26）。

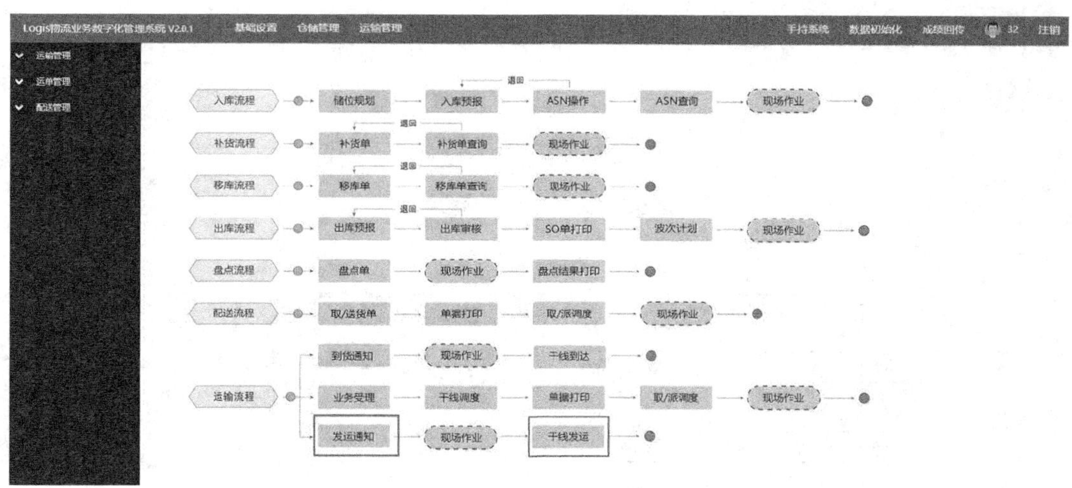

图2-3-25　干线发运

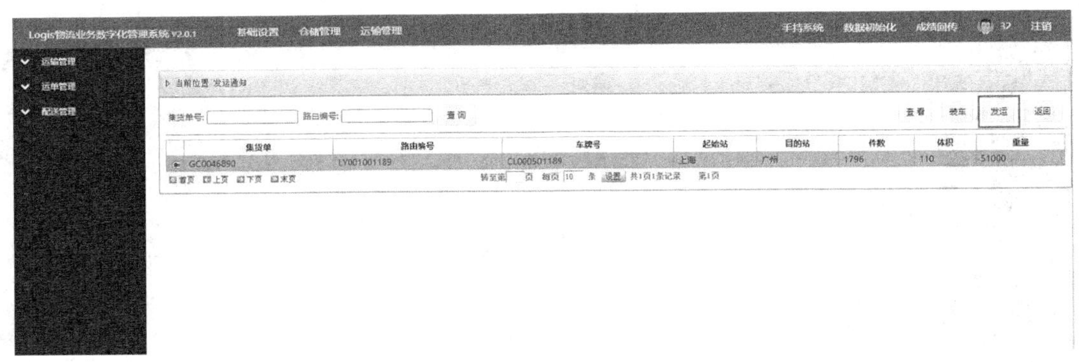

图2-3-26　发运信息发送

②返回主界面，点击＿“干线发运”＿按钮，界面中出现当前操作，如图2-3-7所示。

③场站操作员接到调度员发送过来的运输交接单，根据交接的发运信息，确定运单号及需要发运的班线车辆，将该车辆上所需装载的所有货物从笼车内提取出来，搬运至发货月台。

场站操作员使用手持终端进行“干线出站”的操作，进入系统后点击＿“手持系统”＿，进入作业选择界面；点击＿“运输作业”＿，进入干线出站界面；点击＿“干线出站”＿，进入干线出站扫描界面（见图2-3-27、图2-3-28和图2-3-29）。

手持系统　数据初始化　成绩回转　32　注销

图2-3-27　手持系统

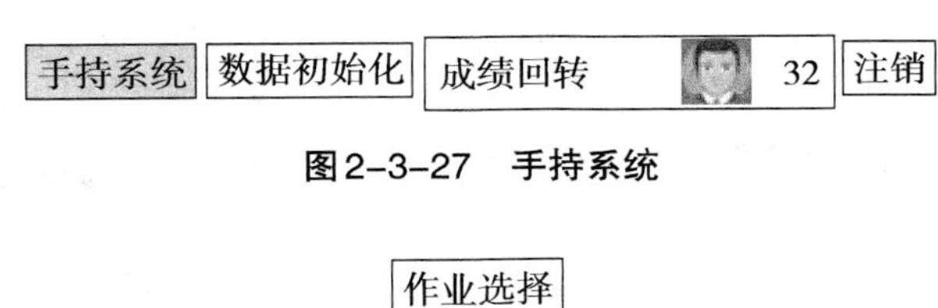

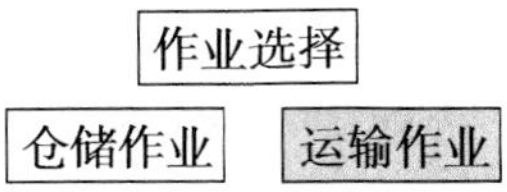

图2-3-28　作业选择界面

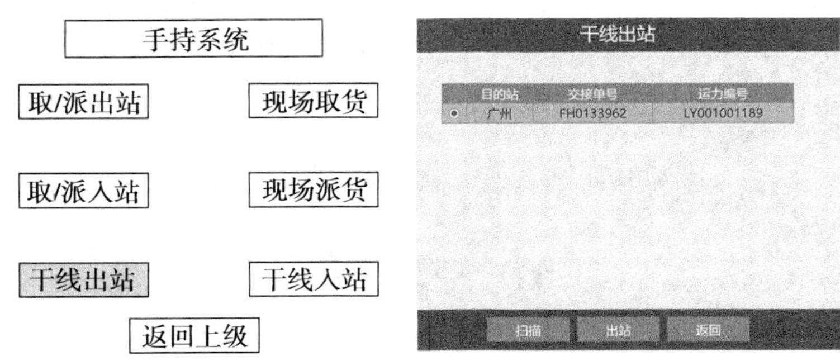

图2-3-29　干线出站扫描界面

④调度员选择待发运的班线信息，点击＿“扫描”＿（注：手动输入运单号并按回车键确认，在实际操作中，本模块需扫描实际单据信息），扫描完成后，在＿检测件数＿处会显示具体的数量信息，如图2–3–8所示。

⑤待扫描的检测件数与总件数一致后，确认扫描信息无误，点击＿“确认”＿，上传扫描结果。返回扫描界面，选中运单信息，点击＿“出站”＿按钮进行出站确认（见图2–3–30）。

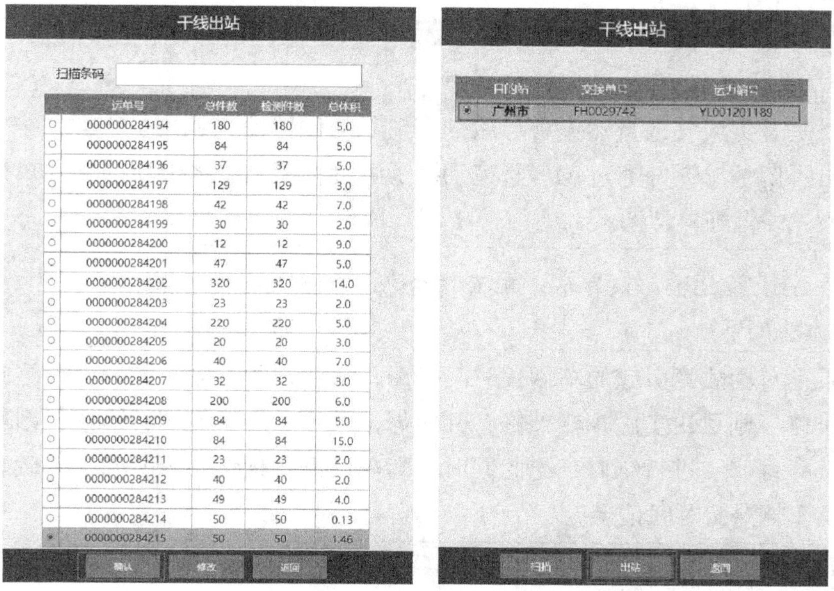

干线出站

扫描条码

	运单号	总件数	检测件数	总体积
○	0000000284194	180	180	5.0
○	0000000284195	84	84	5.0
○	0000000284196	37	37	5.0
○	0000000284197	129	129	3.0
○	0000000284198	42	42	7.0
○	0000000284199	30	30	2.0
○	0000000284200	12	12	9.0
○	0000000284201	47	47	5.0
○	0000000284202	320	320	14.0
○	0000000284203	23	23	2.0
○	0000000284204	220	220	5.0
○	0000000284205	20	20	3.0
○	0000000284206	40	40	7.0
○	0000000284207	32	32	3.0
○	0000000284208	200	200	6.0
○	0000000284209	84	84	5.0
○	0000000284210	84	84	15.0
○	0000000284211	23	23	2.0
○	0000000284212	40	40	2.0
○	0000000284213	49	49	4.0
○	0000000284214	50	50	0.13
◉	0000000284215	50	50	1.46

确认　修改　返回

干线出站

	目的站	交接单号	运力编号
◉	广州市	FH0029742	YL001201189

扫描　出站　返回

图2–3–30　干线出站确认

完成干线发运之后，场站操作员扫描确认完毕的货物将进行装车操作，待货物装车完毕后，场站操作员需要在驾驶员的监督下关闭厢门，关闭厢门后，取出铅封锁，置于车厢门上，并在交接单上填写具体的铅封情况，填好铅封信息后，场站操作员将交接单中的粉色联交给驾驶员，随车发运，如图2–3–9所示。

步骤三：运输在途跟踪。

（1）干线运输车辆发车后，场站操作员需要实施运输在途跟踪。在途跟踪的主要方式有哪些呢？

在途跟踪时，常用的方式有两种：一是致电询问驾驶员运输相关情况；二是通过GPS监控系统进行运输车辆及货物的在途监控。

（2）在途跟踪过程中，会有哪些在途异常呢？应如何处理呢？

异常一：在途运输车辆长时间停滞。

处理方法如下。

发现车辆长时间停滞时，调度员致电驾驶员，询问具体情况，了解导致车辆长时间停滞的具体原因。如果是交通事故引起的长时间停滞，若为一般交通事故，没有损害货物、车辆及人员，调度员及时安排驾驶员处理好事故现场后，立即出发并做好异常记录；若属于较大交通事故，运输车辆刮擦，但是无人员伤亡，调度员安排驾驶员做好现场调解工作，并积极配合交管部门协调处理，做好申请保险的准备，记录异常情况。

异常二：在途遇到恶劣天气。

处理方法如下。

如果是恶劣天气或自然灾害导致的车辆长时间停滞，调度员需要每隔3小时致电驾驶员了解情况，并通过GPS监控系统了解货物情况，将最新动态告知托运人以及收货人，并做好异常记录。

异常三：在途运输车辆异常，无法继续执行运输任务。

处理方法如下。

如果是车辆故障引起的车辆长时间停滞，需要判断驾驶员能否进行维修。如果能自行维修，则尽快实施车辆维修，并做好记录；如果不能自行维修，则驾驶员需要就近选择维修点进行维修。与此同时，驾驶员需要预估维修时间，并做好车辆异常记录及车辆滞留时间记录。

步骤四：运输到达交接。

车辆到达，卸货之后，现场操作员需要执行哪些操作呢?

（1）调度员接收到始发站的到货预报后，应与驾驶员确认具体到达时间。

（2）核实到站信息。

驾驶员驾驶车辆到达货运中心后，工作人员指挥驾驶员将车辆停靠在指定的交接场地，同时注意车辆和人员安全。驾驶员到调度处将货物运输交接单提交给调度员检查，调度员检查单据，并核对单据与到货预报信息是否一致。核对无误后，调度员将货物运输交接单交给现场操作员执行到货任务。

（3）到站货物交接验收。

现场操作员凭借货物运输交接单核对车辆的施封枚数、字号，并检查车辆施封的具体情况。

现场操作员进行车辆封志检查时，需要检查的内容如下。

① 封志是否已被打开，是否有拆动痕迹。

② 封志上的印志号码或封志标签是否清晰可辨，是否有更改痕迹。

③ 条码与路单是否相符。

检查车辆封志无异常情况后，现场操作员按照操作规范进行卸车。

与此同时，现场操作员凭借 货物运输交接单 核对 托运单 、 货物标签 ，清点 货物件数 ，检查 货物包装状态 。

经检查没有任何异常情况后，现场操作员在 货物运输交接单 上填写到站时间并签字确认，交调度员留存。

（4）货物入站扫描。

交接验收完成后，现场操作员对到站货物进行入站扫描，并搬运到指定区域内进行暂存。

那如何在系统中实施到货处理呢？

进入运输管理系统界面，点击 “到货通知” ，进行到货处理。进入“到货通知”的处理界面后， 待到达运力列表 中有到货信息，点击 “查看” ，查看到货情况，出现具体的运输明细，查看完成后，点击“关闭”，结束当前操作，如图2–3–10和图2–3–11所示。

确认信息无误后，点击 “到货” ，进行到货确认，系统会将到货信息发送到场站操作员的手持终端，便于其后续作业（见图2–3–31）。

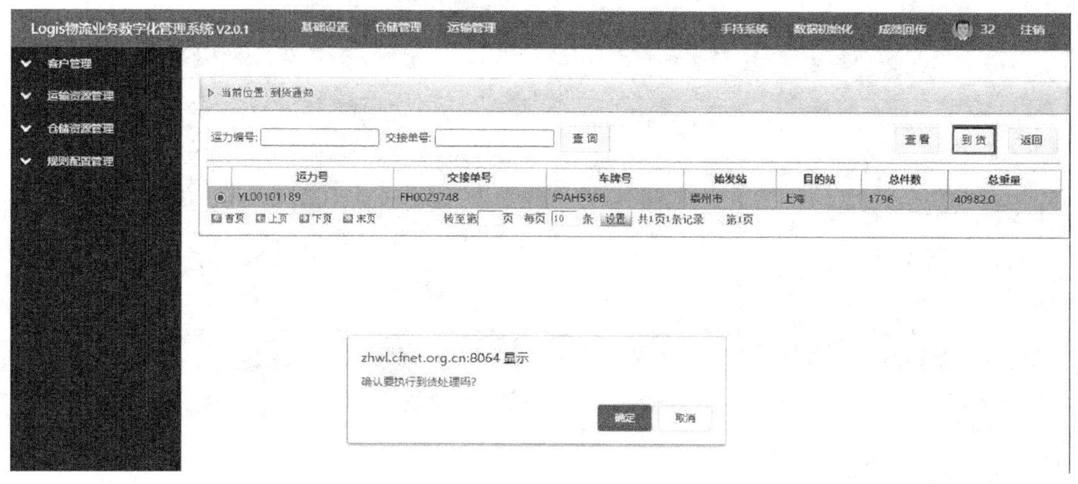

图2–3–31 发送到货信息

做好到货准备之后，场站操作员进入系统，点击 “手持系统” ，进入作业选择界面；点击 “运输作业” ，进入 干线入站 界面，如图2–3–12、图2–3–13和图2–3–14所示。

接着进入如图2–3–15所示页面，选择一条待入站记录，点击 “扫描” 按钮进入运单货品扫描页面，将运单号输入扫描条码处，按下回车键，就会显示出检测件数（注：输入完成后需按回车键，在实际操作中，本模块需实际扫描），完成条码扫描后，在检测件数处会显示相应的数量，重复进行所有到站货品的扫描操作，最后点击 “确认”，将信息反馈至运输管理系统（见图2-3-32）。

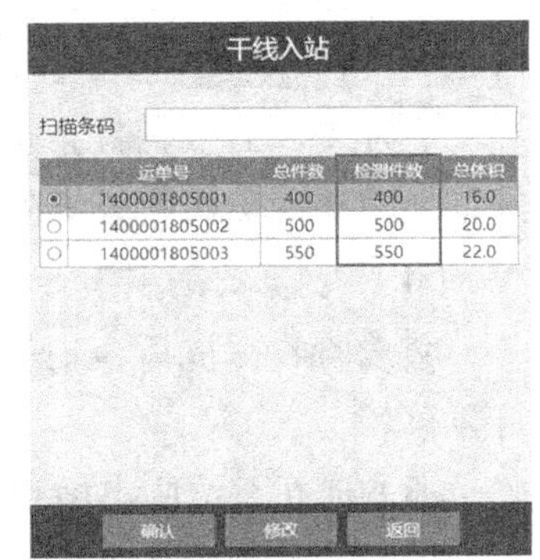

图2-3-32　干线入站扫描

当所有运单中的到站货品都扫描完成后，返回上一界面，点击“入站”，完成干线到达入站操作（见图2-3-33）。

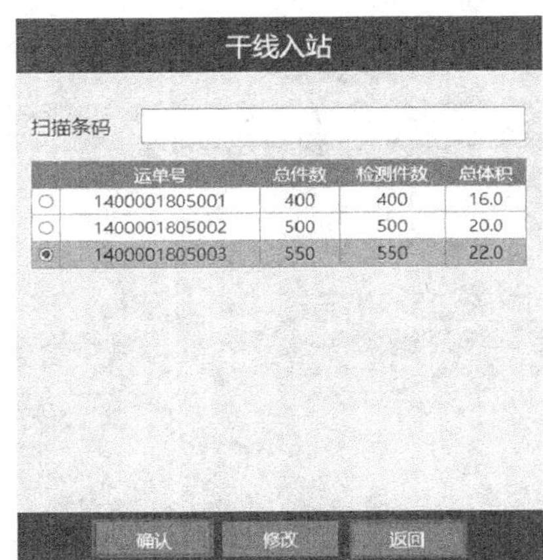

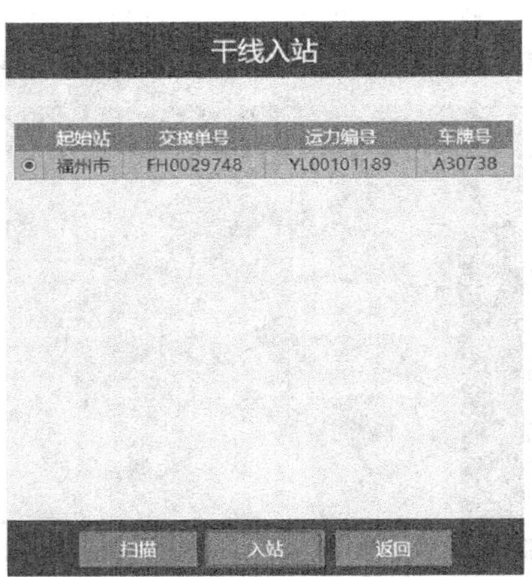

图2-3-33　干线入站确认

（5）入站分拣。

场站操作员将扫描完毕的货物搬运至输送线，由场站分拣人员进行货物的入站分拣作业。

场站分拣人员重点查看标签上方的目的站信息，确认待分拣货物的配送方向，如货物标签显示货物为派送至上海的货物，要将货物从输送线上搬下，分拣至标有“上海”的笼车内进行暂存。待输送线上所有货物分拣完毕后，关闭输送线，将笼车推回暂存区即可。

到此，干线到达的全部作业操作完毕。

项目三　水路货物运输操作

任务一　水路货物运输概述

任务目标

通过本任务的学习，可以达成以下目标。

知识目标	1.理解水路货物运输的概念及类型 2.熟悉水路货物运输的技术装备和设施 3.掌握水路货物运输的优缺点及适用范围 4.掌握水路货物运输的基本条件 5.掌握水路货物运输中的主要航线
技能目标	1.能够总结水路货物运输的类型及各个类型的主要内容 2.能够分析水路货物运输的基本条件 3.能在地图上找出相应的水运航线
思政目标	培养全局观和大局观

任务发布

通过之前的学习，李丽基本上掌握了公路货物运输的主要知识。业务主管对李丽认真学习的态度非常满意。接下来，主管让李丽继续学习水路货物运输的相关知识。主管希望李丽在正式接触实际业务之前可以有效掌握水路货物运输的基础知识。

李丽都需要学习哪些知识呢？

任务工单

水路货物运输概述的任务计划如表3-1-1所示。

表3-1-1　水路货物运输概述的任务计划

任务名称：	
组长：	组员：
任务分工：	
方法、工具：	
任务步骤：	

任务实施

步骤一：认识港口。

（1）列举出你所知道的我国的港口（不少于5个）。

表3-1-2　我国的港口

序号	港口名称
1	
2	
3	
4	
5	

（2）广州商贸公司以CPT（运费付至）条件成交了一批约8万美元货值的办公家具（组合书桌、1.5m会议桌、书柜等），计划用集装箱装运出口到匈牙利首都布达佩斯，有一个月左右的运输时间，这批货物目前在佛山南海桂城，公司自己完成货物保管工作。

李丽需要为该业务在水运船舶类型中选出最适合的船型，在8条世界上主要的水运航线中选出最适合的航线。

操作步骤1：分析货物最为适合的水运船型。

基于任务内容，具体货物为办公家具，需要的运输条件是防潮，且为标准的包装箱包装，因此最为适合的运输船型为________________。

操作步骤2：选择最为合适的水运航线。

①李丽先梳理出8条世界上主要的水运航线，填写表3-1-3。

表3-1-3　世界上主要的水运航线

序号	航线名称	基本线路
1		
2		
3		
4		
5		
6		
7		
8		

②分析货物的始发地和目的地。

该批办公家具的始发地为____________，目的地为____________。

③确定水运航线。

综合考虑运输距离、运输成本和运输时间，为该批货物选择____________，具体线路为____。

步骤二：认识集装箱。

（1）选择集装箱。

华源集团上海物流中心接到以下业务。

①将100t散装大豆从南沙港运到香港。

②将100辆汽车从南沙港运到日本。

③将400头牛从南沙港运到英国。

④将10t钢材从黄埔港运到大连。

⑤将10t新鲜水果从广州运到北京。

根据客户要求采用集装箱运输，李丽需根据以上货物的具体特性，为其选择相应的集装箱。

操作步骤1：结合学习内容及网络资料，在表3-1-4中填写常见的集装箱类型及其适合装运的货物。

表3-1-4 认识集装箱

集装箱类型	适合装运的货物

操作步骤2：为具体货物匹配相应的集装箱，填写表3-1-5。

表3-1-5 选用的集装箱类型

具体货物	选用的集装箱类型
100t散装大豆	
100辆汽车	
400头牛	
10t钢材	
10t新鲜水果	

（2）识别集装箱标志。

华源集团上海物流中心现新订购一批集装箱，集装箱上面有如下标志：①COSU 2473606；②CN22G1；③MAX GROSS 1234（kg）；④TARE 382（kg）。李丽需要识别出这些标志的具体内涵，并详细说明集装箱外部的主要标志及其意义。

扫一扫

集装箱标志示例

扫描二维码，查看集装箱标志示例。

操作步骤1：识别集装箱标志COSU 2473606。

COSU 2473606中，COS是__________，是__________的简称；U是__________，表示__________；247360是__________；6是__________。

操作步骤2：识别集装箱标志CN22G1。

CN22G1中，CN为__________，22G1为__________，22表示__________；G1表示__________。

操作步骤3：识别集装箱标志MAX GROSS 1234（kg）。

MAX GROSS 1234（kg）表示____。

操作步骤4：识别集装箱标志TARE 382（kg）

TARE 382（kg）表示____。

步骤三：认识水运公司。

（1）查阅资料，并结合所学知识，在表3–1–6中列出从事水路货物运输的公司（不少于5个）。

表3–1–6　　从事水路货物运输的公司

序号	公司名称
1	
2	
3	
4	
5	

（2）水路货物运输主要包括沿海货物运输、近海货物运输、远洋货物运输及内河货物运输，除了远洋货物运输，提供内河货物运输服务的水路货物运输公司比较多，李丽需先梳理出各类水路货物运输的主要内容。

操作步骤1：梳理水路货物运输类型，填写表3–1–7。

表3–1–7　　水路货物运输类型

水路货物运输类型	主要内容
沿海货物运输	
近海货物运输	
远洋货物运输	
内河货物运输	

操作步骤2：根据给定的标志识别全球国际班轮运输公司，填写表3–1–8。

表 3-1-8　　全球国际班轮运输公司标志

标志	公司名称	英文缩写
APL		
COSCO SHIPPING		
msc		
MAERSK		
YANG MING		

任务反思

在完成任务的过程中，遇到了哪些问题？是如何解决的？

任务评价

学生互评表

班级		姓名		学号		
任务名称	水路货物运输概述					
评价项目（占比）	评价标准				分值（分）	得分（分）
考勤（10%）	出勤情况（无故旷课、迟到、早退，出现一次扣10分；请假出现一次扣2分）				10	

续　表

评价项目（占比）		评价标准	分值（分）	得分（分）
学习能力（10%）	合作学习能力	小组合作参与程度（优6分，良4分，一般2分，未参与0分）	6	
	个人学习能力	个人自主探究参与程度（优4分，良2分，未参与0分）	4	
工作过程（60%）	认识港口	能准确列出至少5个我国的港口（每错一处扣1分）	5	
		能为具体货物选择合适的船型（每错一处扣2分）	2	
		能准确列出8条世界上主要的水运航线（每错一处扣1分）	8	
		能分析具体货物的始发地及目的地（每错一处扣1分）	2	
		能为具体货物确定合适的水运航线（每错一处扣2分）	2	
	认识集装箱	能列出常见的集装箱类型及其适合装运的货物（每错一处扣0.5分）	9	
		能为具体的货物选择合适的集装箱（每错一处扣2分）	10	
		能判别集装箱各类标志的具体内涵（每错一处扣2分）	8	
	认识水运公司	能准确列出5个专门从事水路货物运输的公司（每错一处扣1分）	5	
		能梳理水路货物运输各类型的主要内容（每错一处扣1分）	4	
		能根据给出的标志列出具体的班轮运输公司名称及英文缩写（每错一处扣0.5分）	5	
工作成果（20%）	完成情况	能按规范及要求完成任务（未完成一处扣2分）	10	
	展示情况	能准确展示梳理的港口、集装箱类型等表格（失误一次扣5分）	10	
合计			100	

教师评价表

任务名称	水路货物运输概述						
授课信息							
班级		组别		姓名		学号	
评价项目（占比）		评价标准				分值（分）	得分（分）
考勤（10%）		出勤情况（无故旷课、迟到、早退，出现一次扣10分；请假出现一次扣2分）				10	

续 表

<table>
<tr><th colspan="2">评价项目（占比）</th><th>评价标准</th><th>分值（分）</th><th>得分（分）</th></tr>
<tr><td rowspan="2">学习能力（10%）</td><td>合作学习能力</td><td>小组合作参与程度（优6分，良4分，一般2分，未参与0分）</td><td>6</td><td></td></tr>
<tr><td>个人学习能力</td><td>个人自主探究参与程度（优4分，良2分，未参与0分）</td><td>4</td><td></td></tr>
<tr><td rowspan="11">工作过程（60%）</td><td rowspan="5">认识港口</td><td>能准确列出至少5个我国的港口（每错一处扣1分）</td><td>5</td><td></td></tr>
<tr><td>能为具体货物选择合适的船型（每错一处扣2分）</td><td>2</td><td></td></tr>
<tr><td>能准确列出8条世界上主要的水运航线（每错一处扣1分）</td><td>8</td><td></td></tr>
<tr><td>能分析具体货物的始发地及目的地（每错一处扣1分）</td><td>2</td><td></td></tr>
<tr><td>能为具体货物确定合适的水运航线（每错一处扣2分）</td><td>2</td><td></td></tr>
<tr><td rowspan="3">认识集装箱</td><td>能列出常见的集装箱类型及其适合装运的货物（每错一处扣0.5分）</td><td>9</td><td></td></tr>
<tr><td>能为具体的货物选择合适的集装箱（每错一处扣2分）</td><td>10</td><td></td></tr>
<tr><td>能判别集装箱各类标志的具体内涵（每错一处扣2分）</td><td>8</td><td></td></tr>
<tr><td rowspan="3">认识水运公司</td><td>能准确列出5个专门从事水路货物运输的公司（每错一处扣1分）</td><td>5</td><td></td></tr>
<tr><td>能梳理水路货物运输各类型的主要内容（每错一处扣1分）</td><td>4</td><td></td></tr>
<tr><td>能根据给出的标志列出具体的班轮运输公司名称及英文缩写（每错一处扣0.5分）</td><td>5</td><td></td></tr>
<tr><td rowspan="2">工作成果（20%）</td><td>完成情况</td><td>能按规范及要求完成任务（未完成一处扣2分）</td><td>10</td><td></td></tr>
<tr><td>展示情况</td><td>能准确展示梳理的港口、集装箱类型等表格（失误一次扣5分）</td><td>10</td><td></td></tr>
<tr><td colspan="3">合计</td><td>100</td><td></td></tr>
</table>

知识学习

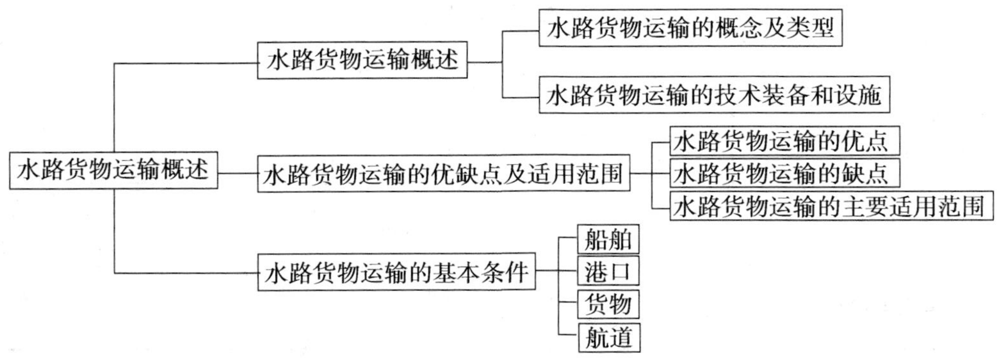

一、水路货物运输概述

1. 水路货物运输的概念及类型

水路货物运输是以船舶为主要运输工具，以港口或港站为运输基地，以水域包括海洋、河流和湖泊为运输活动范围的一种运输方式。水路货物运输至今仍是世界上许多国家重要的运输方式之一。

水路货物运输按照其航行的区域，大致可以划分为沿海货物运输、近海货物运输、远洋货物运输和内河货物运输四种类型。

2. 水路货物运输的技术装备和设施

水路货物运输的技术装备和设施主要包括船舶和港口。

船舶是水路货物运输的载运工具，主要包括集装箱船、散货船、油船、双体船、水翼船、气垫船等。

港口是水路货物运输的重要设施。港口是具有一定面积的水域和陆域，是供船舶出入和停泊，供货物集散的场所。港口主要由水域和陆域两部分构成。港口的构成及功能如图 3-1-1 所示。

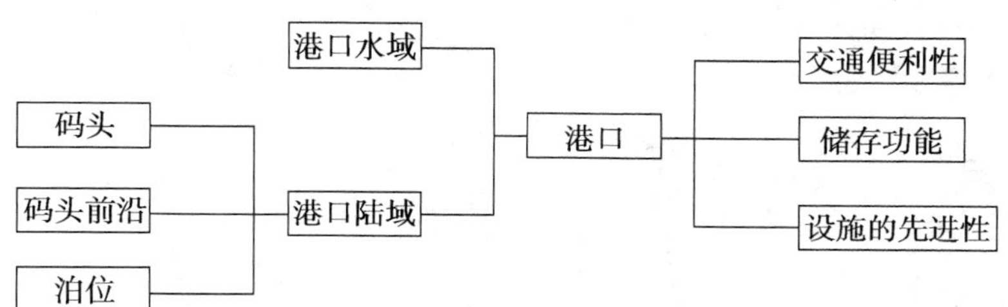

图 3-1-1　港口的构成及功能

想一想

港口主要由哪些部分组成呢？

二、水路货物运输的优缺点及适用范围

1. 水路货物运输的优点

①运载能力大。船舶的货舱比其他运输工具的都大，因此可以作为货物运输舱位的数量及载货量均比陆上运输或航空运输大。

②通用性较强，客货两宜。

③越洋运输大宗货物，连接被海洋所分割的大陆，是发展国际贸易的强大支撑。

④运输成本低，尤其在运输大宗货物或散装货物时，采用专用的船舶运输，可以

取得更好的经济效果。

⑤平均运输距离长。

2. 水路货物运输的缺点

①受自然气象条件因素影响大。由于季节制约的程度大，因而一年中中断运输的时间较长。

②营运范围受到限制，如果没有天然航道则无法运输。

③航行风险大，安全性略低。

④运送速度慢。船舶等运输工具在水中行驶受到的阻力较大，很难提高速度。

⑤货物直达性差，不能实现门到门的运输作业，需要依靠公路运输、铁路运输、航空运输进行转运，对于货物运输来说经过多次转运存在货损的风险。

⑥搬运成本与装卸费用高。

3. 水路货物运输的主要适用范围

①承担大批量货物，特别是集装箱货物的运输任务。

②承担原料、半成品等散货运输。

③承担国际贸易运输，即远距离、运量大，不要求快速抵达国外目的港的货物运输。

扫一扫

国家对于水路运输服务的政策及要求

扫描二维码，查看国家对于水路运输服务的政策及要求。

三、水路货物运输的基本条件

水路货物运输的基础条件是从船、港、货、线四个方面反映出来的。船即船舶，船舶是航运经营人从事运输服务的生产工具；港即港口，港口是船和货相结合的集散地和衔接点；货即货物，货物是运输服务的劳动对象；线即航线或航道，航道是船舶运行的活动场所。因此，船、港、货、线构成了运输的基本要素，缺一不可。

1. 船舶

船舶主要有以下两种分类方式。

（1）按货轮的功能（或船型）划分。

按货轮的功能（或船型）划分，船舶可以分为杂货船、散装船、多用途船、冷藏船、油轮、木材船、集装箱船、滚装船、载驳船等。

（2）按货物的载重量划分。

按货物的载重量划分，船舶可以分为巴拿马型船、超巴拿马型船、灵便型船。

2. 港口

港口既为水路运输服务，又为内陆运输服务。货物运输无论从船舶转入陆运工具，还是由陆运工具转入船舶，都离不开港口的服务工作。一个现代化的港口，实际也是城市海、陆、空立体交通的枢纽，是“综合运输体系”的中心。

3. 货物

水路货物运输的货物包括原料、商品以及其他物品。它们的形态和性质各不相同，对运输、装卸、保管也各有不同的要求。从水路货物运输的要求出发，可以根据货物的形态、性质等对货物进行分类，如表3-1-9所示。

表3-1-9　水路货物运输货物的分类

分类依据	货物大类	货物小类	举例
装运形态	液体货	液体散装货（Liquid Bulk Cargo）	石油、液体化学品
	散装货	干质散装货（Solid Bulk Cargo）	谷物、木材、矿石
	件杂货	包装货物（Packed Cargo）	服装、日用品
		裸装货物（Unpacked/Non-packed Cargo）	小五金
		成组化货物（Unitized Cargo）	饮料、水果
		集装箱货物（Containerized Cargo）	机械、电子产品、化工品
货物性质	普通货物（General Cargo）	清洁货物（Clean Cargo）	纺织品、糖果、工艺品
		液体货物（Liquid Cargo）	饮料、酒、油
		粗劣货物（Rough Cargo）	烟叶、大蒜、颜料
	特殊货物（Special Cargo）	危险货物（Dangerous Cargo）	鞭炮、油漆
		冷藏货物（Reefer Cargo）	水果、肉类
		贵重货物（Valuable Cargo）	黄金、货币、精密仪器
		活的动植物（Livestock and Plants）	活的鸡鸭、小树苗
		长大、笨重货物（Bulky and Lengthy Cargo，Heavy Cargo）	重型机械、大型钢材

4. 航道

现代的水上航道不仅指天然航道，还指包括天然航道、人工航道、进出港航道以及保证航行安全的航行导标系统和现代通信导航系统在内的工程综合体。

思政提升

从中远海运看国企改革的聚变式效应

2021年5月6日，时任中国远洋海运集团有限公司（以下简称中远海运）的党组书记兼董事长许立荣走进大连海事大学，讲述航海人的光荣与梦想时表示，中华人民共和国成立以来，航运业既为服务外贸、服务外交发挥了重要作用，也促进了自身的发展壮大。

2016年组建的中远海运，无疑是这一历史进程忠实的践行者。

"重组5年来，中远海运在央企经营业绩考核和党建责任制考核中蝉联A级，在《财富》世界500强排名中连年攀升，在全球最受信赖公司航运企业中独占鳌头。"许立荣表示。

回望过往，可以看出，以新集团组建为契机，敢破敢立，大破大立，始终着眼国际竞争，在全球范围内不断推进资源优化配置，彻底改造企业的内涵与外延，促成上下游产业协同合作，构建全球最为完整的航运产业链，是中远海运重组成功的关键因素。

参考答案

步骤一：认识港口。

（1）列举出你所知道的我国的港口（不少于5个）（见表3-1-10）。

表3-1-10　我国的港口

序号	港口名称
1	上海洋山港
2	天津港
3	青岛港
4	广州港
5	宁波港

（2）广州商贸公司以CPT（运费付至）条件成交了一批约8万美元货值的办公家具（组合书桌、1.5m会议桌、书柜等），计划用集装箱装运出口到匈牙利首都布达佩斯，有一个月左右的运输时间，这批货物目前在佛山南海桂城，公司自己完成货物保管工作。

李丽需要为该业务在水运船舶类型中选出最适合的船型，在8条世界上主要的水运航线中选出最适合的航线。

操作步骤1：分析货物最为适合的水运船型。

基于任务内容，具体货物为办公家具，需要的运输条件是防潮，且为标准的包装箱包装，因此最为适合的运输船型为集装箱船。

操作步骤2：选择最为合适的水运航线。

①李丽先梳理出8条世界上主要的水运航线，填写表3–1–3（见表3–1–11）。

表3–1–11　　世界上主要的水运航线

序号	航线名称	基本线路
1	亚欧航线/苏伊士运河航线	东亚（横滨、上海、中国香港等）—中国台湾、巴士海峡等—东南亚（新加坡、马尼拉等）—马六甲海峡—印度洋（科伦坡、孟买、加尔各答、卡拉奇等）—红海—苏伊士运河—地中海（突尼斯、热那亚）—直布罗陀海峡—英吉利（多佛尔）海峡—西欧各国
2	好望角航线（石油运量大的航线）	东亚、东南亚、南亚—西亚—霍尔木兹海峡—印度洋—东非—莫桑比克海峡—好望角—大西洋—西非—西欧
3	巴拿马航线	北美洲东海岸—巴拿马运河—北美洲西海岸各港口
4	南太平洋航线	亚太地区—太平洋—南美洲西海岸
5	北太平洋航线	东亚、东南亚—太平洋—北美洲西海岸（旧金山、洛杉矶、温哥华、西雅图等）
6	北大西洋航线（繁忙的航线）	北欧、西欧—北大西洋—北美洲东海岸、南海岸
7	南大西洋航线	西欧—大西洋—南美洲东海岸
8	北冰洋航线	东亚—太平洋—白令海峡—北冰洋—北欧—大西洋—西欧

②分析货物的始发地和目的地。

该批办公家具的始发地为佛山，目的地为匈牙利首都布达佩斯。

③确定水运航线。

综合考虑运输距离、运输成本和运输时间，为该批货物选择亚欧航线，具体线路为佛山—中国香港—马六甲海峡—印度洋—曼德海峡—红海—苏伊士运河—地中海—科佩尔（斯洛文尼亚）—布达佩斯（匈牙利）。

步骤二：认识集装箱。

（1）选择集装箱。

华源集团上海物流中心接到以下业务。

①将100t散装大豆从南沙港运到香港。

②将100辆汽车从南沙港运到日本。

③将400头牛从南沙港运到英国。

④将10t钢材从黄埔港运到大连。

⑤将10t新鲜水果从广州运到北京。

根据客户要求采用集装箱运输，李丽需根据以上货物的具体特性，为其选择相应的集装箱。

操作步骤1：结合学习内容及网络资料，在表3–1–4中填写常见的集装箱类型及其适合装运的货物（见表3–1–12）。

表3–1–12 认识集装箱

集装箱类型	适合装运的货物
杂货集装箱（干货集装箱）	以装运件杂货为主，如文化用品、日用百货、医药纺织品、工艺品、电子机械等
散货集装箱	适宜装各种散装的货物，如粮食、水泥、粉末或颗粒状货物等，若要进行植物检疫，还可在箱内熏舱蒸洗
罐式集装箱（液体货集装箱）	适合运输食品、药品、化工品等液体货物
冷藏集装箱	运输冷藏冷冻食品、新鲜果蔬或特种化工产品
开顶集装箱	适合装载体积高大的物体，如玻璃板等
框架集装箱	主要运载超重货物，如钢材之类可以免除外包装的裸装货
平台集装箱	装运汽车等超长超重货物
动物集装箱	装运牛、马等活动物
服装集装箱	装运服装类商品

操作步骤2：为具体货物匹配相应的集装箱，填写表3–1–5（见表3–1–13）。

表3–1–13 选用的集装箱类型

具体货物	选用的集装箱类型
100t散装大豆	散货集装箱
100辆汽车	平台集装箱

续　表

具体货物	选用的集装箱类型
400头牛	动物集装箱
10t钢材	平台集装箱
10t新鲜水果	冷藏集装箱

（2）识别集装箱标志。

华源集团上海物流中心现新订购一批集装箱，集装箱上面有如下标志：①COSU 2473606；②CN22G1；③MAX GROSS 1234（kg）；④TARE 382（kg）。李丽需要识别出这些标志的具体内涵，并详细说明集装箱外部的主要标志及其意义。

操作步骤1：识别集装箱标志COSU 2473606。

COSU 2473606中，COS是箱主代号，是中国远洋海运集团有限公司的简称；U是设备识别代号，表示常规集装箱；247360是箱号；6是核对数。

操作步骤2：识别集装箱标志CN22G1。

CN22G1中，CN为集装箱登记所在国的代号（中国），22G1为集装箱尺寸与类型代号，22表示箱长为20ft，箱宽为8ft，箱高为8ft6in，G1表示上方有透气罩的通用集装箱。

操作步骤3：识别集装箱标志MAX GROSS 1234（kg）。

MAX GROSS 1234（kg）表示该集装箱的最大总重为1234kg。

操作步骤4：识别集装箱标志TARE 382（kg）。

TARE 382（kg）表示该集装箱的皮重为382kg。

步骤三：认识水运公司。

（1）查阅资料，并结合所学知识，在表3-1-6中列出从事水路货物运输的公司（不少于5个）（见表3-1-14）。

表3-1-14　　从事水路货物运输的公司

序号	公司名称
1	上海交航船务有限公司
2	深圳市蛇口船务运输股份有限公司
3	珠海众协港口物流服务股份有限公司
4	义景船务（深圳）有限公司
5	中远海运控股股份有限公司

（2）水路货物运输主要包括沿海货物运输、近海货物运输、远洋货物运输及内河货物运输，除了远洋货物运输，提供内河货物运输服务的水路货物运输公司比较多，李丽需先梳理出各类水路货物运输的主要内容。

操作步骤1：梳理水路货物运输类型，填写表3-1-7（见表3-1-15）。

表3-1-15　　　　**水路货物运输类型**

水路货物运输类型	主要内容
沿海货物运输	使用船舶通过大陆附近沿海航道运送客货的一种方式，一般使用中、小型船舶
近海货物运输	使用船舶通过大陆邻近国家海上航道运送客货的一种运输形式，视航程可使用中型船舶，也可使用小型船舶
远洋货物运输	使用船舶跨大洋的长途运输形式，主要依靠运量大的大型船舶
内河货物运输	使用船舶在陆地内的江、河、湖等水道进行运输的一种方式，主要使用中、小型船舶

操作步骤2：根据给定的标志识别全球国际班轮运输公司，填写表3-1-8（见表3-1-16）。

表3-1-16　　　　**全球国际班轮运输公司标志**

标志	公司名称	英文缩写
APL	美国总统轮船有限公司	APL
COSCO SHIPPING	中国远洋海运集团有限公司	COSCO
msc	地中海航运公司	MSC
MAERSK	马士基航运有限公司	MAERSK
YANG MING	阳明海运股份有限公司	YML

任务二　班轮运输业务操作

任务目标

通过本任务的学习，可以达成以下目标。

知识目标	1. 掌握班轮运输的特点和作用 2. 理解班轮运价的特点、种类及形式 3. 掌握班轮运费的计算方法 4. 理解班轮运输的业务程序
技能目标	1. 能够区分班轮运价的种类 2. 能够准确计算班轮运费 3. 能够绘制班轮运输的业务流程图
思政目标	培养资源共享和合作共赢意识

任务发布

通过上一个任务的学习，李丽已经掌握了水路货物运输的基础知识，据主管所说，华源集团上海物流中心还为客户提供国际班轮运输业务，李丽作为新员工，需要熟悉班轮运输的基础知识，准确计算具体货物的班轮运费，在此基础上，总结出班轮运输业务各环节的操作要点。

任务工单

班轮运输业务操作的任务计划如表3–2–1所示。

表3–2–1　　班轮运输业务操作的任务计划

任务名称：	
组长：	组员：
任务分工：	
方法、工具：	

续 表

任务步骤：

任务实施

步骤一：识别班轮运价。

（1）请将具体的班轮运价种类与具体的运价表连接起来。

班轮运价种类	运价表
班轮公会运价	中国远洋海运集团有限公司美国航线第17号运价表
单项费率运价	中国远洋海运集团有限公司第1号运价表
班轮公司运价	中国外运股份有限公司第3号运价表
等级运价	中国远洋海运集团有限公司运价表
双边运价	远东水脚公会运价表

（2）结合网络资源，收集我国目前主要使用的班轮运价表，并在表3–2–2中列出其具体情况。

表3–2–2　　主要使用的班轮运价表

序号	运价表及其具体情况
1	
2	

步骤二：计算班轮运费。

上海运往肯尼亚蒙巴萨港的一批门锁（小五金）共计100箱。每箱体积为20cm × 30cm × 40cm，每箱重量为25kg。当时燃油附加费率为40%，蒙巴萨港拥挤附加费率为10%。中国—东非航线等级费率如表3–2–3所示。

表3–2–3　　中国—东非航线等级费率

货名	计算标准	等级	运费（元/运费吨）
农业机械	W/N	9	404

续　表

货名	计算标准	等级	运费（元/运费吨）
棉布及棉织品	M	10	443
小五金及工具	W/M	10	443
玩具	M	20	1120
基本港：路易港（毛里求斯）、达累斯萨拉姆港（坦桑尼亚）、蒙巴萨港（肯尼亚）等			

请结合班轮运费的计算方法及计算标准计算此次运输任务的班轮运费。

操作步骤1：确定货物等级。

查阅表3-2-3，可知门锁属于________，其计算标准为________，等级为________级。

操作步骤2：计算货物的体积和重量。

（1）结合任务信息，可知100箱门锁的体积为________________。

（2）结合任务信息，可知100箱门锁的重量为________________。

由于2.4m^{3}的计费吨小于2.5t，因此计算标准为________________。

操作步骤3：计算基本运费。

查阅相应的运价表，可知________级资费为________元，则基本运费为________________。

操作步骤4：判断有无附加费。

根据任务内容，可知此次班轮运输有________和________两种附加费，分别为基本运费的________和________。

因此，计算附加费为________________________________。

操作步骤5：确定最终运费。

上海运往肯尼亚蒙巴萨港的100箱门锁，其应付运费为________________。

步骤三：组织班轮运输业务。

（1）班轮运输的第一步是揽货和订舱。

此环节的主要业务操作如下。

（2）班轮运输的第二步是接收托运申请。

此环节的主要业务操作如下。

（3）班轮运输的第三步是接货。

此环节的主要业务操作如下。

（4）班轮运输的第四步是换取提单。

此环节的主要业务操作如下。

（5）班轮运输的第五步是装船。

此环节的主要业务操作如下。

（6）班轮运输的第六步是海上运输。

此环节的主要业务操作如下。

（7）班轮运输的第七步是卸船。

此环节的主要业务操作如下。

（8）班轮运输的第八步是交付货物。

此环节的主要业务操作如下。

任务反思

在完成任务的过程中，遇到了哪些问题？是如何解决的？

任务评价

学生互评表

<table>
<tr><td>班级</td><td></td><td>姓名</td><td colspan="2"></td><td>学号</td><td></td></tr>
<tr><td colspan="2">任务名称</td><td colspan="5">班轮运输业务操作</td></tr>
<tr><td colspan="2">评价项目（占比）</td><td colspan="3">评价标准</td><td>分值（分）</td><td>得分（分）</td></tr>
<tr><td colspan="2">考勤（10%）</td><td colspan="3">出勤情况（无故旷课、迟到、早退，出现一次扣10分；请假出现一次扣2分）</td><td>10</td><td></td></tr>
<tr><td rowspan="2">学习能力（10%）</td><td>合作学习能力</td><td colspan="3">小组合作参与程度（优6分，良4分，一般2分，未参与0分）</td><td>6</td><td></td></tr>
<tr><td>个人学习能力</td><td colspan="3">个人自主探究参与程度（优4分，良2分，未参与0分）</td><td>4</td><td></td></tr>
<tr><td rowspan="9">工作过程（60%）</td><td rowspan="2">识别班轮运价</td><td colspan="3">能准确匹配班轮运价种类与具体运价表（每错一处扣1分）</td><td>5</td><td></td></tr>
<tr><td colspan="3">能准确梳理我国目前主要的班轮运价表及其具体情况（每错一处扣2分）</td><td>6</td><td></td></tr>
<tr><td rowspan="5">计算班轮运费</td><td colspan="3">能确定班轮运输货物等级（每错一处扣2分）</td><td>2</td><td></td></tr>
<tr><td colspan="3">能计算货物的体积和重量（每错一处扣2分）</td><td>4</td><td></td></tr>
<tr><td colspan="3">能计算班轮运输的基本运费（每错一处扣4分）</td><td>4</td><td></td></tr>
<tr><td colspan="3">能准确计算班轮运输的附加费（每错一处扣4分）</td><td>4</td><td></td></tr>
<tr><td colspan="3">能准确计算具体班轮运输业务的最终运费（每错一处扣4分）</td><td>4</td><td></td></tr>
<tr><td rowspan="2">组织班轮运输业务</td><td colspan="3">能准确梳理班轮运输揽货和订舱的主要业务操作（每错一处扣4分）</td><td>4</td><td></td></tr>
<tr><td colspan="3">能准确梳理班轮运输接收托运申请的主要业务操作（每错一处扣4分）</td><td>4</td><td></td></tr>
</table>

续 表

评价项目（占比）		评价标准	分值（分）	得分（分）
工作过程（60%）	组织班轮运输业务	能准确梳理班轮运输接货的主要业务操作（每错一处扣4分）	4	
		能准确梳理班轮运输换取提单的主要业务操作（每错一处扣4分）	4	
		能准确梳理班轮运输装船的主要业务操作（每错一处扣4分）	4	
		能准确梳理班轮运输海上运输的主要业务操作（每错一处扣3分）	3	
		能准确梳理班轮运输卸船的主要业务操作（每错一处扣4分）	4	
		能准确梳理班轮运输交付货物的主要业务操作（每错一处扣4分）	4	
工作成果（20%）	完成情况	能按规范及要求完成任务（未完成一处扣2分）	10	
	展示情况	能准确展示梳理的班轮运输业务程序（失误一次扣5分）	10	
合计			100	

教师评价表

任务名称	班轮运输业务操作							
授课信息								
班级		组别		姓名		学号		
评价项目（占比）		评价标准					分值（分）	得分（分）
考勤（10%）		出勤情况（无故旷课、迟到、早退，出现一次扣10分；请假出现一次扣2分）					10	
学习能力（10%）	合作学习能力	小组合作参与程度（优6分，良4分，一般2分，未参与0分）					6	
	个人学习能力	个人自主探究参与程度（优4分，良2分，未参与0分）					4	
工作过程（60%）	识别班轮运价	能准确匹配班轮运价种类与具体运价表（每错一处扣1分）					5	
		能准确梳理我国目前主要的班轮运价表及其具体情况（每错一处扣2分）					6	

续　表

<table>
<tr><th colspan="2">评价项目（占比）</th><th>评价标准</th><th>分值（分）</th><th>得分（分）</th></tr>
<tr><td rowspan="14">工作过程（60%）</td><td rowspan="5">计算班轮运费</td><td>能确定班轮运输货物等级（每错一处扣2分）</td><td>2</td><td></td></tr>
<tr><td>能计算货物的体积和重量（每错一处扣2分）</td><td>4</td><td></td></tr>
<tr><td>能计算班轮运输的基本运费（每错一处扣4分）</td><td>4</td><td></td></tr>
<tr><td>能准确计算班轮运输的附加费（每错一处扣4分）</td><td>4</td><td></td></tr>
<tr><td>能准确计算具体班轮运输业务的最终运费（每错一处扣4分）</td><td>4</td><td></td></tr>
<tr><td rowspan="9">组织班轮运输业务</td><td>能准确梳理班轮运输揽货和订舱的主要业务操作（每错一处扣4分）</td><td>4</td><td></td></tr>
<tr><td>能准确梳理班轮运输接收托运申请的主要业务操作（每错一处扣4分）</td><td>4</td><td></td></tr>
<tr><td>能准确梳理班轮运输接货的主要业务操作（每错一处扣4分）</td><td>4</td><td></td></tr>
<tr><td>能准确梳理班轮运输换取提单的主要业务操作（每错一处扣4分）</td><td>4</td><td></td></tr>
<tr><td>能准确梳理班轮运输装船的主要业务操作（每错一处扣4分）</td><td>4</td><td></td></tr>
<tr><td>能准确梳理班轮运输海上运输的主要业务操作（每错一处扣3分）</td><td>3</td><td></td></tr>
<tr><td>能准确梳理班轮运输卸船的主要业务操作（每错一处扣4分）</td><td>4</td><td></td></tr>
<tr><td>能准确梳理班轮运输交付货物的主要业务操作（每错一处扣4分）</td><td>4</td><td></td></tr>
<tr><td rowspan="2">工作成果（20%）</td><td>完成情况</td><td>能按规范及要求完成任务（未完成一处扣2分）</td><td>10</td><td></td></tr>
<tr><td>展示情况</td><td>能准确展示梳理的班轮运输业务程序（失误一次扣5分）</td><td>10</td><td></td></tr>
<tr><td colspan="3">合计</td><td>100</td><td></td></tr>
</table>

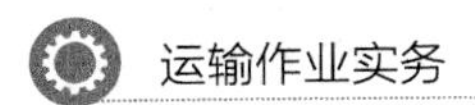

知识学习

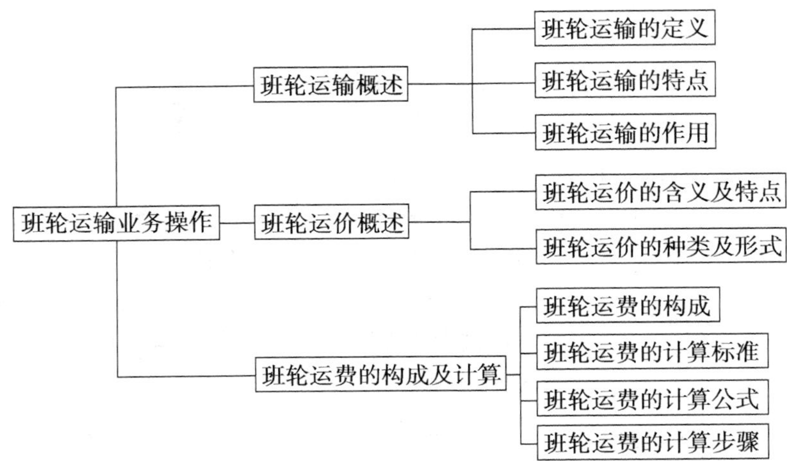

一、班轮运输概述

1. 班轮运输的定义

班轮运输又称定期船运输，是指班轮公司按照公布的船期表，在特定航线的各挂靠港口之间，为非特定的众多货主提供规则的、反复的货物运输服务，并按运价本或协议运价的规定计收运费的一种水路运输营运方式。

班轮运输通常会涉及班轮公司、船舶代理人、无船（公共）承运人、海上货运代理人、托运人和收货人等有关货物运输的关系人。

2. 班轮运输的特点

（1）具有“四固定”特点，即固定航线、固定港口、固定船期和相对固定的费率，这是班轮运输的基本特征。

（2）有利于小额贸易货物运输，适用于一般杂货和不足整船的小额贸易货物的运输，班轮只要有舱位，不论数量大小、挂港多少、直运或转运都可承运。

（3）责任划分明确，承运人和托运人双方的权利、义务和责任豁免以签发的提单条款为依据，受国际公约制约。其中，承运人对货物负责的时段是从货物装上船起，到货物卸下船止，即“船舷到船舷”或“钩到钩”。

（4）手续简单，托运人只要把货物交给承运人即可，由承运人负责装卸和理舱，班轮运价包括装卸费用且双方不另计滞期费和速遣费。

想一想

企业实施班轮运输，有哪些具体的作用呢？

3.班轮运输的作用

（1）有利于一般杂货和不足整船货的小额贸易货物的运输。

（2）为贸易双方洽谈价格和装运条件提供了方便。

（3）有固定航线、固定设备和人员，能提供专门优质的服务。

（4）减少磋商内容。

（5）手续简单，方便货主操作。

二、班轮运价概述

1.班轮运价的含义及特点

班轮运价一般是以运价表的形式公布的，比较固定，其特点主要有以下几点。

（1）相对稳定。

（2）是船舷至船舷的费用。

（3）包括装卸费用，承托双方不涉及滞期和速遣的问题。

（4）属于垄断性运价。

（5）由基本费率和附加费率组成。

（6）运价水平较高。

2.班轮运价的种类及形式

（1）根据制定运价的主体分类。

①班轮公会运价（Conference Tariff）。

班轮公会运价由班轮公会制定，为参加公会的班轮公司所使用，规定的运价比较高，是一种垄断性的价格。

②班轮公司运价（Non- conference Tariff）。

班轮公司运价由经营班轮运输的船公司自行制定。

③双边运价（Bilateral Tariff）。

双边运价是由船货双方共同商议制定、共同遵守的运价。

④协议运价（Freight Agreement）或货方运价。

（2）根据费率结构分类。

①等级运价（Classification Rate Freight Tariff）。

②单项费率运价（Commodity Rate Freight Tariff），也称商品运价。不同货物、不同航线分别制定运价；同航线、同运价的不同货物应在商品运价表中逐一列明。

③航线运价。

不分运输距离的远近，只按航线、货物名称或等级制定的运价。

远洋运输通常采用分航线、按货物种类或等级制定运价。

三、班轮运费的构成及计算

1.班轮运费的构成

（1）基本运费（主要部分）。

基本运费是为在航线上基本港口间的运输而制定的运价。

（2）附加费。

由于一些原因，承运人在运输中增加了一定的营运支出或损失，只能采用附加费进行弥补。

燃油附加费是指由于燃油价格上涨而加收的费用，是一项主要的附加费，几乎所有的航线都收取这项附加费，多用基本运费乘燃油附加费率的方法计算。

转船附加费是对于那些需要转船的货物收取的费用，计算方法是在基本运费的基础上加上燃油附加费后再乘转船附加费率。

2.班轮运费的计算标准

（1）按货物的毛重计收（重货）：在运价表中以“W”表示，以公吨、长吨或短吨作为计费单位。

（2）按货物的体积计收（轻泡货）：在运价表中以“M”表示，以立方米、立方英尺作为计费单位。

（3）按货物的毛重或体积计收：在运价表中以“W/M”表示，以其较高者计收。

（4）按货物的价格计收（高值货物）：在运价表中以“Ad.Val”表示，一般按商品FOB（离岸价）的百分比（1%~5%）计算运费。

（5）按货物重量、体积或价值三者中最高的一种计收，在运价表中以W/M or Ad.Val表示。

（6）按货物的件数计收：在运价表中以Per Unit/Head/Piece.etc表示。

（7）按议价运费计收（比等级运费要低）：以Open Rate字样表示，在班轮运价表中未规定具体费率，如粮食、矿物等。

（8）起码运费：指按每一提单上所列的货物重量或体积所计算出的运费尚未达到运价表中规定的最低运费率时，则按最低运费计收。

3.班轮运费的计算公式

运费总额=货运数量 × 基本费率+附加费

=货运数量 × 基本费率 ×（1+附加费率）

注意：从价运费按FOB计算，如果只有CIF（到岸价），先要换算为FOB。

4. 班轮运费的计算步骤

（1）了解货物名称、包装、重量、尺码等。

（2）从货物分级表中找出货物的等级和计算标准。

（3）查找航线等级费率表，找出货物等级相应的基本运费。

（4）查找有无附加费。

（5）列式计算。

某轮船从上海装运10吨、共计9立方米的面粉去加拿大的多伦多港口，要求直航，求全部运费。

①查货物分级表，知面粉为5级，计算标准为W；

②再从航线等级费率表中查出5级货物的基本运费为235元/运费吨；

③按重量计算，所以运费吨应该为10吨；

④另从附加费率表中查知多伦多港口直航附加费为25元/运费吨，燃油附加费率为20%；

⑤代入计算公式：

运费总额=10×［235×（1+20%）+25］=3070（元）。

扫一扫

班轮运费纠纷案例

扫描二维码，查看班轮运费纠纷案例。

思政提升

瞄准“班轮运输”常态化，舟山打造江海直达船舶“运力池”

2022年以来，舟山市港航和口岸管理局主动出击，多次对接码头、船东、货主等，深入了解业务需求，以粮食、铁矿石为试点，以江海直达船舶为载体，积极探索“船港货”一体化组织模式，打造江海直达船舶“运力池”，推动码头、船公司、供应链企业建立“利益共同体”，明确船舶“运力池”运行规则和各方权利义务，改变传统散货运输“各自为政、独立运营”的模式，实行统一配货、集中调度，进一步提高船舶周转效率，增强市场竞争力和抗风险能力，力争早日实现江海直达运输船班轮化运输。

舟山市依托“江海联运在线”应用，开发江海直达船舶“运力池”模块，上线“直达配送”场景，加强数据服务支撑，通过对船舶配货、营运效率、通航环境、码头装卸等实时动态监测，协助码头、船公司、供应链企业、货主等各方及时优化物流资源配置，增强整体物流链组织协同和各环节有效衔接，促进降本增效。

被纳入“运力池”的船舶，将享受“优先装卸、优先靠离泊、减免拖轮费用”等激励政策。舟山市还出台《舟山市人民政府关于支持现代航运服务业高质量发展的若干意见》，明确支持江海联运船队和江海直达运输准班轮化发展。

作为当代青年人，在现代社会不断发展的大环境下，要有资源共享意识，深度理解合作共赢的优势。

参考答案

步骤一：识别班轮运价。

（1）请将具体的班轮运价种类与具体的运价表连接起来。

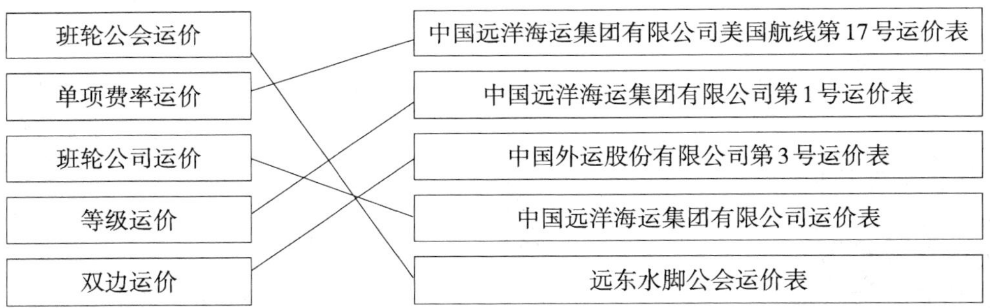

（2）结合网络资源，收集我国目前主要使用的班轮运价表，并在表3-2-2中列出其具体情况（见表3-2-4）。

表3-2-4　　主要使用的班轮运价表

序号	运价表及其具体情况
1	中国远洋海运集团有限公司（COSCO）的6号运价表，属等级运价，把所有的货物分成20个等级
2	中国船舶集团有限公司的2号运价表，适用于国外轮船公司或我国租船承运的货物

步骤二：计算班轮运费。

上海运往肯尼亚蒙巴萨港的一批门锁（小五金）共计100箱。每箱体积为

20cm × 30cm × 40cm，每箱重量为25kg。当时燃油附加费率为40%，蒙巴萨港拥挤附加费率为10%。中国—东非航线等级费率如表3–2–3所示。

请结合班轮运费的计算方法及计算标准计算此次运输任务的班轮运费。

操作步骤1：确定货物等级。

查阅表3–2–3，可知门锁属于小五金及工具，其计算标准为W/M，等级为10级。

操作步骤2：计算货物的体积和重量。

（1）结合任务信息，可知100箱门锁的体积为20 × 30 × 40 × 100=2400000（cm^3）= 2.4（m^3）。

（2）结合任务信息，可知100箱门锁的重量为25 × 100=2500（kg）=2.5（t）。

由于2.4m^3的计费吨小于2.5t，因此计算标准为重量。

操作步骤3：计算基本运费。

查阅相应的运价表，可知10级资费为443元，则基本运费为443 × 2.5=1107.5（元）。

操作步骤4：判断有无附加费。

根据任务内容，可知此次班轮运输有燃油附加费和港口拥挤附加费两种附加费，分别为基本运费的40%和10%。

因此，计算附加费为1107.5 ×（40%+10%）=553.75（元）。

操作步骤5：确定最终运费。

上海运往肯尼亚蒙巴萨港的100箱门锁，其应付运费为1107.5+553.75=1661.25（元）。

步骤三：组织班轮运输业务。

（1）班轮运输的第一步是揽货和订舱。

此环节的主要业务操作如下。

> 揽货是指船公司为了使自己经营的班轮运输船舶载重能力和舱容得到充分利用，以获得最大的经济效益，通常都会采取一些措施来招揽客户。
>
> 订舱是指货物托运人或其代理人向承运人（即船公司或其代理人）申请货物运输，承运人对这种申请给予承诺的行为。

（2）班轮运输的第二步是接收托运申请。

此环节的主要业务操作如下。

> 货主或其代理人向船公司提出订舱申请后，船公司首先考虑其航线、港口、船舶、运输条件等能否满足要求，决定是否接受托运申请。

（3）班轮运输的第三步是接货。

此环节的主要业务操作如下。

船公司由指定的装船代理人在各装货港的指定地点（通常是码头仓库）接受托运人送来的货物，办理交接手续后，将货物集中整理，并按货物的性质、包装、目的港及卸货次序进行适当的分类后等待装船，这个过程就是接货。

（4）班轮运输的第四步是换取提单。

此环节的主要业务操作如下。

托运人可凭经过签署的场站收据，向船公司或其代理人换取提单，然后去银行结汇。

（5）班轮运输的第五步是装船。

此环节的主要业务操作如下。

船舶到港前，船公司和码头计划室对本航线需要装运的货物制订装船计划，待船舶到港后，将货物从仓库运至船边，按照装船计划装船。

（6）班轮运输的第六步是海上运输。

此环节的主要业务操作如下。

在海上运输过程中，海上承运人对装船的货物负有安全运输、保管、照料的责任，并依据货物运输提单条款划分与托运人之间的责任、权利和义务。

（7）班轮运输的第七步是卸船。

此环节的主要业务操作如下。

与装船一样，卸船一般也采用“集中卸船，仓库交付”的方式。

（8）班轮运输的第八步是交付货物。

此环节的主要业务操作如下。

交付货物时，除了要求收货人必须交出提单外，还必须要求收货人付清运费和其他应付的费用，如船公司和其代理人垫付的保管费、搬运费以及公共海损分摊费和海滩救助费等。如果收货人没有付清上述费用，船公司有权根据提单上的留置权条款的规定暂不交付货物，直到收货人付清各项应付的费用后才交付货物。如果收货人拒绝支付应付的各项费用而使货物无法交付时，船公司还可以经卸货港所在地法院批准，对卸下的货物进行拍卖，以卖得的货款抵偿应向收货人收取的费用。

任务三　租船运输业务操作

任务目标

通过本任务的学习，可以达成以下目标。

知识目标	1. 掌握租船运输的概念及特点 2. 理解常见的租船运输的租船方式
技能目标	1. 能够分析四种租船方式的主要特点、船舶的拥有权和支配权 2. 能够准确分析租船运输业务流程
思政目标	培养风险意识和全局意识

任务发布

通过上一任务的学习，李丽掌握了班轮运输业务，但她仍有一个疑惑：难道在水路货物运输中，都是有固定船期、固定航线和挂靠港的吗？主管告诉李丽，在水路货物运输中，除了班轮运输，还有租船运输。李丽需要学习哪些租船运输的知识呢？

任务工单

租船运输业务操作的任务计划如表3-3-1所示。

表3-3-1　　租船运输业务操作的任务计划

任务名称：	
组长：	组员：
任务分工：	
方法、工具：	

续 表

任务步骤：

任务实施

步骤一：搜索船舶出租信息。

通过天天船舶网或者其他专业网站搜索船舶出租和求租信息。

需要查找5条供出租用的散货船信息。尽可能查出船舶的船名、建造时间、船级、总吨、净吨、载重吨、总长、型宽等基本信息，填写表3-3-2。

表3-3-2 散货船及其基本信息

序号	散货船及其基本信息
1	
2	
3	
4	
5	

步骤二：分析四种租船方式。

（1）根据所学的内容，分析四种租船方式的主要特点、船舶的拥有权和支配权及合同性质，完成表3-3-3的填制。

表3-3-3 四种租船方式

租船方式	主要特点	船舶的拥有权和支配权	合同性质
定程租船			
定期租船			
光船租船			
包运租船			

（2）分析定程租船、定期租船、光船租船三种租船方式的负担项目。

操作步骤1：分析定程租船的负担项目。

操作步骤2：分析定期租船的负担项目。

操作步骤3：分析光船租船的负担项目。

操作步骤4：将前三个操作步骤分析的内容绘制成表格，如表3-3-4所示，分别在具体的负担项目后画上“√”。

表3-3-4　　三种租船方式的负担项目

租船方式	定程租船		定期租船		光船租船	
负担项目	船东	承租人	船东	承租人	船东	承租人
船员工资						
船员伙食						
船舶维修保养						
物料供应及装备						
淡水						
船舶保险						
船舶检验						

步骤三：组织租船运输业务。

（1）根据所学的内容初步确定运输方式。

（2）梳理租船运输业务流程。

①租船运输业务的第一步是租船询价（询价又称询盘）。此环节的主要业务操作如下。

②租船报价（报价又称发盘）。此环节的主要业务操作如下。

③租船还价（还价又称还盘）。此环节的主要业务操作如下。

④接盘。此环节的主要业务操作如下。

⑤签署订租确认书。此环节的主要业务操作如下。

⑥签署正式租船合同。此环节的主要业务操作如下。

扫一扫

租船运输业务组织案例

扫描二维码，查看租船运输业务组织案例。

任务反思

在完成任务的过程中，遇到了哪些问题？是如何解决的？

任务评价

学生互评表

<table>
<tr><td>班级</td><td></td><td>姓名</td><td></td><td>学号</td><td colspan="2"></td></tr>
<tr><td colspan="2">任务名称</td><td colspan="5">租船运输业务操作</td></tr>
<tr><td colspan="2">评价项目（占比）</td><td colspan="3">评价标准</td><td>分值（分）</td><td>得分（分）</td></tr>
<tr><td colspan="2">考勤（10%）</td><td colspan="3">出勤情况（无故旷课、迟到、早退，出现一次扣10分；请假出现一次扣2分）</td><td>10</td><td></td></tr>
<tr><td rowspan="2">学习能力（10%）</td><td>合作学习能力</td><td colspan="3">小组合作参与程度（优6分，良4分，一般2分，未参与0分）</td><td>6</td><td></td></tr>
<tr><td>个人学习能力</td><td colspan="3">个人自主探究参与程度（优4分，良2分，未参与0分）</td><td>4</td><td></td></tr>
<tr><td rowspan="6">工作过程（60%）</td><td rowspan="2">搜索船舶出租信息</td><td colspan="3">能根据要求查找船舶出租信息（每错一处扣1分）</td><td>5</td><td></td></tr>
<tr><td colspan="3">能准确梳理出租船舶的基本信息（每错一处扣1分）</td><td>5</td><td></td></tr>
<tr><td rowspan="4">分析四种租船方式</td><td colspan="3">能列出四种租船方式的主要特点、船舶的拥有权和支配权及合同性质（每错一处扣1.5分）</td><td>6</td><td></td></tr>
<tr><td colspan="3">能列出定程租船中船东和承租人的负担项目（每错一处扣0.5分）</td><td>3.5</td><td></td></tr>
<tr><td colspan="3">能列出定期租船中船东和承租人的负担项目（每错一处扣0.5分）</td><td>3.5</td><td></td></tr>
<tr><td colspan="3">能列出光船租船中船东和承租人的负担项目（每错一处扣1分）</td><td>7</td><td></td></tr>
</table>

续 表

评价项目（占比）		评价标准	分值（分）	得分（分）
工作过程（60%）	组织租船运输业务	能初步确定合适的运输方式（每错一处扣2分）	6	
		能梳理租船询价的主要业务操作（每错一处扣4分）	4	
		能梳理租船报价的主要业务操作（每错一处扣4分）	4	
		能梳理租船还价的主要业务操作（每错一处扣4分）	4	
		能梳理接盘的主要业务操作（每错一处扣4分）	4	
		能梳理签署订租确认书的主要业务操作（每错一处扣4分）	4	
		能梳理签署正式租船合同的主要业务操作（每错一处扣4分）	4	
工作成果（20%）	完成情况	能按规范及要求完成任务（未完成一处扣2分）	10	
	展示情况	能准确展示梳理的四种租船方式的基本内容和租船运输业务流程的操作内容（失误一次扣5分）	10	
合计			100	

教师评价表

任务名称	租船运输业务操作						
授课信息							
班级		组别		姓名		学号	

评价项目（占比）		评价标准	分值（分）	得分（分）
考勤（10%）		出勤情况（无故旷课、迟到、早退，出现一次扣10分；请假出现一次扣2分）	10	
学习能力（10%）	合作学习能力	小组合作参与程度（优6分，良4分，一般2分，未参与0分）	6	
	个人学习能力	个人自主探究参与程度（优4分，良2分，未参与0分）	4	
工作过程（60%）	搜索船舶出租信息	能根据要求查找船舶出租信息（每错一处扣1分）	5	
		能准确梳理出租船舶的基本信息（每错一处扣1分）	5	
	分析四种租船方式	能列出四种租船方式的主要特点、船舶的拥有权和支配权及合同性质（每错一处扣1.5分）	6	
		能列出定程租船中船东和承租人的负担项目（每错一处扣0.5分）	3.5	

续　表

评价项目（占比）		评价标准	分值（分）	得分（分）
工作过程（60%）	分析四种租船方式	能列出定期租船中船东和承租人的负担项目（每错一处扣0.5分）	3.5	
		能列出光船租船中船东和承租人的负担项目（每错一处扣1分）	7	
	组织租船运输业务	能初步确定合适的运输方式（每错一处扣2分）	6	
		能梳理租船询价的主要业务操作（每错一处扣4分）	4	
		能梳理租船报价的主要业务操作（每错一处扣4分）	4	
		能梳理租船还价的主要业务操作（每错一处扣4分）	4	
		能梳理接盘的主要业务操作（每错一处扣4分）	4	
		能梳理签署订租确认书的主要业务操作（每错一处扣4分）	4	
		能梳理签署正式租船合同的主要业务操作（每错一处扣4分）	4	
工作成果（20%）	完成情况	能按规范及要求完成任务（未完成一处扣2分）	10	
	展示情况	能准确展示梳理的四种租船方式的基本内容和租船运输业务流程的操作内容（失误一次扣5分）	10	
合计			100	

知识学习

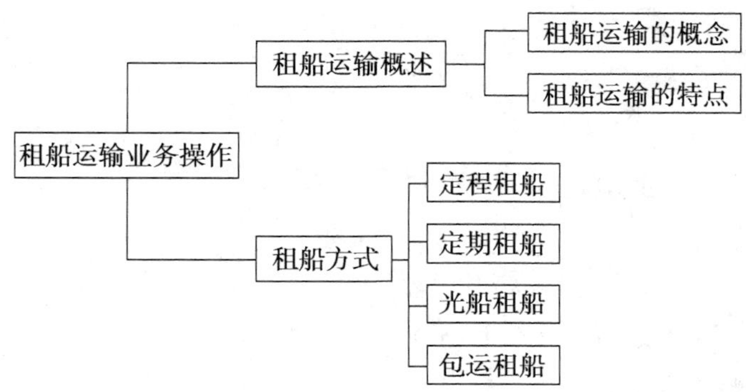

一、租船运输概述

1. 租船运输的概念

租船运输（Shipping by Chartering），又称不定期船运输（Tramp Shipping），是指包租整船或部分舱位进行运输，一般以租赁整船为多。租船运输和班轮运输不同，它没有预先制定的船期表，没有固定的航线，停靠港口也不固定，无固定的费率。船舶的营运是根据船舶所有人与需要船舶运输的货主双方事先签订的租船合同来安排的。

2. 租船运输的特点

（1）租船运输是根据租船合同组织的运输，租船合同条款由船东和承租人双方共同商定。

（2）一般由船东与承租人通过各自或共同的租船经纪人洽谈成交租船业务。

（3）不定航线，不定船期。船东对于船舶的航线、航行时间和货载种类等按照承租人的要求来确定，并提供相应的船舶进行调度安排（调度安排应经承租人同意）。

（4）租金率或运价根据租船市场行情来决定。船多货少时运价就低，反之则高。它与商品市场价格一样经常发生波动，因此，在租船时必须进行租船市场的行情调查和研究。

（5）船舶营运中有关费用的支出，根据不同的租船方式分别由船东和承租人分担，并在合同条款中订明。对于承租船的装卸费用有四种规定：船方不管装卸费（FIO），这种做法比较多；船方按班轮条件（Liner Terms），这种做法比较少；船方只管装不管卸（FO）；船方只管卸不管装（FI）。

（6）租船运输适合用于大宗货物运输，如粮食、煤炭、矿砂、化肥、石油、木材和水泥等，而且一般是租用整船装运。由于这些货物批量大、附加值低，包装相对简单，租船运输的运价相对于班轮运输而言较低，因此，此类货物适合采用租船运输。

（7）各种租船合同均有相应的标准合同格式。

想一想

租船运输有哪几种租船方式呢？各种租船方式有什么特点呢？

二、租船方式

1. 定程租船（Voyage or Trip Charter）

（1）定程租船的含义。

定程租船，简称程租，又称航次租船，是一种由船舶所有人向承租人提供船舶或船舶的部分舱位，在指定的两港或数港之间，从事单向的或往返的一个航次或几个航次的运输，以承运指定货物的租船方式。

（2）定程租船的形式。

根据承租人实际业务的需要，航次租船主要可分为以下四种。

①单航次租船，指船舶只装运一个航次，船舶所有人负责提供船舶，将指定的货物由装运港运往目的港，货物被运抵目的港卸货后，租船合同即告终止。定程租船中以单航次租船为主。

②来回程租船，指租船合同规定在完成一个航次任务后，接着再从原卸货港或其附近港口装运一个回程货载。

③连续单航次租船，指船舶出租人与承租人约定，提供船舶连续完成几个单航次的租船运输方式。被租船舶在相同两港之间连续完成两个或两个以上的单航次运输后，租船合同结束，船舶出租人的合同义务完成。

④连续往返航次租船，指船舶连续完成几个往返航次的运输任务，航程结束后，合同宣告结束。由于货方很难同时拥有较大数量的往程和回程货载，这种运输方式在实务中较少见。

2. **定期租船**（Time Charter）

定期租船，简称期租，是指按一定期限租赁船舶的方式，即由船东（船舶出租人）将船舶出租给租船人在规定期限内使用，在此期限内由租船人自行调度和经营管理。这种租船方式不以完成航次数为依据，而以约定使用的一段时间为限。在定期租船合同中，船舶出租人收取的租金按承租时间计算，并非按照货物的数量计算，承租人承担了船舶航速及货物装卸时间的风险。

3. **光船租船**（Demise or Bareboat Charter）

光船租船实际上是期租的一种派生方式，所不同的是，船东只提供一艘光船，船上没有船员，承租人接船后须自行配备船员，负责船舶的经营管理和航行的各项事宜。在这种租船方式下，承租人应负担除船舶资本费用以外的其他一切费用。

4. **包运租船**（Contract of Affreightment）

包运租船是指船舶所有人提供给承租人一定运力，在确定的港口之间，以事先约定的期限、航次周期和每航次较均等的货运量，完成运输合同规定总运量的方式。该种方式是20世纪70年代国际上新发展起来的一种租船方式，它所缔结的合同称为包运租船合同。

扫一扫

扫描二维码，查看集装箱班轮运输租船订舱的相关知识。

集装箱班轮运输租船订舱

思政提升

运价高居不下！沃尔玛租船当船东，以应对供应链危机！

2021年，Brett Biggs曾公开表示，当前电商货物需求不断增长，沃尔玛正在建立新的物流中心以满足这一需求。他强调供应链是当前面临的一个主要问题。

据悉，此前沃尔玛尚未披露更多关于租船远航的详细信息。如果后期沃尔玛的备货计划完成得差不多了，该项服务有可能开放给沃尔玛第三方卖家，甚至是其他跨境电商卖家。

值得一提的是，在此之前，亚马逊也迫于供应链压力，为保证准时交货，从一家中国台湾的船公司租入了一艘集装箱船，这艘船于2021年6月刚刚投入北美航线运营。

业内专家表示，沃尔玛和亚马逊此举是由于供应链中断持续威胁销售，也反映出当前海运市场极度缺乏运力。船公司优化整体航线布局、解决集装箱空箱调配、提供稳定可靠的班期、提升端到端服务水平等问题，才是稳定供应链的关键。

旺季降临，面对形势严峻的全球物流形势，跨境卖家在等待舱位的同时，不妨活用海外仓进行备货，多方预案以备突发状况。

作为当代青年人，都应该有风险意识，能积极发现大环境变化所引起的变化，从而提出有效的应对措施。

参考答案

步骤一：搜索船舶出租信息。

通过天天船舶网或者其他专业网站搜索船舶出租和求租信息。

需要查找5条供出租用的散货船信息。尽可能查出船舶的船名、建造时间、船级、总吨、净吨、载重吨、总长、型宽等基本信息，填写表3–3–2（见表3–3–5）。

表3–3–5　散货船及其基本信息

序号	散货船及其基本信息
1	船名：海洋阳光 建造时间：2018年 船级：LR1 总吨：5099吨 净吨：2023吨 载重吨：3076吨 总长：183米 型宽：32米
2	船名：东方之星 建造时间：2015年 船级：LR2 总吨：6993吨 净吨：3496吨 载重吨：5556吨 总长：229.5米 型宽：44.2米
3	船名：银河之舟 建造时间：2017年 船级：MR1 总吨：3796吨 净吨：1898吨 载重吨：2798吨 总长：177.8米 型宽：28米
4	船名：南方明珠 建造时间：2016年 船级：LR1 总吨：4980吨 净吨：2490吨 载重吨：3490吨 总长：185米 型宽：32米

续　表

序号	散货船及其基本信息
5	船名：海洋彩虹 建造时间：2018年 船级：MR2 总吨：5436吨 净吨：2718吨 载重吨：3798吨 总长：199.8米 型宽：30米

步骤二：分析四种租船方式。

（1）根据所学的内容，分析四种租船方式的主要特点、船舶的拥有权和支配权及合同性质，完成表3-3-3的填制（见表3-3-6）。

表3-3-6　四种租船方式

租船方式	主要特点	船舶的拥有权和支配权	合同性质
定程租船	船东配备船员，负责船舶的营运调度，负担船舶的固定及变动费用；运费按货物数量由双方商定；租船合同中要订明可用的装卸时间及计算方法（由承租人负责装卸）	均在船东	货物运输合同
定期租船	承租人多为大型企业且拥有稳定的货源；船东配备船员，但船长服从于承租人；承租人负责船舶的营运调度并负担船舶的变动费用，固定费用仍由船东负担；租金按租期、船舶载重吨由双方商定；租船合同须有交还船条款	船东、承租人	财产租赁与货物运输合同的混合形式
光船租船	船东提供一艘空船；由承租人配备船员，并经营船舶且负担一切费用；租金按租期、船舶载重吨由双方商定	均在承租人	财产租赁合同
包运租船	船舶所有人以一定的运力，在确定的港口间，按事先约定的时间、航次周期、每航次以较均等的货运量完成全部货运量的租船方式。类似于连续航次租船，两者的区别在于包运租船不固定船舶，因而有利于船东	船舶所有人	运输合同与船舶租赁合同的混合形式

（2）分析定程租船、定期租船、光船租船三种租船方式的负担项目。

操作步骤1：分析定程租船的负担项目。

> 船东负担的项目主要包括船员工资、船员伙食、船舶维修保养、物料供应及装备、淡水、船舶保险、船舶检验。承租人不负担其他项目。

操作步骤2：分析定期租船的负担项目。

船东负担的项目主要包括船员工资、船员伙食、船舶维修保养、物料供应及装备、船舶保险、船舶检验。承租人负担淡水。

操作步骤3：分析光船租船的负担项目。

船东负担的项目主要包括船舶保险、船舶检验。承租人负担船员工资、船员伙食、船舶维修保养、物料供应及装备、淡水。

操作步骤4：将前三个操作步骤分析的内容绘制成表格，如表3–3–4所示，分别在具体的负担项目后画上“√”（见表3–3–7）。

表3–3–7　　三种租船方式的负担项目

租船方式	定程租船		定期租船		光船租船	
负担项目	船东	承租人	船东	承租人	船东	承租人
船员工资	√		√			√
船员伙食	√		√			√
船舶维修保养	√		√			√
物料供应及装备	√		√			√
淡水	√			√		√
船舶保险	√		√		√	
船舶检验	√		√		√	

步骤三：组织租船运输业务。

（1）根据所学的内容初步确定运输方式。

海上运输经营方式有班轮运输和租船运输。其中，班轮运输适合于货流稳定、货种多、批量小的杂货运输；对于批量较大、货物价值相对较低的大宗散货而言，往往采用租船运输的方式。

（2）梳理租船运输业务流程。

①租船运输业务的第一步是租船询价（询价又称询盘）。此环节的主要业务操作如下。

在租船市场上，承租人为运输货物发出租用船舶信息或船东为承运货物发出可供出租船舶信息的做法。

询问是向对方发出船舶需求或船舶供给的意向，并通过船舶经纪人在租船市场寻找合适的租约对象。

承租人的询盘主要包括货物名称、种类、数量、包装、装运港、卸货港、装运期限以及租船方式、期望的租金水平等内容，船东的询盘主要包括船舶的船名、国籍、船级、船型、载重吨、适载货物、航行范围以及供租方式、租船期限等内容。

在询盘阶段，一般不进行具体的租船业务洽谈，主要目的是收集租船市场对询盘内容的反应，从中选择较合适的洽谈对象，为下一步业务洽谈做好准备。

②租船报价（报价又称发盘）。此环节的主要业务操作如下。

承租人或船东以询盘内容为基础，答复对方租船业务所涉及的主要条件的做法。发盘意味着发盘方对询盘方的询盘内容感兴趣，因此发盘的内容比询盘更仔细、更具体，同时也要考虑被对方接受的可能性。

③租船还价（还价又称还盘）。此环节的主要业务操作如下。

接受发盘的一方就发盘条件中不能接受的内容向发盘人提出修改条件或提出自己的新条件的做法。还盘表示还盘方有交易的兴趣，但不能或不愿接受对方的全部条件而提出进行讨价还价。

同样，发盘方也可以就还盘的内容进行讨价还价，这称为返还盘。还盘和返还盘通常要经过数次反复，直至双方达成一致的租船交易条件。

④接盘。此环节的主要业务操作如下。

船东、承租人双方中的一方向另一方表示接受各项租船条件并明确表示承兑的做法。接盘是租船业务的最后阶段，一旦接盘，表明租船业务成交，各项租船条件对船东、承租人双方均有法律效力。

⑤签署订租确认书。此环节的主要业务操作如下。

为明确双方议定的租船条件和各自的责任、义务，按照国际惯例通常还将双方在商洽租船业务中最终确定的主要租船条件逐一列明，签署订租确认书，由船东、承租人双方各持一份备查。

订租确认书主要包括以下内容：制定订租确认书的日期，船名（注明是否可代替），双方当事人的名称、地址，货物的名称、数量，装运港和受载期，卸货港，装运条款，运价或租金，计价货币和支付方式，所采用的租船合同范本的名称，其他特殊约定事项，双方当事人或代表人的签字。

⑥签署正式租船合同。此环节的主要业务操作如下。

船东、承租人双方签署订租确认书后，按照业务习惯，通常船东还按已达成协议的内容编制正式的租船合同，通过其经纪人送交承租人。

承租人收到正式合同后，要仔细审核，如有与原协议不符之处，应及时要求船东修改更正；如承租人没有异议，则可在正式租船合同上签字。

项目四　铁路货物运输操作

任务一　铁路货物运输概述

任务目标

通过本任务的学习，可以达成以下目标。

知识目标	1.掌握铁路运输的概念 2.熟悉铁路货物运输的种类
技能目标	1.能够说出铁路运输的优缺点 2.能够梳理铁路货物运输的种类及特点 3.能准确分析铁路货物运输的基本条件
思政目标	培养主动探索、勇于开拓的奋斗精神和精益求精的创新精神

任务发布

李丽以及新入职的同事完成了水路货物运输相关知识的学习，并且对公司的水路货运组织流程有了详细的了解。为了让新入职的同事能够更加全面地了解公司的运输业务，主管决定让李丽以及新入职的同事系统学习铁路货物运输管理相关知识。

假如你是李丽，请和你的同事一起来学习吧。

任务工单

铁路货物运输概述的任务计划如表4-1-1所示。

表4-1-1 铁路货物运输概述的任务计划

任务名称：	
组长：	组员：
任务分工：	
方法、工具：	
任务步骤：	

任务实施

步骤一：铁路运输优缺点分析。

通过网络查询的方式，分析总结铁路运输的优缺点，填写表4-1-2。

表4-1-2 铁路运输优缺点分析

优点	缺点

扫一扫

初步认识铁路运输

扫描二维码，初步认识铁路运输。

步骤二：铁路货物运输的种类分析。

（1）通过学习，李丽首先需要梳理出铁路货物运输的主要类别。

（2）根据第1步的内容，梳理各类货物的特点，并填写表4-1-3。

表4-1-3　　货物的特点

货物种类	特点

（3）李丽需结合所学的知识，列举出几种适宜铁路运输的货物。

适宜铁路运输的货物主要有：________________________________。

步骤三：铁路货物运输基本条件分析。

根据学习的知识，李丽知道铁路货物运输主要有铁路整车货物运输、铁路零担货物运输及铁路集装箱货物运输三大类，接下来，她需要分别总结不同类别的货物采用铁路货物运输的基本条件，并填写表4-1-4。

表4-1-4　　不同类别的货物采用铁路货物运输的基本条件

运输类别	基本条件
铁路整车货物运输	
铁路零担货物运输	
铁路集装箱货物运输	

任务反思

在完成任务的过程中，遇到了哪些问题？是如何解决的？

任务评价

学生互评表

<table>
<tr><td>班级</td><td></td><td>姓名</td><td></td><td>学号</td><td colspan="2"></td></tr>
<tr><td colspan="2">任务名称</td><td colspan="5">铁路货物运输概述</td></tr>
<tr><td colspan="2">评价项目（占比）</td><td colspan="3">评价标准</td><td>分值（分）</td><td>得分（分）</td></tr>
<tr><td colspan="2">考勤（10%）</td><td colspan="3">出勤情况（无故旷课、迟到、早退，出现一次扣10分；请假出现一次扣2分）</td><td>10</td><td></td></tr>
<tr><td rowspan="2">学习能力（10%）</td><td>合作学习能力</td><td colspan="3">小组合作参与程度（优6分，良4分，一般2分，未参与0分）</td><td>6</td><td></td></tr>
<tr><td>个人学习能力</td><td colspan="3">个人自主探究参与程度（优4分，良2分，未参与0分）</td><td>4</td><td></td></tr>
<tr><td rowspan="7">工作过程（60%）</td><td>铁路运输优缺点分析</td><td colspan="3">能准确列出铁路运输的优点及缺点（每错一处扣1分）</td><td>11</td><td></td></tr>
<tr><td rowspan="3">铁路货物运输的种类分析</td><td colspan="3">能列出铁路货物运输的主要类型（每错一处扣2分）</td><td>6</td><td></td></tr>
<tr><td colspan="3">能梳理各类货物的特点（每错一处扣3分）</td><td>9</td><td></td></tr>
<tr><td colspan="3">能列出适宜铁路运输的货物（每错一处扣2分）</td><td>10</td><td></td></tr>
<tr><td rowspan="3">铁路货物运输基本条件分析</td><td colspan="3">能准确列出铁路整车货物运输的基本条件（每错一处扣2分）</td><td>10</td><td></td></tr>
<tr><td colspan="3">能准确列出铁路零担货物运输的基本条件（每错一处扣2分）</td><td>8</td><td></td></tr>
<tr><td colspan="3">能准确列出铁路集装箱货物运输的基本条件（每错一处扣2分）</td><td>6</td><td></td></tr>
<tr><td rowspan="2">工作成果（20%）</td><td>完成情况</td><td colspan="3">能按规范及要求完成任务（未完成一处扣2分）</td><td>10</td><td></td></tr>
<tr><td>展示情况</td><td colspan="3">能准确展示铁路货物运输的主要类型及基本条件（失误一次扣5分）</td><td>10</td><td></td></tr>
<tr><td colspan="5">合计</td><td>100</td><td></td></tr>
</table>

教师评价表

任务名称	铁路货物运输概述							
授课信息								
班级		组别		姓名		学号		
评价项目（占比）		评价标准					分值（分）	得分（分）
考勤（10%）		出勤情况（无故旷课、迟到、早退，出现一次扣10分；请假出现一次扣2分）					10	
学习能力（10%）	合作学习能力	小组合作参与程度（优6分，良4分，一般2分，未参与0分）					6	
	个人学习能力	个人自主探究参与程度（优4分，良2分，未参与0分）					4	
工作过程（60%）	铁路运输优缺点分析	能准确列出铁路运输的优点及缺点（每错一处扣1分）					11	
	铁路货物运输的种类分析	能列出铁路货物运输的主要类型（每错一处扣2分）					6	
		能梳理各类货物的特点（每错一处扣3分）					9	
		能列出适宜铁路运输的货物（每错一处扣2分）					10	
	铁路货物运输基本条件分析	能准确列出铁路整车货物运输的基本条件（每错一处扣2分）					10	
		能准确列出铁路零担货物运输的基本条件（每错一处扣2分）					8	
		能准确列出铁路集装箱货物运输的基本条件（每错一处扣2分）					6	
工作成果（20%）	完成情况	能按规范及要求完成任务（未完成一处扣2分）					10	
	展示情况	能准确展示铁路货物运输的主要类型及基本条件（失误一次扣5分）					10	
合计							100	

知识学习

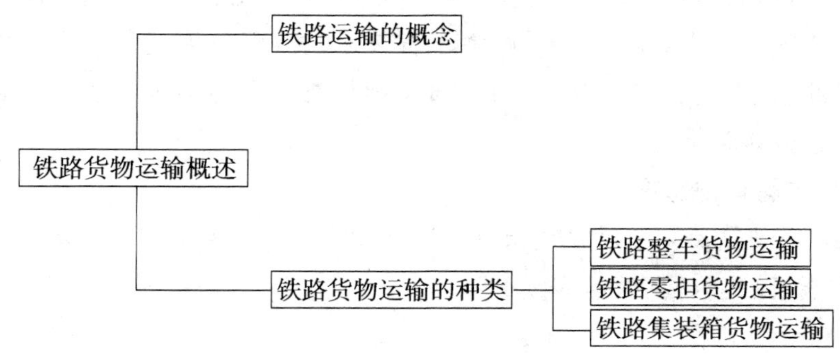

一、铁路运输的概念

铁路运输是从轨道运输发展起来的。铁路运输是利用机车作为动力牵引车辆，沿着轨道进行运输的方式。铁路运输主要承担长距离、大批量的货运任务，在没有水运的地区，大部分的大批量货物都依靠铁路运输，铁路运输是干线运输中起主力运输作用的运输形式。

扫一扫

中铁现代物流的现代物流之路

扫描二维码，思考：

1. 铁路建设背景给中铁现代物流带来了哪些优势？
2. 这些优势能够完全保障中铁现代物流的发展吗？

二、铁路货物运输的种类

铁路货物运输种类，即铁路货物运输方式。按照我国铁路技术装备条件，现行的铁路货物运输方式分为铁路整车货物运输、铁路零担货物运输和铁路集装箱货物运输。整车货物运输适于运输大宗货物，零担货物运输适于运输小批量的零星货物，集装箱货物运输则适于运输精密、贵重、易损的货物。

1. 铁路整车货物运输

按照货物重量、体积和形状，需要以一辆或一辆以上铁路货车运送的货物，可以按铁路整车货物运输办理。

2. 铁路零担货物运输

按照货物重量、体积和形状，不需要以一辆单独铁路货车运送，而且允许与其他货物配装的货物，可以按铁路零担货物运输办理。铁路零担货物运输在组织、管理、装卸作业等环节上，相对于铁路整车货物运输流程更为复杂，而且易受到其他一些运输条件的限制。零担货物分为普通零担货物、笨重零担货物、按零担办理的危险货物及零担易腐货物。

3. 铁路集装箱货物运输

凡能装入集装箱，并不对集装箱造成损坏的货物，以及规定可按集装箱运输的危险货物均可按铁路集装箱货物运输办理。

思政提升

中国铁路发展突破与科技创新成就

2023年1月13日，国家铁路局工作会议在北京召开。会议指出，铁路网规模质量大幅提升，有力支撑国家重大战略。“四纵四横”高速铁路主骨架全面建成，“八纵八横”高速铁路主通道和普速干线铁路加快建设，全国铁路营业里程从2012年的9.8万公里增长到2022年的15.5万公里，其中高铁从0.9万公里增长到4.2万公里，稳居世界第一。运输服务品质全面跃升，人民群众幸福感获得感不断增强。铁路客运周转量、货物发送量、货运周转量以及运输密度均居世界首位。

我国铁路方面的科研人员艰苦奋斗，成功解决了“多年冻土、高寒缺氧、生态脆弱”三大世界性工程难题，高原高寒铁路的技术攻坚更进一步。铁路实现了六次提速，已经掌握了设计、制造以适应各种运行需求的高速动车组列车成套技术。

作为新时代的新青年，一定要具有爱国情怀，要有实践出真知的意识，培养自身艰苦奋斗的精神，从而弘扬民族精神，传承民族文化，勇于开拓，力争精益求精。

参考答案

步骤一：铁路运输优缺点分析。

通过网络查询的方式，分析总结铁路运输的优缺点，填写表4–1–2（见表4–1–5）。

表4–1–5 铁路运输优缺点分析

优点	缺点
运输能力大	初期建设投资高
运输成本较低	运营缺乏弹性
受自然条件的限制较小	货损较高
运输到达时间准确性高	需要换载作业，难以实现门到门运输
有效使用土地	
污染较少	

步骤二：铁路货物运输的种类分析。

（1）通过学习，李丽首先需要梳理出铁路货物运输的主要类型。

> 铁路货物运输的主要类型：铁路整车货物运输、铁路零担货物运输、铁路集装箱货物运输。

（2）根据第1步的内容，梳理各类货物的特点，并填写表4–1–3（见表4–1–6）。

表4–1–6　货物的特点

货物种类	特点
整车货物	按照货物重量、体积和形状，需要以一辆或一辆以上铁路货车运送的货物
零担货物	按照货物重量、体积和形状，不需要以一辆单独铁路货车运送，而且允许与其他货物配装的货物
集装箱货物	能装入集装箱，并不对集装箱造成损坏的货物，以及规定可按集装箱运输的危险货物

（3）李丽需结合所学的知识，列举出几种适宜铁路运输的货物。

适宜铁路运输的货物主要有：煤、粮食、木材、钢材。

步骤三：铁路货物运输基本条件分析。

根据学习的知识，李丽知道铁路货物运输主要有铁路整车货物运输、铁路零担货物运输及铁路集装箱货物运输三大类，接下来，她需要分别总结不同类别的货物采用铁路货物运输的基本条件，并填写表4–1–4（见表4–1–7）。

表4–1–7　不同类别的货物采用铁路货物运输的基本条件

运输类别	基本条件
铁路整车货物运输	①以每一车组为一批； ②原则上应按件数和重量承运货物，但是对于散装、堆装货物，规格、件数过多，在装卸作业中难以点清件数时，则只按重量承运，不计算件数； ③货物重量由托运人确定； ④视特殊情况而定，允许托运人派人押运； ⑤允许在铁路专用线内装车或卸车
铁路零担货物运输	①每件零担货物体积不得小于0.02立方米； ②一件货物的重量在10千克以上时，可以考虑体积限制； ③一批零担货物的件数不得超过300件； ④一般情况下不允许派押运人
铁路集装箱货物运输	①每批必须是同一箱型，使用不同箱型的货物不得按一批托运； ②货物重量由托运人确定； ③铁路集装箱货物运输按箱承运，不查点箱内货物

任务二　铁路货物运输业务操作

任务目标

通过本任务的学习，可以达成以下目标。

知识目标	1.掌握铁路货物运输合同的含义和内容 2.熟悉铁路货物运输业务程序
技能目标	1.能够填制铁路货物运输服务订单 2.能够梳理铁路货物运输合同各方的权利和义务 3.能准确梳理铁路货物运输业务程序
思政目标	培养前瞻意识、为人民服务的责任意识及团队合作的精神

任务发布

通过上一个任务的学习，李丽已经对铁路货物运输的基础知识有了初步的了解。为了让李丽能够快速地适应后续的工作，主管要求李丽对铁路货物运输的合同及铁路货物运输的整个业务流程有系统的理解。

假如你是李丽，请和你的同事一起来学习吧。

任务工单

铁路货物运输业务操作的任务计划如表4-2-1所示。

表4-2-1　　铁路货物运输业务操作的任务计划

任务名称：	
组长：	组员：
任务分工：	
方法、工具：	

续 表

<table>
<tr><td>任务步骤：</td></tr>
</table>

扫一扫

铁路货场站台

扫描二维码，了解铁路货场站台。

任务实施

步骤一：认识铁路货物运输服务订单。

（1）认识铁路货物运输服务订单（整车）。

铁路整车货物运输时，托运人在交运货物时，还应向承运人按批提交货物运输服务订单，该单据作为运输合同的组成部分。

请将铁路货物运输服务订单（整车）的相关内容项补充完整，如表4-2-2所示。

表4-2-2　　铁路货物运输服务订单（整车）

年　　　月

<table>
<tr><td colspan="5" rowspan="2">提表时间：　年　月　日
要求运输时间：
受理号码：</td><td colspan="3">发　站</td><td colspan="9">名称　　　略号</td></tr>
<tr><td colspan="3">发货单位盖章</td><td colspan="9">省/部名称________代号________
发货单位名称________代号________
地址________电话________</td></tr>
<tr><td rowspan="2">序号</td><td colspan="3">到局：　代号：</td><td colspan="4">收货单位</td><td colspan="3">货物</td><td rowspan="3"></td><td rowspan="3">特征代号</td><td rowspan="3"></td><td rowspan="3"></td><td rowspan="3"></td><td rowspan="3">备注</td></tr>
<tr><td rowspan="2"></td><td rowspan="2"></td><td rowspan="2"></td><td colspan="2">省/部</td><td rowspan="2">名称</td><td rowspan="2">代号</td><td colspan="2"></td><td rowspan="2"></td></tr>
<tr><td></td><td>名称</td><td>代号</td><td></td><td></td></tr>
<tr><td></td><td></td><td></td><td></td><td></td><td></td><td></td><td></td><td></td><td></td><td></td><td></td><td></td><td></td><td></td><td></td><td></td></tr>
</table>

续 表

序号	到局： 代号：			收货单位				货物				特征代号				备注
				省/部		名称	代号									
				名称	代号											

供托运人自愿选择的服务项目（由托运人填写，需要的项目打√）

☐1.______ ☐5.______

☐2.______ ☐6.______

☐3.______ ☐7.______

☐4.______ ☐8.______

说明或其他要求事项

☐报价运输

年 月 日

（2）认识铁路货物运输服务订单（零担、集装箱）。

一般来说，零担货物运输、集装箱货物运输以货物运单作为运输合同，承运人在托运人提出的货物运单上加盖车站日期戳后，合同即告成立。

请将铁路货物运输服务订单（零担、集装箱）的相关内容项补充完整，如表4-2-3所示。

表4-2-3　铁路货物运输服务订单（零担、集装箱）

年　　月

托运人 地　址 电　话　　邮编				收货人 地　址 电　话　　邮编			
发站		到站（局）		车种/车数		箱型/箱数	

______日期　月　日前或______日期　月　日　　付款方式

供托运人/收货人自愿选择的服务项目（由托运人/收货人填写，需要的项目打√）

☐1.______ ☐5.______

☐2.______ ☐6.______

☐3.______ ☐7.______

☐4.______ ☐8.______

说明或其他要求事项　　☐报价运输

______元，具体项目、金额列后：

序号	项目名称	单位	数量	收费标准	金额（元）	序号	项目名称	单位	数量	收费标准	金额（元）

托运人/收货人签章 年　月　日	承运人签章 年　月　日	车站指定装车日期及货位

步骤二：梳理铁路货物运输合同各方的权利与义务。

（1）在表4–2–4中梳理铁路货物运输合同中托运人的权利与义务。

表4–2–4　托运人的权利与义务

序号	权利	义务
1		
2		
3		
4		

（2）在4–2–5中梳理铁路货物运输合同中承运人的权利与义务。

表4–2–5　承运人的权利与义务

序号	权利	义务
1		
2		
3		
4		

（3）在表4–2–6中梳理铁路货物运输合同中收货人的权利与义务。

表4–2–6　收货人的权利与义务

序号	权利	义务
1		
2		

扫一扫

铁路货物运输合同案例

扫描二维码，查看铁路货物运输合同案例。

步骤三：梳理铁路货物运输业务流程。

操作步骤1：铁路货物发送作业。

梳理铁路货物发送作业的业务环节及各环节的核心操作。

①业务环节1：货物的托运与受理。

②业务环节2：进货与验货。

③业务环节3：填制货票。

④业务环节4：货物的承运。

操作步骤2：铁路货物途中作业。

梳理铁路货物途中作业的作业环节及各环节的核心操作。

①业务环节1：货运合同的变更。

②业务环节2：货运合同的解除。

③业务环节3：货运合同变更和解除的处理。

操作步骤3：铁路货物到达作业。

梳理铁路货物到达作业的业务内容及作业方式。

①梳理铁路货物到达作业的业务内容。

②货物到达后，有三种作业方式，即货物暂存、票据支付及现货支付，请梳理出各作业方式的核心内容。

a.货物暂存。

b.票据支付。

c.现货支付。

任务反思

在完成任务的过程中，遇到了哪些问题？是如何解决的？

任务评价

学生互评表

班级		姓名		学号	
任务名称		铁路货物运输业务操作			
评价项目（占比）		评价标准		分值（分）	得分（分）
考勤（10%）		出勤情况（无故旷课、迟到、早退，出现一次扣10分；请假出现一次扣2分）		10	
学习能力（10%）	合作学习能力	小组合作参与程度（优6分，良4分，一般2分，未参与0分）		6	
	个人学习能力	个人自主探究参与程度（优4分，良2分，未参与0分）		4	
工作过程（60%）	认识铁路货物运输服务订单	能准确填制铁路货物运输服务订单（整车）（每错一处扣0.5分）		6	
		能准确填制铁路货物运输服务订单（零担、集装箱）（每错一处扣0.5分）		5	
	梳理铁路货物运输合同各方的权利与义务	能准确列出铁路货物运输合同中托运人的权利与义务（每错一处扣1分）		6	
		能准确列出铁路货物运输合同中承运人的权利与义务（每错一处扣1分）		6	
		能准确列出铁路货物运输合同中收货人的权利与义务（每错一处扣1分）		4	
	梳理铁路货物运输业务流程	能准确梳理铁路货物发送作业的业务环节及各环节的核心操作（每错一处扣3分）		12	
		能准确梳理铁路货物途中作业的业务环节及各环节的核心操作（每错一处扣3分）		9	
		能准确梳理铁路货物到达作业的业务内容及作业方式（每错一处扣3分）		12	
工作成果（20%）	完成情况	能按规范及要求完成任务（未完成一处扣2分）		10	
	展示情况	能准确展示填制的铁路货物运输服务订单，展示梳理的铁路货物运输业务流程及铁路货物运输中各方的权利和义务（失误一次扣5分）		10	
合计				100	

教师评价表

<table>
<tr><td>任务名称</td><td colspan="7">铁路货物运输业务操作</td></tr>
<tr><td>授课信息</td><td colspan="7"></td></tr>
<tr><td>班级</td><td></td><td>组别</td><td></td><td>姓名</td><td></td><td>学号</td><td></td></tr>
<tr><td colspan="2">评价项目（占比）</td><td colspan="4">评价标准</td><td>分值（分）</td><td>得分（分）</td></tr>
<tr><td colspan="2">考勤（10%）</td><td colspan="4">出勤情况（无故旷课、迟到、早退，出现一次扣10分；请假出现一次扣2分）</td><td>10</td><td></td></tr>
<tr><td rowspan="2">学习能力（10%）</td><td>合作学习能力</td><td colspan="4">小组合作参与程度（优6分，良4分，一般2分，未参与0分）</td><td>6</td><td></td></tr>
<tr><td>个人学习能力</td><td colspan="4">个人自主探究参与程度（优4分，良2分，未参与0分）</td><td>4</td><td></td></tr>
<tr><td rowspan="8">工作过程（60%）</td><td rowspan="2">认识铁路货物运输服务订单</td><td colspan="4">能准确填制铁路货物运输服务订单（整车）（每错一处扣0.5分）</td><td>6</td><td></td></tr>
<tr><td colspan="4">能准确填制铁路货物运输服务订单（零担、集装箱）（每错一处扣0.5分）</td><td>5</td><td></td></tr>
<tr><td rowspan="3">梳理铁路货物运输合同各方的权利与义务</td><td colspan="4">能准确列出铁路货物运输合同中托运人的权利与义务（每错一处扣1分）</td><td>6</td><td></td></tr>
<tr><td colspan="4">能准确列出铁路货物运输合同中承运人的权利与义务（每错一处扣1分）</td><td>6</td><td></td></tr>
<tr><td colspan="4">能准确列出铁路货物运输合同中收货人的权利与义务（每错一处扣1分）</td><td>4</td><td></td></tr>
<tr><td rowspan="3">梳理铁路货物运输业务流程</td><td colspan="4">能准确梳理铁路货物发送作业的业务环节及各环节的核心操作（每错一处扣3分）</td><td>12</td><td></td></tr>
<tr><td colspan="4">能准确梳理铁路货物途中作业的业务环节及各环节的核心操作（每错一处扣3分）</td><td>9</td><td></td></tr>
<tr><td colspan="4">能准确梳理铁路货物到达作业的业务内容及作业方式（每错一处扣3分）</td><td>12</td><td></td></tr>
<tr><td rowspan="2">工作成果（20%）</td><td>完成情况</td><td colspan="4">能按规范及要求完成任务（未完成一处扣2分）</td><td>10</td><td></td></tr>
<tr><td>展示情况</td><td colspan="4">能准确展示填制的铁路货物运输服务订单，展示梳理的铁路货物运输业务流程及铁路货物运输中各方的权利和义务（失误一次扣5分）</td><td>10</td><td></td></tr>
<tr><td colspan="6">合计</td><td>100</td><td></td></tr>
</table>

知识学习

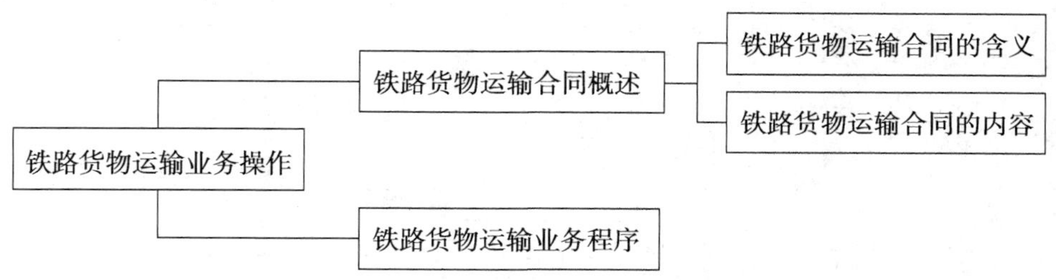

一、铁路货物运输合同概述

1. 铁路货物运输合同的含义

铁路货物运输合同是铁路承运人将货物从起运地点以铁路运输的方式，运输到约定地点，托运人或者收货人支付运输费用的合同。

托运人利用铁路运输货物，应与承运人签订货物运输合同。铁路运输部门可以与企业、农村经济组织、国家机关、事业单位、社会团体等法人签订货物运输合同，也可以与个体经营户、个人签订货物运输合同。

2. 铁路货物运输合同的内容

按年度、半年度、季度或月度签订的货物运输合同，应载明下列基本内容。

（1）托运人和收货人的名称。

（2）承运人的名称。

（3）托运货物的名称、数量、重量。

（4）托运货物的包装要求。

（5）起运地点。

（6）到达地点。

（7）运输方式。

（8）托运人的义务。

（9）承运人的义务。

（10）违约责任。

（11）双方约定的其他事项。

二、铁路货物运输业务程序

货物运输业务可通过货运电子商务系统、95306电话、货运营业场所受理服务电话等办理，也可由客服人员上门受理。货物接取、送达，车站作业等全程服务内容见铁路货物运输业务程序图，如图4-2-1所示。

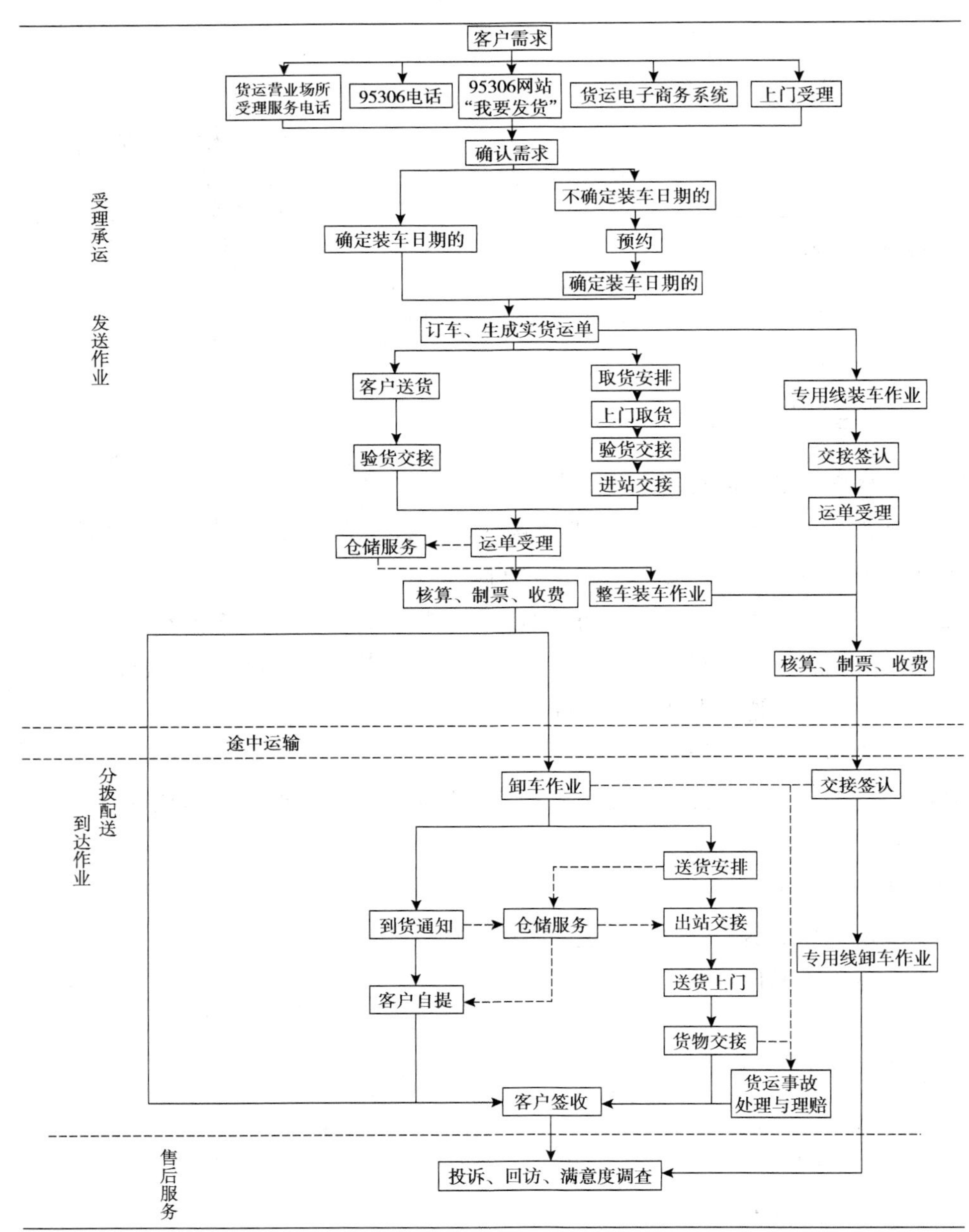

图4-2-1　铁路货物运输业务程序图

思政提升

铁路货运上量，强劲助推社会经济发展

2022年铁路货运量稳定增长，强劲助推社会经济发展。铁路是大宗物资长距离运

输的主力，深受各大企业、客户的青睐。为此，中国国家铁路集团有限公司（简称国铁集团）围绕社会经济发展对货物运输的需求，针对季节特点，采取有效措施，确保货物运输稳定上量，采取措施确保物资运输到位，满足百姓节日生活需求。春运期间，铁路部门充分运用路网扩充增长的运输能力，统筹春运旅客运输和货物运输运力安排，科学安排客货列车开行结构，全力保障节日生活物资，有力保障了群众过节所需。可以说，铁路部门发挥铁路联运协作优势，深入推进货运增量行动，较好满足了货运市场需求，有力保障了节日重点物资运输需求和国民经济平稳运行，取得了良好开局。

打通煤炭供应运输通道，确保百姓过暖冬。铁路电煤运输，不仅要保持量足，而且要根据情况随时调整。为此，国铁集团及所属各铁路局集团公司分别对接各省市政府经济运行部门，了解电煤运输需求，科学制定春节期间运输方案。国铁集团“保供办”加强值班和日常盯控，密切关注各大电厂电煤供、耗、存情况，加强动态统筹协调。对保障北京冬奥会、冬残奥会用电需求的冀北地区23家电厂，以及河南19家电厂、山东17家电厂进行精准保供。针对山东、江苏地区18家电厂存煤可耗天数相对较低的情况，组织点对点精准保供运输。这些想为百姓所想、急为百姓所急的暖心服务举措，为广大人民群众温暖过冬、祥和过节提供了坚实保障，彰显了人民铁路为人民服务的责任担当。

火车动起来，经济发展起来。一列列货运班列仿佛纽带有力拉伸，迸发出带动社会经济发展的强劲力量。铁路货运保持稳定增长的良好态势，交出了一份亮丽的铁路运输经营成绩单，让中国经济的航船风雨无阻向前进。

人才强，则中国强；政策强，则发展强。作为当代青年，无论在做任何决定时，我们都要有前瞻性，要有为人民服务的责任意识，同时要不断提升自身的团队合作能力。

参考答案

步骤一：认识铁路货物运输服务订单。

（1）认识铁路货物运输服务订单（整车）。

铁路整车货物运输时，托运人在交运货物时，还应向承运人按批提交货物运输服务订单，该单据作为运输合同的组成部分。

请将铁路货物运输服务订单（整车）的相关内容项补充完整，如表4-2-2所示（见表4-2-7）。

（2）认识铁路货物运输服务订单（零担、集装箱）。

一般来说，零担货物运输、集装箱货物运输以货物运单作为运输合同，承运人在托运人提出的货物运单上加盖车站日期戳后，合同即告成立。

请将铁路货物运输服务订单（零担、集装箱）的相关内容项补充完整，如表4-2-3所示（见表4-2-8）。

表4-2-7　　　铁路货物运输服务订单（整车）

年　　　　月

提表时间：　年　月　日 要求运输时间： 受理号码：	发　站	名称　　　　略号
	发货单位盖章	省/部名称________代号________ 发货单位名称________代号________ 地址________电话________

序号	到局：　代号：			收货单位				货物			车数	特征代号	换装港	终到港	报价/（元/吨）/（元/车）	备注
	到站	到站电报略号	专用线名称	省/部		名称	代号	品名		吨数						
				名称	代号			名称	代码							

供托运人自愿选择的服务项目（由托运人填写，需要的项目打√）	说明或其他要求事项	承运人盖章
□1. 发送综合服务　□5. 清运、消纳垃圾 □2. 到达综合服务　□6. 代购、代加工装载加固材料 □3. 仓储保管　□7. 代对货物进行包装 □4. 篷布服务　□8. 代办一关三检手续	□报价运输	年　月　日

表4-2-8　　　铁路货物运输服务订单（零担、集装箱）

年　　　　月

托运人 地　址 电　话　　　　邮编			收货人 地　址 电　话　　　　邮编		
发站		到站（局）	车种/车数		箱型/箱数
装货地点			卸货地点		
货物品名	品名代码	货物价值	件数	货物重量	体积
要求发站装车日期　　月　　日前或班列车次　　日期　　月　　日					付款方式

供托运人/收货人自愿选择的服务项目（由托运人/收货人填写，需要的项目打√）

□1. 发送综合服务　□5. 清运、消纳垃圾

□2. 到达综合服务　□6. 代购、代加工装载加固材料

□3. 仓储保管　□7. 代对货物进行包装

□4. 篷布服务　□8. 代办一关三检手续

说明或其他要求事项　　　　□报价运输

托运人报价　　　元，具体项目、金额列后：

序号	项目名称	单位	数量	收费标准	金额（元）	序号	项目名称	单位	数量	收费标准	金额（元）

托运人/收货人签章 年　月　日	承运人签章 年　月　日	车站指定装车日期及货位

步骤二：梳理铁路货物运输合同各方的权利与义务。

（1）在表4-2-4中梳理铁路货物运输合同中托运人的权利与义务（见表4-2-9）。

表4-2-9　　托运人的权利与义务

序号	权利	义务
1	有权要求铁路运输企业按照合同约定的期限和到达站将货物完整无损地运达约定地点，交给收货人	按照货物运输合同约定的时间和要求向铁路运输企业交付托运的货物
2	由于铁路运输企业的责任造成货损、货差或逾期运到时，有权要求承运人支付违约金、赔偿金	按规定向铁路运输企业支付运费杂费，按国家规定包装标准或行业包装标准的要求包装货物
3		合同约定自行装货时，按照作业规程按时完成装卸作业
4		如实填报货物运单和物品清单

（2）在表4-2-5中梳理铁路货物运输合同中承运人的权利与义务（见表4-2-10）。

表4-2-10　　承运人的权利与义务

序号	权利	义务
1	有权依照合同规定，向托运人收取运费、杂费	将承运的货物按照合同规定的期限完整、无损地运至到达站
2	有权对所承运货物的品名、重量、数量进行检查	因承运人责任造成货损、货差时，有义务承担赔偿责任
3	由于托运人或收货人的责任，给铁路运输企业造成财产损失的，有权要求托运人或收货人赔偿	
4	有权对逾期无法交付的货物按规定处理	

（3）在表4-2-6中梳理铁路货物运输合同中收货人的权利与义务（见表4-2-11）。

表4-2-11　　收货人的权利与义务

序号	权利	义务
1	依据托运人交付的领货凭证或能够证明其收货人身份的证明文件，领取货物，发现运单与实际不符时，有权查询	按照约定期限，及时领取货物，逾期领取时，有义务向铁路运输企业交付保管费
2	发现货物短少、损坏时，有权要求赔偿	有义务支付托运人未付或少付的运费和其他费用

步骤三：梳理铁路货物运输业务流程。

操作步骤1：铁路货物发送作业。

梳理铁路货物发送作业的业务环节及各环节的核心操作。

①业务环节1：货物的托运与受理。

a.托运：托运人向承运人提出运输要求，称为货物的托运。所托运的货物应符合一批的要求，托运人向车站按批提交货物运输服务订单，且货物已准备就绪，随时可以移交承运人。b.受理：车站对托运人提交的货物运输服务订单，经审查符合运输要求，在货物运输服务订单上签上货物搬入或装车日期后，即为受理。

②业务环节2：进货与验货。

a.进货：托运人凭签证后的货物运输服务订单，按指定日期将货物搬入货场指定的货位即为进货。b.验货：验货是为了保证货物运输安全、完整，以及划清承运人与托运人之间的责任。验货的内容主要有以下几项：货物的名称、件数、重量是否与货物运输服务订单的记载相符；货物的状态是否良好；货物的运输包装和标记及加固材料是否符合规定；货物的标记（货签）是否齐全、正确；装载整车货物所需要的货车装备物品或加固材料是否齐备。

③业务环节3：填制货票。

整车货物装车后（零担货物过完秤/集装箱货物装箱后），货运员将签收的货物运输服务订单移交货运室填制货票，核收运杂费。

④业务环节4：货物的承运。

零担运输和集装箱运输的货物由发站接收完毕，或者整车货物装车完毕，发站在货物运单上加盖车站日期戳时起，即为承运。承运是承运人与托运人划分责任的时间界限，承运也标志着货物正式进入运输过程。

操作步骤2：铁路货物途中作业。

梳理铁路货物途中作业的业务环节及各环节的核心操作。

①业务环节1：货运合同的变更。

a.变更到站：货物已经装车挂运，托运人或收货人可按批向货物所在的中途站或到站提出变更到站申请。b.变更收货人：货物已经装车挂运，托运人或收货人可按批向货物所在的中途站或到站提出变更收货人申请。

②业务环节2：货运合同的解除。

整车货物和大型集装箱货物在承运后、挂运前，零担货物和其他型集装箱货物在承运后、装车前，托运人可向发站提出取消托运申请，经承运人同意，货运合同即告解除。承运人按照托运人请求取消托运后，不再负有向原收货人交付货物的义务，并对收货人没有告知的义务。解除合同后，发站退还全部运费与押运人乘车费，但特种车使用费和冷藏车的回送费不退。此外，托运人还应按规定支付变更手续费、保管费等费用。

③业务环节3：货运合同变更和解除的处理。

托运人或收货人要求变更或解除合同时，应提出领货凭证和货物运输变更要求书，不能提出领货凭证时，应提出其他有效证明文件，即领货凭证以外的能够证明其是运输合同当事人的书面文件，如单位介绍信等，并在货物运输变更要求书内注明。提出领货凭证是为了防止出现托运人要求铁路部门办理变更，而原收货人又持领货凭证向铁路部门要求交付货物的矛盾。

操作步骤3：铁路货物到达作业。

梳理铁路货物到达作业的业务内容及作业方式。

①梳理铁路货物到达作业的业务内容。

货物到达作业也就是货物在到站进行的货运作业，包括：收货人向到站缴费、领货、接收货物运输服务订单，与到站共同完成交付手续；到站向收货人发出货物催领通知，接受到货查询、收费、交货、交单，与收货人共同完成交付手续；由铁路运输部门组织卸车或收货人自己组织卸车，到站向收货人交付货物或办理交接手续，到达列车乘务员与到站人员交接。

②货物到达后，有三种作业方式，即货物暂存、票据支付及现货支付，请梳理出各作业方式的核心内容。

a.货物暂存。

对到达的货物，收货人有义务及时将货物搬出，铁路运输部门也有义务提供一定的免费保管期间，以便收货人安排搬运车辆，办理仓储手续。

b.票据支付。

收货人持领货凭证和规定的证件到货运室办理货物领取手续，在支付费用并在货票联盖章或签字后，留下领货凭证，货运室工作人员在货物运输服务订单和货票上加盖到站支付日期戳，然后将货物运输服务订单交给收货人，收货人凭此领取货物。

c.现货支付。

现货支付即承运人向收货人点交货物。收货人持货运室交回的货物运输服务订单到货物存放地点领取货物，货运员向收货人点交货物完毕后，在货物运输服务订单上加盖“货物交讫”戳记，并记明交付完毕的时间，然后将货物运输服务订单交还给收货人，收货人凭此将货物搬出货场。

任务三　铁路货物运输费用计算

任务目标

通过本任务的学习，可以达成以下目标。

知识目标	1.掌握铁路货物运价的种类 2.掌握铁路货物运输费用的计算程序 3.掌握铁路运费核算的主要项目及计算公式
技能目标	1.能够准确查阅《货物运价里程表》 2.能够结合任务内容准确计算铁路货物运输费用
思政目标	培养规范意识、成本节约意识

任务发布

基于前面内容的学习，李丽已经掌握了铁路货物运输业务的基本知识，主管给李丽布置了以下两个任务。

任务一：兰州西站发银川站一批铁矿石，重24吨，用一辆50吨货车装运，查《货物运价里程表》兰州西站—银川站运价里程为479千米，需要计算该批货物的运费。

任务二：广安门发包头车站灯管4件，重46千克，货物每件长1米，宽0.35米，高0.16米，经查得，广安门至包头运价里程为798千米，灯管零担运价号为22号，试计算运费。

任务工单

铁路货物运输费用计算的任务计划如表4-3-1所示。

表4-3-1　　铁路货物运输费用计算的任务计划

任务名称：	
组长：	组员：
任务分工：	

续　表

方法、工具：
任务步骤：

任务实施

步骤一：兰州西站发银川站运费计算。

（1）判别铁路运费计算类别。

李丽根据任务内容，分析货物属性及货物重量，判定该批货物运输为________________。

（2）计算运费。

操作步骤1：确定计费重量。

结合任务内容，该批货物的计费重量为____吨。

操作步骤2：确定运价号。

李丽通过查询《铁路货物运输品名检查表》，可知铁矿石的运价号为____号。

操作步骤3：确定发到基价和运行基价。

李丽通过查询_________，可得铁矿石的发到基价为_________，运行基价为____________。

操作步骤4：计算运费。

铁路整车货物运费计算公式为：____。

根据公式，计算出铁矿石的运费为：_____________________________________。

步骤二：广安门发包头车站运费计算。

（1）判别铁路运费计算类别。

李丽根据任务内容，分析货物属性及货物重量，判定该批货物运输为________________。

（2）计算运费。

操作步骤1：确定发到基价和运行基价。

查运价率表，运价号为22号的发到基价为______________，运行基价为____________。

操作步骤2：确定计费重量。

从任务中可知，该批货物的体积为____________，折合重量为____________。因此，其计费重量为________。

操作步骤3：确定发到运费。

根据任务信息，可知发到运费=____________=____________，运行运费=____________，因此，其总运费为____________。

任务反思

在完成任务的过程中，遇到了哪些问题？是如何解决的？

任务评价

学生互评表

班级		姓名		学号	
任务名称		铁路货物运输费用计算			
评价项目（占比）		评价标准		分值（分）	得分（分）
考勤（10%）		出勤情况（无故旷课、迟到、早退，出现一次扣10分；请假出现一次扣2分）		10	
学习能力（10%）	合作学习能力	小组合作参与程度（优6分，良4分，一般2分，未参与0分）		6	
	个人学习能力	个人自主探究参与程度（优4分，良2分，未参与0分）		4	
工作过程（60%）	兰州西站发银川站运费计算	能准确判断具体铁路货物运输费用的计算类别（每错一处扣2.5分）		2.5	
		能准确计算该批货物的计费重量（每错一处扣5分）		5	

续　表

评价项目（占比）		评价标准	分值（分）	得分（分）
工作过程（60%）	兰州西站发银川站运费计算	能基于《铁路货物运输品名检查表》确定铁矿石的运价号（每错一处扣5分）	5	
		能基于《铁路货物运价率表》准确查询铁矿石的发到基价和运行基价（每错一处扣2.5分）	5	
		能根据具体的公式准确计算运输该批铁矿石的总运费（每错一处扣10分）	10	
	广安门发包头车站运费计算	能准确判断具体铁路运输货物运费的计算类别（每错一处扣2.5分）	2.5	
		能基于《铁路货物运价率表》确定该批货物的发到基价和运行基价（每错一处扣5分）	10	
		能确定该批货物的计费重量（每错一处扣5分）	5	
		能准确计算该批货物的发到运费、运行运费及总运费（每错一处扣5分）	15	
工作成果（20%）	完成情况	能按规范及要求完成任务（未完成一处扣2分）	10	
	展示情况	能准确展示正确的铁路运输运费计算结果（失误一次扣5分）	10	
合计			100	

教师评价表

任务名称	铁路货物运输费用计算						
授课信息							
班级		组别		姓名		学号	

评价项目（占比）		评价标准	分值（分）	得分（分）
考勤（10%）		出勤情况（无故旷课、迟到、早退，出现一次扣10分；请假出现一次扣2分）	10	
学习能力（10%）	合作学习能力	小组合作参与程度（优6分，良4分，一般2分，未参与0分）	6	
	个人学习能力	个人自主探究参与程度（优4分，良2分，未参与0分）	4	

续 表

评价项目（占比）		评价标准	分值（分）	得分（分）
工作过程（60%）	兰州西站发银川站运费计算	能准确判断具体铁路货物运输费用的计算类别（每错一处扣2.5分）	2.5	
		能准确计算该批货物的计费重量（每错一处扣5分）	5	
		能基于《铁路货物运输品名检查表》确定铁矿石的运价号（每错一处扣5分）	5	
		能基于《铁路货物运价率表》准确查询铁矿石的发到基价和运行基价（每错一处扣2.5分）	5	
		能根据具体的公式准确计算运输该批铁矿石的总运费（每错一处扣10分）	10	
	广安门发包头车站运费计算	能准确判断具体铁路运输货物运费的计算类别（每错一处扣2.5分）	2.5	
		能基于《铁路货物运价率表》确定该批货物的发到基价和运行基价（每错一处扣5分）	10	
		能确定该批货物的计费重量（每错一处扣5分）	5	
		能准确计算该批货物的发到运费、运行运费及总运费（每错一处扣5分）	15	
工作成果（20%）	完成情况	能按规范及要求完成任务（未完成一处扣2分）	10	
	展示情况	能准确展示正确的铁路运输运费计算结果（失误一次扣5分）	10	
合计			100	

知识学习

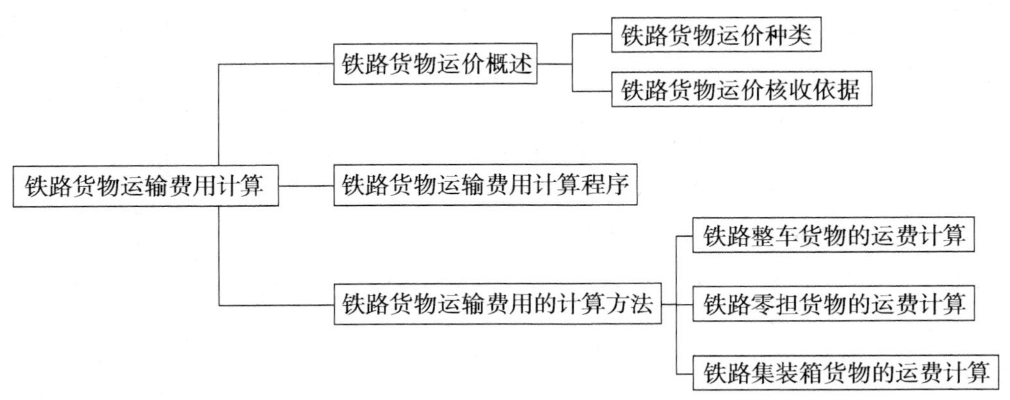

一、铁路货物运价概述

1. 铁路货物运价种类

铁路货物运价种类包括普通运价、特定运价、铁路建设基金、货运杂费、违约金（超载违约金、捏报货物品名违约金、运杂费迟交违约金、运到逾期违约金）等。这里仅对普通运价和特定运价进行简单介绍。

（1）普通运价。

普通运价指在全路正式营业线上都适用的统一运价，是货物运价的基本形式。一般包括按运输货物种类区别的运价、按运输距离区别的运价、按运输条件区别的运价。

（2）特定运价。

特定运价主要是针对某些特殊商品或者特殊的时间，在特殊的运输范围内使用的一种运价。分为优惠运价和提高运价。

2. 铁路货物运价核收依据

计算铁路货物运输费用依据的基本规章是《铁路货物运价规则》及其附件，它规定了计算货物运输费用的基本条件，各种货物运输使用的运价号、运价率，各种杂费的核收办法、费率及运价里程的计算方法等。铁路货物运输的承运人、托运人、收货人必须遵守《铁路货物运价规则》，铁路营业线的货物运输，除军事运输、水陆联运、国际铁路联运过境运输及其他另有规定者外，均要按照该运价规则计算货物的运输费用。

《铁路货物运价规则》包含《铁路货物运输品名分类与代码表》《铁路货物运输品名检查表》《铁路货物运价率表》及《货物运价里程表》4个附件。

另外，《铁路货物运价规则》包含3个附录：附录一为《铁路电气化附加费核收办法》；附录二为《新路新价均摊运费核收办法》；附录三为《铁路建设基金计算核收办法》。

二、铁路货物运输费用计算程序

（1）根据《货物运价里程表》查出发站至到站的运价里程。

（2）从《铁路货物运输品名分类与代码表》和《铁路货物运输品名检查表》查出该品名的适用运价号。常用的铁路货物运输整车品名分类与运价号如表4–3–2所示。

表4–3–2　　常用的铁路货物运输整车品名分类与运价号

货物品名	运价号	货物品名	运价号	货物品名	运价号
原煤	4	洗精煤	5	水泥轨枕	5
尿素（化肥）	4	粮食种子	4	食盐	2

续 表

货物品名	运价号	货物品名	运价号	货物品名	运价号
钢材	5	渣油	6	汽油	6
原油	6	铝锭	5	硅铁	5
电石	5	氮	5	腐朽木材	5
焦炭	5	输送机械设备	6	白糖	5
彩色纸	5	卷烟	5	烟叶	5
苹果	5	土豆	4	石膏	2

（3）按适用的货物运价号，计算出货物单位重量（单位：整车为吨，零担为10千克，集装箱为箱）的运费；单位重量运费与货物总重量相乘，即为该批货物的运费，运价率表如表4-3-3所示。

表4-3-3　运价率表

办理类别	运价号	发到基价		运行基价	
		单位	标准	单位	标准
整车	1	元/吨		元/轴公里	0.525
	2	元/吨	9.50	元/吨公里	0.086
	3	元/吨	12.80	元/吨公里	0.091
	4	元/吨	16.30	元/吨公里	0.098
	5	元/吨	18.60	元/吨公里	0.103
	6	元/吨	26.00	元/吨公里	0.138
	机械冷藏车	元/吨	20.00	元/吨公里	0.140
零担	21	元/10千克	0.22	元/10千克公里	0.00111
	22	元/10千克	0.28	元/10千克公里	0.00155
集装箱	20英尺箱	元/箱	440.00	元/箱公里	3.185
	40英尺箱	元/箱	532.00	元/箱公里	3.357

（4）依《铁路货物运价规则》附录规定，分别计算货物的电气化附加费、新路新价均摊运费、建设基金三项费用，再与运费相加即为货物的运输费用。即运输费用=电

气化附加费+新路新价均摊运费+建设基金+运费。

（5）杂费按《铁路货物运价规则》的规定核收。

扫一扫

铁路货物保价运输

扫描二维码，理解铁路货物保价运输。

三、铁路货物运输费用的计算方法

1. 铁路整车货物的运费计算

铁路整车货物计费重量一般按货车标重作为计费重量，货物重量超过标重时，按货物重量计费。

铁路运费=［发到基价+（运行基价×运价里程）］×计费重量

标重为50吨的车装40吨的货物计费重量为50吨；标重为50吨的车装51吨的货物计费重量为51吨。另外，标重不足30吨的家畜车计费重量按30吨计算。铁路配发的计费重量高的货车代替托运人要求计费重量低的货车，如果托运人无货加装，按托运人原要求计费重量收费。

2. 铁路零担货物的运费计算

（1）计费重量。

铁路零担货物的计费重量以10千克为单位，不足10千克进为10千克；针对轻飘货物的货物重量与折合重量则按大计费，其中折合重量=（300×体积）千克；货物长、宽、高的计算单位为米，小数点后取两位数（四舍五入），体积计算单位为立方米，保留两位小数（四舍五入）。

（2）铁路运费。

铁路运费=［发到基价+（运行基价×运价里程）］×计费重量（箱数）/10

（3）起码运费。

零担货物每批的起码运费为2.00元，其中，发到运费为1.60元，运行费为0.40元。

扫一扫

零担—起码运费计算示例

扫描二维码，查看零担—起码运费计算示例。

（4）分项计费。

①当不同物品的运价率相同时，重量应合并计算。

②运价率不同的零担货物在一个包装内按一批货物托运时，按该批货物中运价率高的计费。

扫一扫

分项计费示例

扫描二维码，查看分项计费示例。

3. 铁路集装箱货物的运费计算

铁路运费=［发到基价+（运行基价 × 运价里程）］× 计费重量（箱数）

思政提升

适当调整铁路货物运价

为促进铁路建设和运营健康可持续发展，国家发展改革委决定自2014年2月15日起适当调整铁路货物运价。

（1）国家铁路货物统一运价率平均每吨公里提高1.5分钱，即由现行13.01分钱提高到14.51分钱。各货物品类适用运价号、计费里程和重量确定办法以及铁路货物运输计费其他有关事项，仍按原铁道部《铁路货物运价规则》（铁运〔2005〕46号）等有关规定执行。

（2）大秦、京秦、京原、丰沙大等铁路（以下统称“大秦4线”）与其他铁路跨线煤炭运输，西康铁路、益湛铁路永马段、集通铁路、萧甬铁路与其他铁路跨线货物运输，以及喀什—和田铁路、京广铁路广坪段货物运输执行国家铁路货物统一运价。大秦4线本线运输煤炭（指发、到站均在本线的煤炭）运价率每吨公里提高1.5分钱，即由现行7.51分钱提高到9.01分钱。

（3）经兰新、南疆、青藏铁路运往内地方向的纺织品（含皮革、皮毛及其制品）、鲜活货物、农副产品、饮食品，在兰新铁路武威以西路段、南疆铁路、青藏铁路免收铁路建设基金。

（4）铁路货物运价由政府定价改为政府指导价。国铁普通运营线以国家规定的统一运价为上限（执行特殊运价的国铁线路及国铁控股合资铁路以国家规定的运价或浮动上限价为上限），铁路运输企业可以根据市场供求自主确定具体运价水平。

（5）铁路运输企业要严格执行国家规定的价格和收费政策。进一步清理规范铁路货运相关服务收费，健全运力配置办法，公开、公平、公正配置运力，严禁将服务收费与运力资源分配挂钩，强制服务、强行收费。要认真做好明码标价和对外宣传解释工作，及时在各营业场所公示调整后的铁路货物运价率。

（6）各级价格主管部门要继续加强对铁路运输价格和收费政策执行情况的监督检查，依法查处变相提高运价、只收费不服务等价格违法行为，切实维护市场秩序。

（7）铁路运输企业要加强运输组织，增加运力供给，优先保证重点物资和人民生活必需品运输，配合有关部门努力促进商品流通、保障市场供应，满足人民群众生产、生活需求。

正所谓无规矩不成方圆，无论做任何事情，都要遵守一定的标准和规范，在此基础上，提升成本节约意识。

参考答案

步骤一：兰州西站发银川站运费计算。

（1）判别铁路运费计算类别。

李丽根据任务内容，分析货物属性及货物重量，判定该批货物运输为铁路整车货物运输。

（2）计算运费。

操作步骤1：确定计费重量。

结合任务内容，该批货物的计费重量为50吨。

操作步骤2：确定运价号。

李丽通过查询《铁路货物运输品名检查表》，可知铁矿石的运价号为 4 号。

操作步骤3：确定发到基价和运行基价。

李丽通过查询《铁路货物运价率表》，可得铁矿石的发到基价为16.30元/吨，运行基价为0.098元/吨公里。

操作步骤4：计算运费。

铁路整车货物运费计算公式为：铁路运费=［发到基价+（运行基价×运价里程）］×计费重量。

根据公式，计算出铁矿石的运费为：［16.30+（0.098×479）］×50=3162.10（元）。

步骤二：广安门发包头车站运费计算。

（1）判别铁路运费计算类别。

李丽根据任务内容，分析货物属性及货物重量，判定该批货物运输为铁路零担货物运输。

（2）计算运费。

操作步骤1：确定发到基价和运行基价。

查运价率表，运价号为22号的发到基价为0.28元/10千克，运行基价为0.00155元/10千克公里。

操作步骤2：确定计费重量。

从任务中可知，该批货物的体积为4×1×0.35×0.16=0.224（立方米），折合重量为300×0.224=67.2（千克）。因此，其计费重量为70千克。

操作步骤3：确定发到运费。

根据任务信息，可知发到运费=发到基价×计费重量=0.28×70/10=1.96（元），运行运费=0.00155×798×70/10≈8.66（元），因此，其总运费为1.96+8.66=10.62（元）。

项目五　航空货物运输操作

任务一　航空货物运输概述

任务目标

通过本任务的学习，可以达成以下目标。

知识目标	1. 了解航空货物运输的优缺点 2. 熟悉航空货物运输当事人的职责 3. 了解航空货物运输的主要方式 4. 了解时区的划分方法
技能目标	1. 能根据托运货物情况选择适合的航空运输线路 2. 能计算航班的飞行时间
思政目标	培养民族自豪感、政治认同感和时代紧迫感

任务发布

新员工张强经过层层筛选之后，被华源集团上海物流中心航空事业部录取，入职后，事业部主管要求张强先学习一下航空货物运输的基础知识，并根据自己的理解及所见所闻，总结航空货物运输的优势，分析常见的三种航空货物运输方式的异同点。

任务工单

航空货物运输概述的任务计划如表5-1-1所示。

表 5-1-1　　航空货物运输概述的任务计划

任务名称：	
组长：	组员：
任务分工：	
方法、工具：	
任务步骤：	

任务实施

步骤一：将航空货物运输与铁路货物运输、公路货物运输进行对比。

根据所学习的知识，在表5-1-2中梳理三种运输方式的优缺点。

表 5-1-2　　三种运输方式的优缺点

运输方式	优点	缺点
航空货物运输		
铁路货物运输		
公路货物运输		

步骤二：三种航空货物运输方式的对比分析。

结合所学习的知识，在表5-1-3中对比分析班机运输、包机运输及集中托运三种方式的特点。

表 5-1-3　　三种航空货物运输方式对比分析

航空货物运输方式	主要内容	特点
班机运输		
包机运输		
集中托运		

步骤三：集中托运业务流程梳理。

通过网络搜索，结合自己查询到的资料，利用Visio软件进行流程图绘制。

（1）梳理集中托运的业务环节。

一般来说，航空货物运输中集中托运的主要环节如下。

（2）绘制集中托运流程图。

操作步骤1：首先打开Visio软件，选择基本流程图（见图5-1-1）。

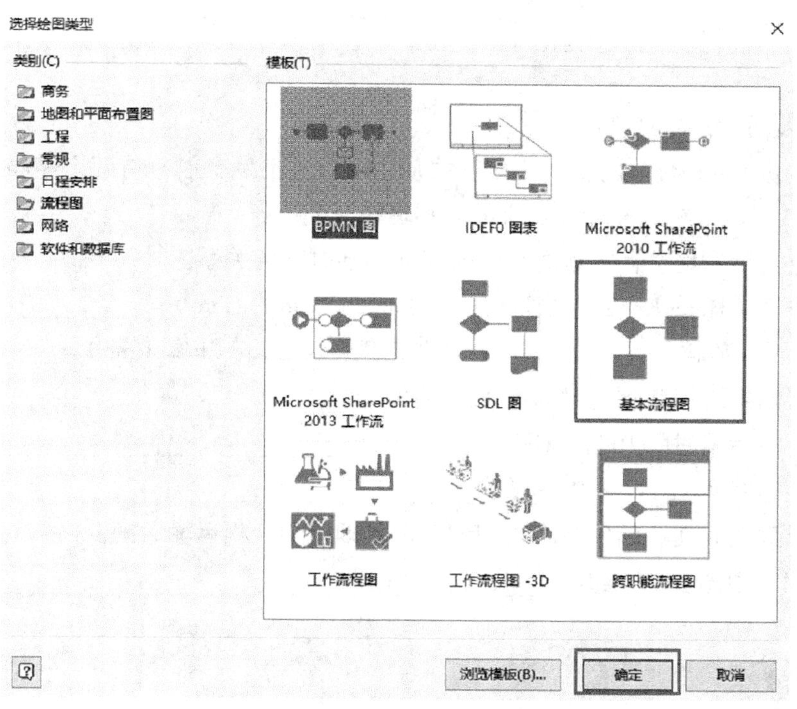

图5-1-1 选择基本流程图

操作步骤2：选择流程模块。

操作步骤3：选择连接线工具，在流程模块之间建立联系，建立联系之后，可以通过线条设计美化流程图。

操作步骤4：通过上述步骤，结合对集中托运的业务流程的了解，完成并导出最终的流程图。

步骤四：计算飞行时间。

货机航班NW904，12月10日15：15从中国香港出发，航班有两个经停站，将于第二天01：25到达纽约。请计算航班的全程运输时间。

（1）查清始发地、目的地的当地时间和标准时间的关系。

中国香港（Hong Kong）：当地时间（Standard Clock Time）=________________。

纽约（New York）:____________，当地时间（Standard Clock Time）=____________。

（2）将始发时间和到达时间换算成标准时间。

中国香港始发时间10日：GMT=____。

纽约到达时间11日：GMT=____。

（3）求到达时间和始发时间之间的差额，即航班全程运输时间。

NW904，中国香港—纽约，____。

任务反思

在完成任务的过程中，遇到了哪些问题？是如何解决的？

任务评价

学生互评表

<table>
<tr><td>班级</td><td></td><td>姓名</td><td></td><td>学号</td><td></td></tr>
</table>

<table>
<tr><td colspan="2">任务名称</td><td colspan="3">航空货物运输概述</td></tr>
<tr><td colspan="2">评价项目（占比）</td><td>评价标准</td><td>分值（分）</td><td>得分（分）</td></tr>
<tr><td colspan="2">考勤（10%）</td><td>出勤情况（无故旷课、迟到、早退，出现一次扣10分；请假出现一次扣2分）</td><td>10</td><td></td></tr>
<tr><td rowspan="2">学习能力（10%）</td><td>合作学习能力</td><td>小组合作参与程度（优6分，良4分，一般2分，未参与0分）</td><td>6</td><td></td></tr>
<tr><td>个人学习能力</td><td>个人自主探究参与程度（优4分，良2分，未参与0分）</td><td>4</td><td></td></tr>
<tr><td rowspan="10">工作过程（60%）</td><td rowspan="3">将航空货物运输与铁路货物运输、公路货物运输进行对比</td><td>能列出航空货物运输的优缺点（每错一处扣1分）</td><td>6</td><td></td></tr>
<tr><td>能列出铁路货物运输的优缺点（每错一处扣1分）</td><td>6</td><td></td></tr>
<tr><td>能列出公路货物运输的优缺点（每错一处扣1分）</td><td>6</td><td></td></tr>
<tr><td rowspan="3">三种航空货物运输方式的对比分析</td><td>能列出班机运输的特点及主要内容（每错一处扣2分）</td><td>6</td><td></td></tr>
<tr><td>能列出包机运输的特点及主要内容（每错一处扣2分）</td><td>6</td><td></td></tr>
<tr><td>能列出集中托运的特点及主要内容（每错一处扣2分）</td><td>6</td><td></td></tr>
<tr><td rowspan="2">集中托运业务流程梳理</td><td>能准确梳理出集中托运的业务环节（每错一处扣1分）</td><td>4</td><td></td></tr>
<tr><td>能利用Visio软件绘制集中托运流程图（每错一处扣10分）</td><td>10</td><td></td></tr>
<tr><td>计算飞行时间</td><td>能准确计算出具体航班的飞行时间（每错一处扣2分）</td><td>10</td><td></td></tr>
<tr><td colspan="4" style="display:none"></td></tr>
<tr><td rowspan="2">工作成果（20%）</td><td>完成情况</td><td>能按规范及要求完成任务（未完成一处扣2分）</td><td>10</td><td></td></tr>
<tr><td>展示情况</td><td>能准确展示三种航空货物运输方式的特点及主要内容，展示并阐述集中托运流程图（失误一次扣5分）</td><td>10</td><td></td></tr>
<tr><td colspan="3">合计</td><td>100</td><td></td></tr>
</table>

教师评价表

<table>
<tr><td>任务名称</td><td colspan="8">航空货物运输概述</td></tr>
<tr><td>授课信息</td><td colspan="8"></td></tr>
<tr><td>班级</td><td></td><td>组别</td><td></td><td>姓名</td><td></td><td>学号</td><td colspan="2"></td></tr>
<tr><td colspan="2">评价项目
（占比）</td><td colspan="5">评价标准</td><td>分值
（分）</td><td>得分
（分）</td></tr>
<tr><td colspan="2">考勤
（10%）</td><td colspan="5">出勤情况（无故旷课、迟到、早退，出现一次扣10分；请假出现一次扣2分）</td><td>10</td><td></td></tr>
<tr><td rowspan="2">学习能力
（10%）</td><td>合作学习能力</td><td colspan="5">小组合作参与程度（优6分，良4分，一般2分，未参与0分）</td><td>6</td><td></td></tr>
<tr><td>个人学习能力</td><td colspan="5">个人自主探究参与程度（优4分，良2分，未参与0分）</td><td>4</td><td></td></tr>
<tr><td rowspan="9">工作过程
（60%）</td><td rowspan="3">将航空货物运输与铁路货物运输、公路货物运输进行对比</td><td colspan="5">能列出航空货物运输的优缺点（每错一处扣1分）</td><td>6</td><td></td></tr>
<tr><td colspan="5">能列出铁路货物运输的优缺点（每错一处扣1分）</td><td>6</td><td></td></tr>
<tr><td colspan="5">能列出公路货物运输的优缺点（每错一处扣1分）</td><td>6</td><td></td></tr>
<tr><td rowspan="3">三种航空货物运输方式的对比分析</td><td colspan="5">能列出班机运输的特点及主要内容（每错一处扣2分）</td><td>6</td><td></td></tr>
<tr><td colspan="5">能列出包机运输的特点及主要内容（每错一处扣2分）</td><td>6</td><td></td></tr>
<tr><td colspan="5">能列出集中托运的特点及主要内容（每错一处扣2分）</td><td>6</td><td></td></tr>
<tr><td rowspan="2">集中托运业务流程梳理</td><td colspan="5">能准确梳理出集中托运的业务环节（每错一处扣1分）</td><td>4</td><td></td></tr>
<tr><td colspan="5">能利用Visio软件绘制集中托运流程图（每错一处扣10分）</td><td>10</td><td></td></tr>
<tr><td>计算飞行时间</td><td colspan="5">能准确计算出具体航班的飞行时间（每错一处扣2分）</td><td>10</td><td></td></tr>
<tr><td rowspan="2">工作成果
（20%）</td><td>完成情况</td><td colspan="5">能按规范及要求完成任务（未完成一处扣2分）</td><td>10</td><td></td></tr>
<tr><td>展示情况</td><td colspan="5">能准确展示三种航空货物运输方式的特点及主要内容，展示并阐述集中托运流程图（失误一次扣5分）</td><td>10</td><td></td></tr>
<tr><td colspan="7">合计</td><td>100</td><td></td></tr>
</table>

知识学习

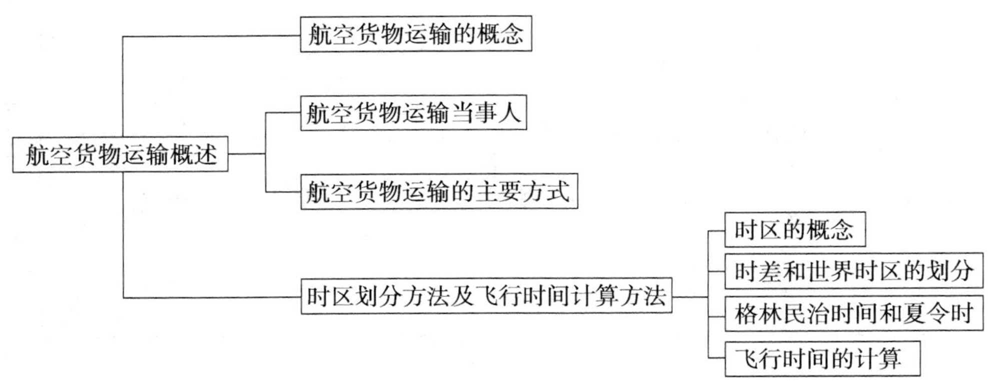

一、航空货物运输的概念

航空货物运输又称飞机货物运输，它是在具有航空线路和飞机场的条件下，利用飞机作为运输工具进行货物运输的一种运输方式。航空运输在我国运输业中，其货运量占全国货运量的比重还比较小，目前主要是承担长途客运任务。伴随着物流行业的快速发展，航空运输在货运方面将会扮演更为重要的角色。航空货物运输业务形态有航空货物运输业、航空货物运输代理业和航空货物运输作业三种。

扫一扫

航空货物运输案例

扫描二维码，思考：

1. 什么是航空货物运输？

2. 航空货物运输在物流运输服务中都有哪些优势？

二、航空货物运输当事人

航空货物运输运作各环节中，涉及的当事人主要有发货人、航空公司（承运人）、航空货运代理公司（代理人）、地面运输公司、收货人等，这里我们主要了解一下航空公司及航空货运代理公司。

航空公司又称承运人，是指自身拥有飞行器并借以从事航空运输活动的主体单位，其从事航空运输（包括客运、货运）及接受办理与其能力相适应的航空运输业务，其主要任务是把所接受委托的客、货，按指定要求从一个机场运往另一个机场。航空公司一般分为国内航空公司与国际航空公司。

航空货运代理公司又称代理人，是指从事航空货物在始发站交航空公司前的揽货、接货、报关、订舱及在目的地从航空公司处接货、报关或送货等一系列业务的公司。这需要代理人拥有相当广泛的产品知识，了解复杂的法律和所需的单证，熟悉货物运载的要求及航运中转点的手续，以及有关货运管理费、理赔、保险、报验、许可证、税收等多方面的知识，还必须及时掌握相关法规的变动要求。

三、航空货物运输的主要方式

航空货物运输方式主要有班机运输、包机运输、集中托运三种。

班机是指在固定的航线上定期航行的航班，它有固定的始发站、目的站和途经站。使用班机运输，收、发货人可确切掌握起运和到达的时间，保证货物安全、迅速地运达世界各地。班机运输常用来运送国际市场上急需的货物、鲜活易腐货物及贵重货物。

包机运输分为整机包机与部分包机两种。整机包机指由航空公司或包租代理公司按照事先约定的条件和费用将整机租给租机人，从一个或几个空运站将货物运至指定目的地。整机包机适合运送大批量的货物，运费不固定，一次一议，通常较班机运输运费低。部分包机指由几家货运代理公司或发货人联合包租一架飞机，或者由包机公司把一架飞机的舱位分别租给几家空运代理公司，其运费虽较班机运输运费低，但运送的时间比班机运输时间长。

集中托运是由空运代理公司将若干单独发货人的货物集中起来组成一整车货物，由其向航空公司托运到同一到站，货到国外后由到站地的空运代理公司办理收货、报关并分拨给各个实际收货人。集中托运只适合普通货物，贵重货物、危险货物等特种货物不适合集中托运。集中托运可节省运费、提早结汇，为货主提供更为方便的服务。

四、时区划分方法及飞行时间计算方法

1.时区的概念

从格林威治本初子午线起，经度每向东或者向西间隔15°，就划分一个时区，在这个区域内，大家使用同样的标准时间。

但实际上，为了行政上的方便，常将1个国家或1个省份划在一起。所以时区并不严格按经线来划分。另外，由于目前国际上并没有一个批准各国更改时区的机构，一些国家会由于特定原因改变自己的时区。

全球共分为24个标准时区，相邻时区的时间相差1个小时。

2.时差和世界时区的划分

（1）时差。

时差是由地球的自转引起的，自转使得地球上经度不同的地区的地方时出现差异。

（2）世界时区的划分。

整个地球按照经度共被划分为24个时区，每15经度为跨度标准划分为一个时区。

3.格林民治时间（GMT）和夏令时（DST）

（1）格林民治时间（GMT）。

中央时区的中央经线为0经线，此地的地方时被称为中央时区的标准时间。因为0经线从英国伦敦的格林民治通过，又称为格林民治时间。

（2）夏令时（DST）。

在夏季，白昼较为漫长，一些国家颁布法律把夏季的当地时间拨前一个小时或者多少分钟。这个变化了的时间叫作“夏令时”。

4.飞行时间的计算

（1）飞行时间的概念。

飞行时间指自始发地机场至目的地机场之间的运输时间，包括中转时间。

（2）飞行时间的计算方法和步骤。

航班时刻表上的出发时间和到达时间都是以当地时间公布的，所有在计算航班飞行时间时，要通过时差的换算来进行计算。

航班飞行小时的计算步骤主要有以下几步。

步骤一：查清始发地、目的地的当地时间和标准时间的关系。

步骤二：将始发时间和到达时间换算成标准时间。

步骤三：求到达时间和始发时间之间的差额。

计算案例：

航班AF033，12月10日10：30从巴黎出发，将于同日11：55到达蒙特利尔。请计算航班的飞行时间。

步骤一：查清始发地、目的地的当地时间和标准时间的关系。

巴黎（Paris）：Standard Clock Time =GMT+1。

蒙特利尔（Montreal）：采用加拿大东部时区，Standard Clock Time=GMT–5。

步骤二：将始发时间和到达时间换算成标准时间。

巴黎始发时间：GMT=10：30—01：00=09：30。

蒙特利尔到达时间：GMT=11：55+05：00=16：55。

步骤三：求到达时间和始发时间之间的差额。

即航班AF033，巴黎—蒙特利尔飞行时间为7小时25分钟。

需要注意的是，有的航班在飞行时跨越国际日期变更线，会出现日期上的前一天到达，或后一天到达，甚至后几天到达的有趣现象。在计算这类航班飞行时间时，需要用一天24小时的换算去调整。

思政提升

探索航空物流发展新路径

节能减排和低碳经济是国家战略，其实施的主要途径是对高耗能的所有产业实施需求侧约束管理。如果航空运输考虑环境代价，其总成本还将明显增大，不利于航空运输在未来中长途运输市场的竞争。

在机遇与挑战并存的形势下，我国航空物流企业也在积极探索出路，增强核心竞争力，拓展产业链，打造高端服务品牌。如国货航（中国货运航空）持续加大与国泰（国泰航空）的合作力度，持续扩大机队规模、优化机队经营管理，不断提升北上广等枢纽机场的服务保障水平；东航（中国东方航空）物流携手联想控股、普洛斯、德邦、绿地四家战略投资者和东航物流核心员工完成混合所有制改革，实现股权多元化，以推进东航物流向“大数据＋现代仓储＋落地配”的新型高端商业模式转化；国货航试图通过混改，由传统航空货运企业转型为具有国际竞争力的现代综合物流服务商，利用国航和南航的枢纽航线网络、营销体系、机场货站等资源优势，发挥民营企业的快递网络、供应链管理、终端客户资源等优势，实现“货机＋货站＋腹舱＋卡车运输＋配送网络”的空地全链条经营。此外，为进一步满足顺丰速运增长的货运市场需求，顺丰航空与湖北省政府积极推进建设鄂州国际航空货运枢纽，以打造全球航空货运网络。

作为当代新青年，我们一定要不断提升自身的民族自豪感、政治认同感和时代紧迫感；加深对未来我国航空物流技术的认识及对国家战略新兴产业之一的航空装备制造业发展战略的理解和认同；提升环境保护意识，形成节能意识，增强对投身我国航空物流业和民航业发展的自信心。

参考答案

步骤一：将航空货物运输与铁路货物运输、公路货物运输进行对比。

根据所学习的知识，在表5–1–2中梳理三种运输方式的优缺点（见表5–1–4）。

表5–1–4　　三种运输方式的优缺点

运输方式	优点	缺点
航空货物运输	运送速度快，运输路程短；不受地面条件影响，深入内陆地区；安全准确，有利于稳定和开拓市场；可简化包装、节省费用	载运能力低，单位运输成本高，飞机的机舱容积和载重能力较小
铁路货物运输	适合大批量运输；费用少、距离长；安全、网络发达；不受天气的影响	短距离费用高；中转时间长；紧急运输时需配车，会错过最佳运输时机
公路货物运输	机动灵活，快速直达，是最便捷也是唯一具有送达功能的运输方式，可以实现“门到门”运输	载重量小，不适宜装载重件、大件货物，不适宜走长途运输；车辆运行中震动较大，易造成货损货差

步骤二：三种航空货物运输方式的对比分析。

结合所学习的知识，在表5–1–3中对比分析班机运输、包机运输及集中托运三种方式的特点（见表5–1–5）。

表5–1–5　　三种航空货物运输方式对比分析

航空货物运输方式	主要内容	特点
班机运输	班机是指定期开航、定航线、定始发站、定目的港、定途经站的飞机	迅速准确、方便货主、舱位有限

续　表

航空货物运输方式	主要内容	特点
包机运输	当班机运输无法满足需要或发货人有特殊需要时，可选择包机运输。包机人为达到一定的目的包用航空公司的飞机运载货物的形式称为包机运输。包机运输按租用舱位的大小分为整机包机和部分包机两类	活动范围比较狭窄，降落地点受限制
集中托运	集中托运指集中托运人将若干批单独发运的货物组成一整车，向航空公司办理托运，采用一份航空总运单集中发运到同一目的站，由集中托运人在目的地指定的代理收货，再根据集中托运人签发的航空分运单分拨给各实际收货人的运输方式	节省运费、方便、提早结汇

步骤三：集中托运业务流程梳理。

通过网络搜索，结合自己查询到的资料，利用Visio软件进行流程图绘制。

（1）梳理集中托运的业务环节。

一般来说，航空货物运输中集中托运的主要环节如下。

> 将每一票货物分别制定航空分运单；将所有货物区分方向，集中同一方向托运，填制航空总运单；打印该方向运单项下的货物清单；把航空总运单和货物清单中的所有货物作为一整票货物托运；到达目的站，按不同航空分运单制定各自的报关单据并代为报关；送货到收货人，反馈到货信息。

（2）绘制集中托运流程图。

操作步骤1：首先打开Visio软件，选择基本流程图（见图5-1-1）。

操作步骤2：选择流程模块，如图5-12所示。

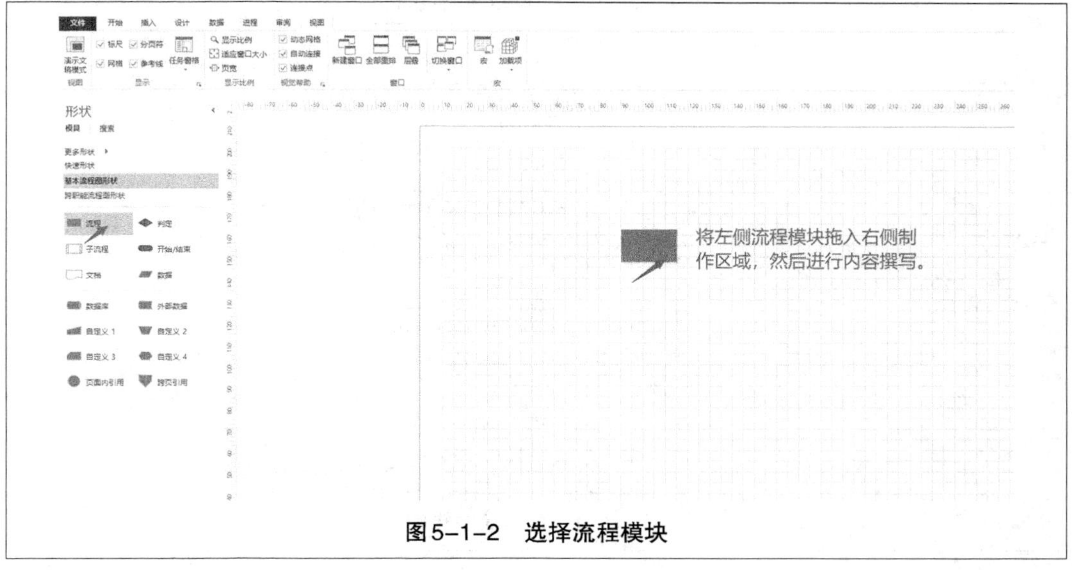

图5-1-2　选择流程模块

操作步骤3：选择连接线工具，在流程模块之间建立联系，建立联系之后，可以通过线条设计美化流程图，如图5-1-3所示。

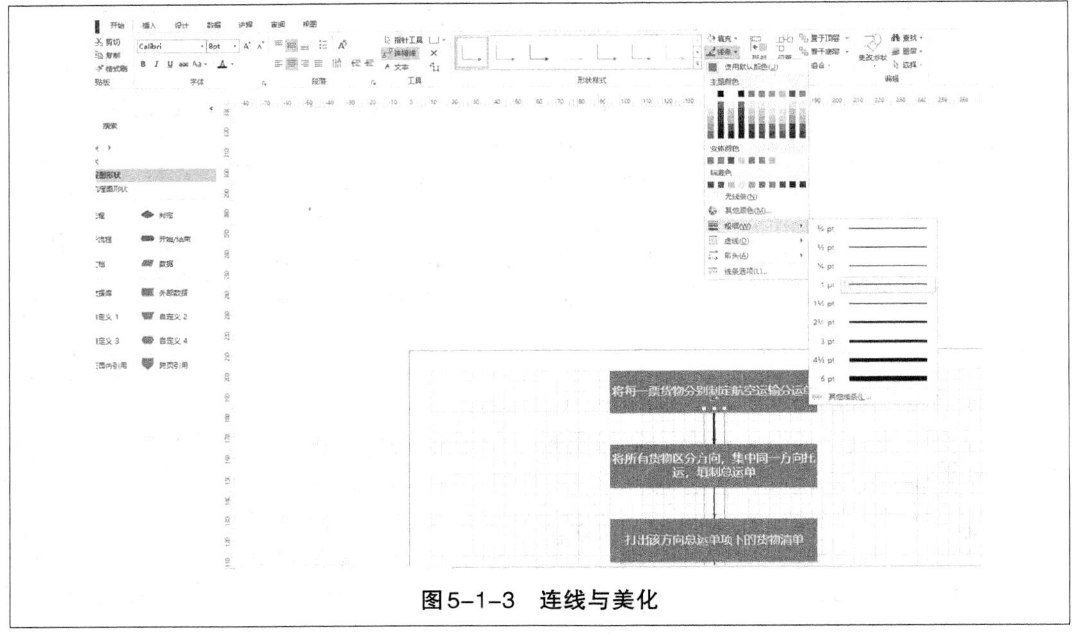

图5-1-3　连线与美化

操作步骤4：通过上述步骤，结合对集中托运的业务流程的了解，完成并导出最终的流程图，如图5-1-4所示。

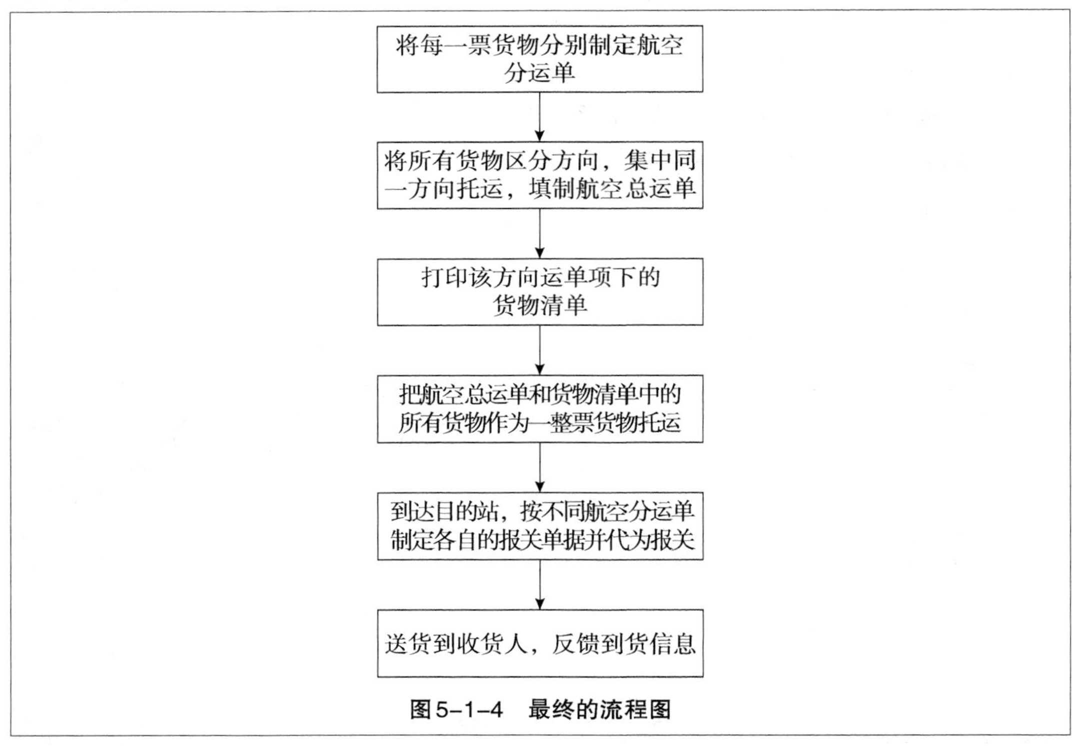

图5-1-4　最终的流程图

步骤四：计算飞行时间。

货机航班NW904，12月10日15：15从中国香港出发，航班有两个经停站，将于第二天01：25到达纽约。请计算航班的全程运输时间。

（1）查清始发地、目的地的当地时间和标准时间的关系。

中国香港（Hong Kong）：当地时间（Standard Clock Time）= GMT+8。

纽约（New York）：采用美国东部时区，当地时间（Standard Clock Time）= GMT-5。

（2）将始发时间和到达时间换算成标准时间。

中国香港始发时间10日：GMT=15：15-08：00=07：15。

纽约到达时间11日：GMT=01：25+05：00=06：25或10日30：25（调整成同一天的时间）。

（3）求到达时间和始发时间之间的差额，即航班全程运输时间。

NW904，中国香港—纽约，23小时10分钟。

任务二　航空货物运输业务操作

任务目标

通过本任务的学习，可以达成以下目标。

知识目标	1.了解航空出口货物运输业务流程 2.掌握航空出口货物运输业务流程各当事人承担业务内容 3.了解航空进口货物运输业务流程 4.掌握航空进口货物运输业务流程各环节核心工作
技能目标	1.能够绘制航空出口货物运输业务流程图 2.能够绘制航空进口货物运输业务流程图 3.能简单撰写航空货物运输业务操作实训任务的实训步骤
思政目标	培养科学严谨的工作态度，具备认真学习的精神

任务发布

2022年8月18日，华源集团上海物流中心航空事业部张强等人已经熟悉了航空货物运输的基本理论知识，航空事业部主管为了让他们能够尽快熟悉航空货物运输的业务操作，将上海佳美贸易有限公司发来的委托运输信息（品名：纺织品；数量：10箱；价值：USD10000；从上海发往纽约）发给他们，让他们负责该批货物的运输业务。

张强接到此任务后，该如何开展工作呢？

任务工单

航空货物运输业务操作的任务计划如表5-2-1所示。

表5-2-1　航空货物运输业务操作的任务计划

任务名称：	
组长：	组员：
任务分工：	
方法、工具：	

续　表

任务步骤：

任务实施

步骤一：绘制航空进口货物运输业务流程图。

（1）梳理航空进口货物运输业务环节。

根据航空进口货物运输的主要业务流程及各环节核心工作，张强梳理出航空进口货物运输的业务环节如下。

（2）利用软件绘制航空进口货物运输业务流程图。

操作步骤1：选择绘制软件。

张强决定利用Visio软件绘制航空进口货物运输业务流程图。

操作步骤2：绘制业务流程。

操作步骤3：梳理各环节核心工作。

①到货环节核心工作梳理。

②分类整理环节核心工作梳理。

③到货通知环节核心工作梳理。

④缮制单证环节核心工作梳理。

⑤报关环节核心工作梳理。

⑥提货环节核心工作梳理。

⑦费用结算环节核心工作梳理。

操作步骤4：将各环节核心工作与业务流程合并绘制，最终形成航空货物进口运输业务流程图。

步骤二：绘制航空出口货物运输业务流程图。

（1）梳理航空出口货物运输业务环节。

根据航空出口货物运输的主要业务流程及各当事人承担业务内容，张强梳理出航空出口货物运输的业务环节如下。

（2）利用软件绘制航空出口货物运输业务流程图。

操作步骤1：选择绘制软件。

张强决定利用Visio软件绘制航空出口货物运输业务流程图。

操作步骤2：绘制主要业务流程。

操作步骤3：梳理各当事人承担业务内容。

①托运受理环节当事人承担业务内容梳理。

②订舱环节当事人承担业务内容梳理。

③货主备货环节当事人承担业务内容梳理。

④接单提货环节当事人承担业务内容梳理。

⑤缮制单证环节当事人承担业务内容梳理。

⑥报关环节当事人承担业务内容梳理。

⑦向航空公司交货环节当事人承担业务内容梳理。

⑧信息传递环节当事人承担业务内容梳理。

⑨费用结算环节当事人承担业务内容梳理。

操作步骤4：将各当事人承担业务内容与业务流程合并绘制，最终形成航空货物出口运输业务流程图。

扫一扫

航空货运组织案例

扫描二维码，查看航空货运组织案例。

步骤三：具体航空货物运输业务操作实训任务实施。

结合上述两个步骤的分析，基于任务信息，简单梳理整个任务的执行过程。

任务反思

在完成任务的过程中，遇到了哪些问题？是如何解决的？

任务评价

学生互评表

<table>
<tr><td>班级</td><td></td><td>姓名</td><td></td><td>学号</td><td colspan="2"></td></tr>
<tr><td colspan="2">任务名称</td><td colspan="5">航空货物运输业务操作</td></tr>
<tr><td colspan="2">评价项目（占比）</td><td colspan="3">评价标准</td><td>分值（分）</td><td>得分（分）</td></tr>
<tr><td colspan="2">考勤（10%）</td><td colspan="3">出勤情况（无故旷课、迟到、早退，出现一次扣10分；请假出现一次扣2分）</td><td>10</td><td></td></tr>
</table>

续 表

评价项目（占比）		评价标准	分值（分）	得分（分）
学习能力（10%）	合作学习能力	小组合作参与程度（优6分，良4分，一般2分，未参与0分）	6	
	个人学习能力	个人自主探究参与程度（优4分，良2分，未参与0分）	4	
工作过程（60%）	绘制航空进口货物运输业务流程图	能准确梳理航空进口货物运输业务环节（每错一处扣1分）	7	
		能利用Visio软件准确绘制航空进口货物运输业务流程（每错一处扣6分）	6	
		能准确分析航空进口货物运输各环节核心工作（每错一处扣1分）	7	
		能利用Visio软件绘制完整的航空进口货物运输业务流程图（每错一处扣4分）	4	
	绘制航空出口货物运输业务流程图	能准确梳理航空出口货物运输业务环节（每错一处扣1分）	9	
		能利用Visio软件准确绘制航空出口货物运输业务流程（每错一处扣5分）	5	
		能准确分析航空出口货物运输各当事人承担业务内容（每错一处扣1分）	9	
		能利用Visio软件绘制完整的航空出口货物运输业务流程图（每错一处扣4分）	4	
	具体航空货物运输业务操作实训任务实施	能结合任务信息梳理该任务的执行过程（每错一处扣1分）	9	
工作成果（20%）	完成情况	能按规范及要求完成任务（未完成一处扣2分）	10	
	展示情况	能准确展示绘制的航空进出口货物运输业务流程图（失误一次扣5分）	10	
合计			100	

教师评价表

任务名称	航空货物运输业务操作						
授课信息							
班级		组别		姓名		学号	
评价项目（占比）		评价标准				分值（分）	得分（分）
考勤（10%）		出勤情况（无故旷课、迟到、早退，出现一次扣10分；请假出现一次扣2分）				10	

续　表

评价项目（占比）		评价标准	分值（分）	得分（分）
学习能力（10%）	合作学习能力	小组合作参与程度（优6分，良4分，一般2分，未参与0分）	6	
	个人学习能力	个人自主探究参与程度（优4分，良2分，未参与0分）	4	
工作过程（60%）	绘制航空进口货物运输业务流程图	能准确梳理航空进口货物运输业务环节（每错一处扣1分）	7	
		能利用Visio软件准确绘制航空进口货物运输业务流程（每错一处扣6分）	6	
		能准确分析航空进口货物运输各环节核心工作（每错一处扣1分）	7	
		能利用Visio软件绘制完整的航空进口货物运输业务流程图（每错一处扣4分）	4	
	绘制航空出口货物运输业务流程图	能准确梳理航空出口货物运输业务环节（每错一处扣1分）	9	
		能利用Visio软件准确绘制航空出口货物运输业务流程（每错一处扣5分）	5	
		能准确分析航空出口货物运输各当事人承担业务内容（每错一处扣1分）	9	
		能利用Visio软件绘制完整的航空出口货物运输业务流程图（每错一处扣4分）	4	
	具体航空货物运输业务操作实训任务实施	能结合任务信息梳理该任务的执行过程（每错一处扣1分）	9	
工作成果（20%）	完成情况	能按规范及要求完成任务（未完成一处扣2分）	10	
	展示情况	能准确展示绘制的航空进出口货物运输业务流程图（失误一次扣5分）	10	
合计			100	

知识学习

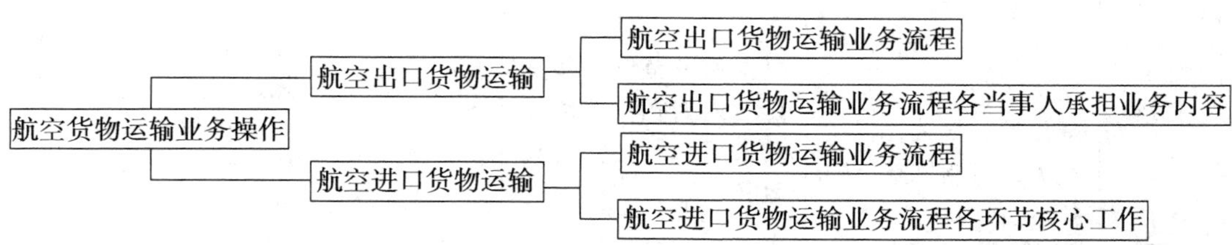

一、航空出口货物运输

1.航空出口货物运输业务流程

航空出口货物运输业务流程是指航空货运公司从发货人手中接货到将货物交给航空公司承运这一过程，如图5-2-1所示。

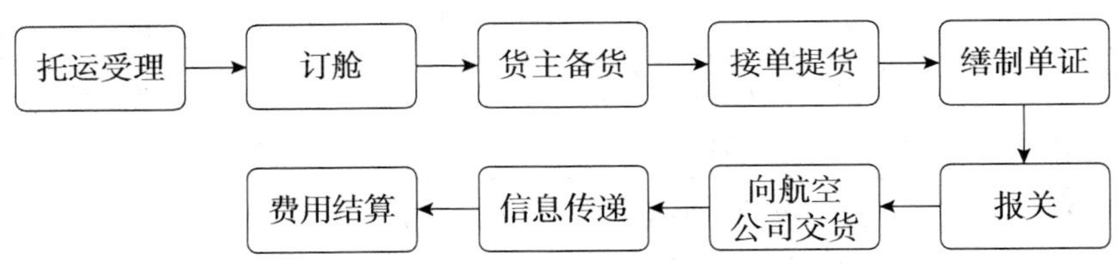

图5-2-1 航空出口货物运输业务流程

航空出口货物运输具体的发运流程如图5-2-2所示。

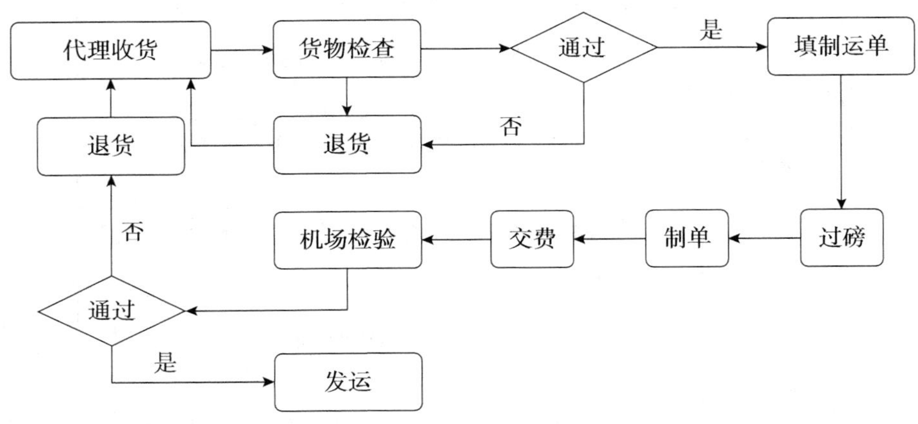

图5-2-2 航空出口货物运输具体的发运流程

2.航空出口货物运输业务流程各当事人承担业务内容

航空出口货物运输业务流程各当事人承担业务内容如表5-2-2所示。

表5-2-2 航空出口货物运输业务流程各当事人承担业务内容

空运业务流程	承担业务内容			备注
	托运人（发货人）	航空货运公司（货运代理人）	航空公司（承运人）	
托运受理	在货物出口地寻找航空货运公司，托其办理订舱、报关、托运业务；填制航空货物托运书	根据业务范围等接受托运人委托；要求托运人填制航空货物托运书		托运人应对航空货物托运书上所填内容及所提供与运输有关运输文件的正确性和完备性负责

续　表

空运业务流程	承担业务内容			备注
	托运人（发货人）	航空货运公司（货运代理人）	航空公司（承运人）	
订舱		根据托运人的要求及货物本身的特点填写民航部门要求的订舱单	根据实际情况安排航班和舱位	一般来说，非紧急的一般货物可以不预先订舱
货主备货	按照要求备货	根据航空公司订舱情况，通知发货人备单、备货		发货人如果要求货运代理人代理报关，发货人需提供相关报关单证
接单提货	准备货物；准备相关单证（主要报关单证有报关单、合同副本、商检证明等）	去发货人处提货，同时要求发货人提供相关单证		提货注意：检查货物品质、运送目的地、体积、海关手续；检查航空货物托运书上相关各栏的填写内容；称重和量尺寸；计算运费
缮制单证		缮制报关单，报海关初审；缮制航空运单		按照航空运单填制要求详细填制
报关		持缮制完的航空运单、报关单、装箱单、发票等相关单证到海关报关放行		海关在报关单、航空运单正本、出口收汇核销单上盖放行章，并在出口产品退税的单据上盖验讫章
向航空公司交货		将盖有海关放行章的航空运单与货物一起交给航空公司	安排航空运输，验收单、货物核实无误后，在交接单上签字	交接时附航空运单正本、发票、装箱单、产地证明、品质鉴定书等
信息传递		确认货物出运后，及时将信息反馈给货主或代理收货公司		通知内容包括航班号、运单号、品名、收货信息等资料
费用结算	支付运费	向发货人收取航空运费、地面运费及各种手续费、服务费；向承运人支付航空运费并向其收取佣金	支付佣金	航空货运公司可按协议与国外代理结算到付运费及利润分成

二、航空进口货物运输

1. 航空进口货物运输业务流程

航空进口货物运输业务流程是指航空货物从入境到提取或转运的整个过程。航空货物入境后，要经过各个环节才能提出海关监管场所，而经过每个环节都要办理一定的手续，同时出具相关的单证。航空进口货物运输业务流程如图5–2–3所示。

2. 航空进口货物运输业务流程各环节核心工作

航空进口货物运输业务流程各环节核心工作如表5–2–3所示。

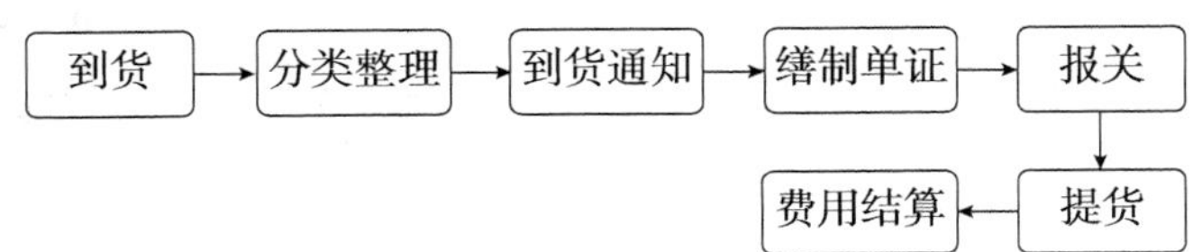

图5–2–3 航空进口货物运输业务流程

表5–2–3 航空进口货物运输业务流程各环节核心工作

空运业务流程	核心工作
到货	航空货物入境后，即处于海关监管之下，相应地，货物存在海关监管仓库内。同时，航空公司根据航空运单上的发货人发出到货通知。若航空运单上的第一收货人是航空货运公司，则航空公司会把有关货物运输单据交给航空货运公司
分类整理	航空货运公司在取得航空运单后，根据自己的习惯进行分类整理，其中，集中托运货物和单票货物、运费预付和运费到付货物应区分开来。对于集中托运货物，需对运单项下的货物进行分拨，按航空分运单分别处理
到货通知	分类整理后，航空货运公司可将每票货编上公司内部的编号，以便用户查询和内部统计。航空货运公司根据收货人资料寄发到货通知，告知其货物已到港，催促其速办报关、提货手续
缮制单证	根据航空运单、发票及证明货物合法进口的有关批文缮制报关单，并在报关单的右下角加盖报关单位的报关专用章
报关	将缮制好的报关单连同货物装箱单、发票、航空运单等的正本递交海关，向海关提出办理进口货物报关手续。海关经过初审、审单、征税等环节后，放行货物。只有经过海关放行后的货物，才能从海关监管场所提出
提货	凭借盖有海关放行章的航空运单正本到海关监管场所提取货物，并送货给收货人，收货人也可自行提货
费用结算	货主或委托人在收货时应结清各种费用，如国际段到付运费、报关费、仓储费、劳务费等

思政提升

成都：内陆开放型经济新高地与多式联运发展典范

成都地处“一带一路”和长江经济带的交会点，是内陆开放型经济新高地和国家向西向南开放的门户枢纽，具有发展多式联运良好的区位优势。

（1）依托各类交通运输基础设施，构建公、铁、水、空立体交通网络，形成完善的多式联运运作模式。

（2）创新国际化多式联运模式，打造以成都为中心向外辐射的“厦蓉欧、深蓉欧、汉蓉欧”等11条“蓉欧+”点到点集装箱班列通道，实现与国内主要港口及主要城市间的互联互通。截至2019年年底，成都中欧班列累计开行4600多列，开行数全国第一，成为首个实现每日开行、辐射“一带一路”沿线国家最广、开行线路最多、频率最稳定、产业带动效应最明显的中欧班列，还开创了中欧班列多项第一，有效推动了国际化多式联运发展。

（3）依托双流国际机场，建设临空经济示范区，发展航空货物多式联运，发展临空产业，使成都一跃而为全国八大航空枢纽之一，在全国排名第四、西部第一。

中欧之间的道路连通、物流畅通，为推进“一带一路”建设提供运力保障。“一带一路”与中欧班列又推进国际多式联运发展。整个系统既需要在顶层设计上下功夫，又需要在配套制度上花力气。

只有国家强大了，我们每个个体才能享受发展红利，拥有和平安宁的发展环境。作为学生一定要学好本领、建设祖国，为实现中华民族伟大复兴贡献自己的力量。

作为当代新青年，一定要有爱国主义情怀和国际视野。

参考答案

步骤一：绘制航空进口货物运输业务流程图。

（1）梳理航空进口货物运输业务环节。

根据航空进口货物运输的主要业务流程及各环节核心工作，张强梳理出航空进口货物运输的业务环节如下。

到货、分类整理、到货通知、缮制单证、报关、提货及费用结算。

（2）利用软件绘制航空进口货物运输业务流程图。

操作步骤1：选择绘制软件。

张强决定利用Visio软件绘制航空进口货物运输业务流程图。

操作步骤2：绘制业务流程（见图5-2-4）。

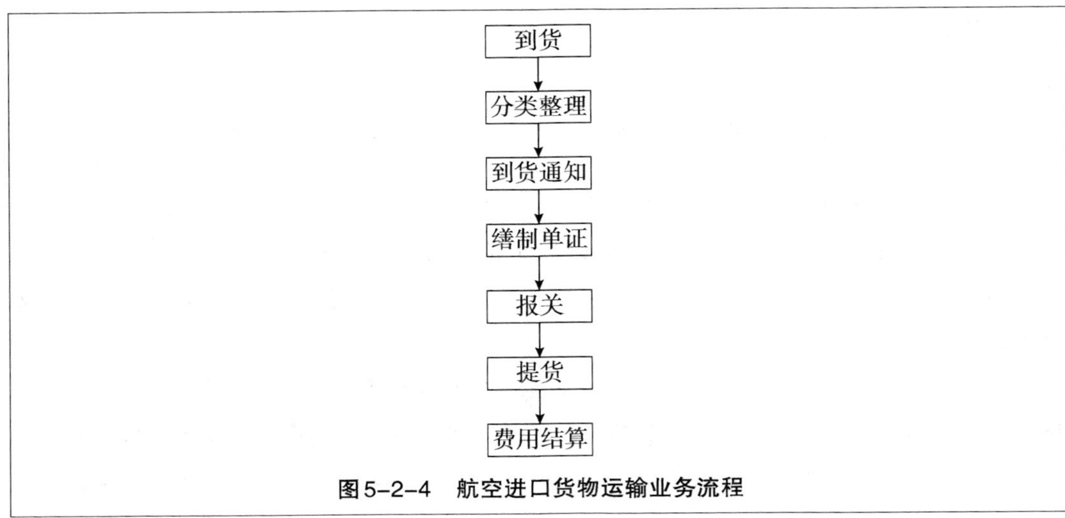

图5-2-4 航空进口货物运输业务流程

操作步骤3：梳理各环节核心工作。

①到货环节核心工作梳理。

航空货物入境后，即处于海关监管之下，相应地，货物存在海关监管仓库内。同时，航空公司根据航空运单上的发货人发出到货通知。若航空运单上的第一收货人是航空货运公司，则航空公司会把有关货物运输单据交给航空货运公司。

②分类整理环节核心工作梳理。

航空货运公司在取得航空运单后，根据自己的习惯进行分类整理，其中，集中托运货物和单票货物、运费预付和运费到付货物应区分开来。对于集中托运货物，需对运单项下的货物进行分拨，按航空分运单分别处理。

③到货通知环节核心工作梳理。

分类整理后，航空货运公司可将每票货编上公司内部的编号，以便用户查询和内部统计。航空货运公司根据收货人资料寄发到货通知，告知其货物已到港，催促其速办报关、提货手续。

④缮制单证环节核心工作梳理。

根据航空运单、发票及证明货物合法进口的有关批文缮制报关单，并在报关单的右下角加盖报关单位的报关专用章。

⑤报关环节核心工作梳理。

将缮制好的报关单连同货物装箱单、发票、航空运单等的正本递交海关，向海关提出办理进口货物报关手续。海关经过初审、审单、征税等环节后，放行货物。只有经过海关放行后的货物，才能从海关监管场所提出。

⑥提货环节核心工作梳理。

凭借盖有海关放行章的航空运单正本到海关监管场所提取货物，并送货给收货人，收货人也可自行提货。

⑦费用结算环节核心工作梳理。

货主或委托人在收货时应结清各种费用，如国际段到付运费、报关费、仓储费、劳务费等。

操作步骤4：将各环节核心工作与业务流程合并绘制，最终形成航空货物进口运输业务流程图（见图5-2-5）。

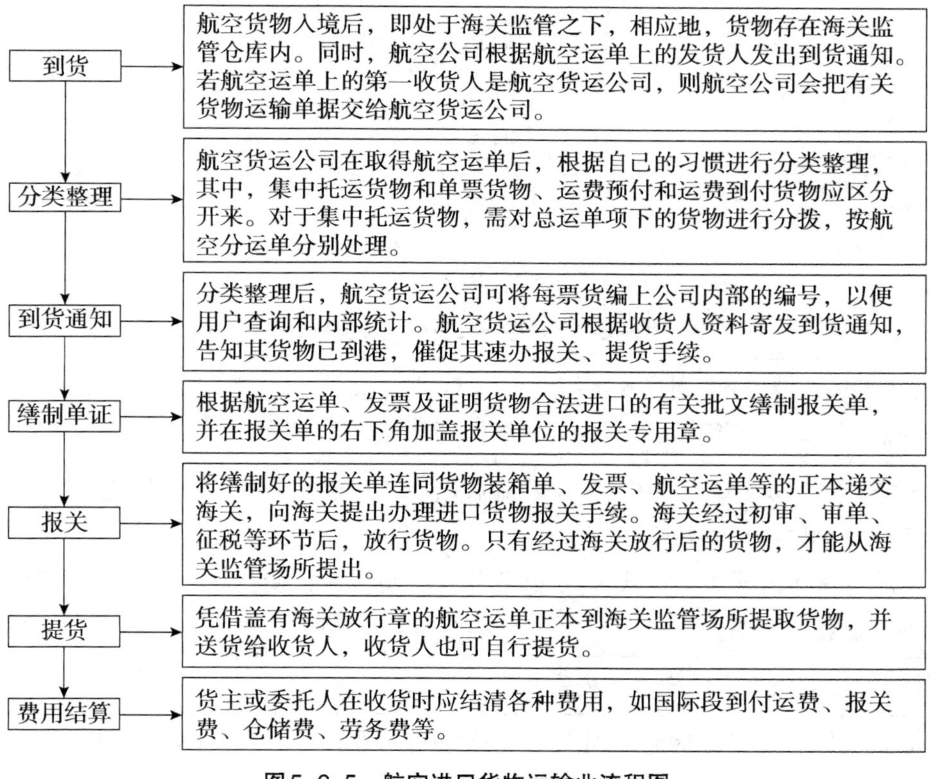

环节	核心工作
到货	航空货物入境后，即处于海关监管之下，相应地，货物存在海关监管仓库内。同时，航空公司根据航空运单上的发货人发出到货通知。若航空运单上的第一收货人是航空货运公司，则航空公司会把有关货物运输单据交给航空货运公司。
分类整理	航空货运公司在取得航空运单后，根据自己的习惯进行分类整理，其中，集中托运货物和单票货物、运费预付和运费到付货物应区分开来。对于集中托运货物，需对总运单项下的货物进行分拨，按航空分运单分别处理。
到货通知	分类整理后，航空货运公司可将每票货编上公司内部的编号，以便用户查询和内部统计。航空货运公司根据收货人资料寄发到货通知，告知其货物已到港，催促其速办报关、提货手续。
缮制单证	根据航空运单、发票及证明货物合法进口的有关批文缮制报关单，并在报关单的右下角加盖报关单位的报关专用章。
报关	将缮制好的报关单连同货物装箱单、发票、航空运单等的正本递交海关，向海关提出办理进口货物报关手续。海关经过初审、审单、征税等环节后，放行货物。只有经过海关放行后的货物，才能从海关监管场所提出。
提货	凭借盖有海关放行章的航空运单正本到海关监管场所提取货物，并送货给收货人，收货人也可自行提货。
费用结算	货主或委托人在收货时应结清各种费用，如国际段到付运费、报关费、仓储费、劳务费等。

图5-2-5　航空进口货物运输业流程图

步骤二：绘制航空出口货物运输业务流程图。

（1）梳理航空出口货物运输业务环节。

根据航空出口货物运输的主要业务流程及各当事人承担业务内容，张强梳理出航空出口货物运输的业务环节如下。

> 托运受理、订舱、货主备货、接单提货、缮制单证、报关、向航空公司交货、信息传递及费用结算。

（2）利用软件绘制航空出口货物运输业务流程图。

操作步骤1：选择绘制软件。

张强决定利用Visio软件绘制航空出口货物运输业务流程图。

操作步骤2：绘制主要业务流程（见图5-2-6）。

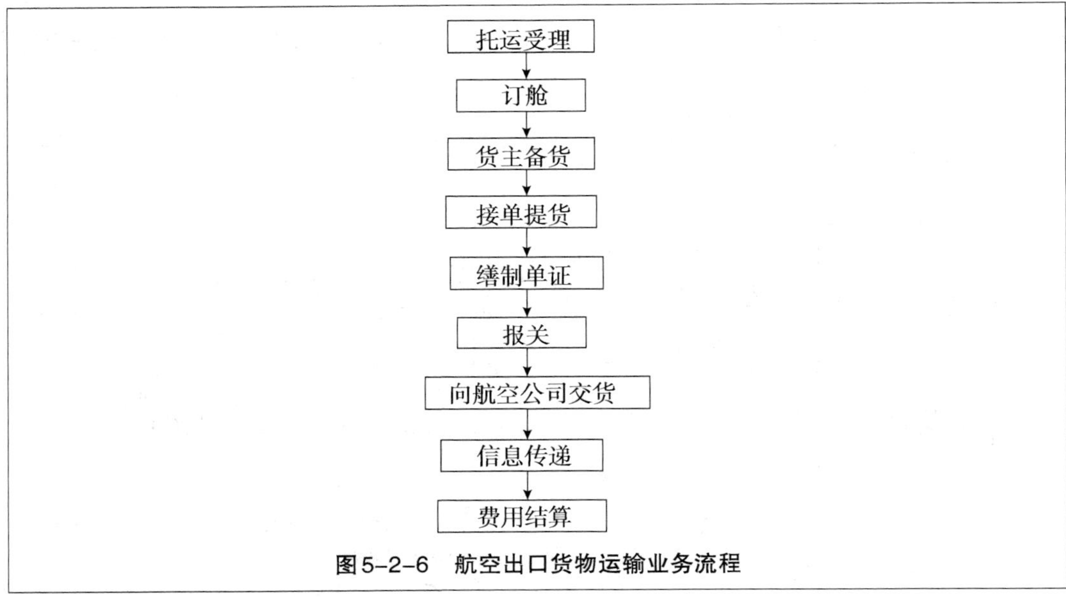

图5-2-6　航空出口货物运输业务流程

操作步骤3：梳理各当事人承担业务内容。

①托运受理环节当事人承担业务内容梳理。

> a.托运人（发货人）：在货物出口地找航空货运公司，托其办理订舱、报关、托运业务；填制航空货物托运书。
>
> b.航空货运公司（货运代理人）：根据业务范围等接受托运人委托；要求托运人填制航空货物托运书。

②订舱环节当事人承担业务内容梳理。

> a.航空货运公司（货运代理人）：根据托运人的要求及货物本身的特点填写民航部门要求的订舱单。
>
> b.航空公司（承运人）：根据实际情况安排航班和舱位。

③货主备货环节当事人承担业务内容梳理。

a.托运人（发货人）：按照要求备货。 b.航空货运公司（货运代理人）：根据航空公司订舱情况，通知发货人备单、备货。

④接单提货环节当事人承担业务内容梳理。

a.托运人（发货人）：准备货物；准备相关单证（主要报关单证有报关单、合同副本、商检证明等）。 b.航空货运公司（货运代理人）：去发货人处提货，同时要求发货人提供相关单证。

⑤缮制单证环节当事人承担业务内容梳理。

航空货运公司（货运代理人）：缮制报关单，报海关初审；缮制航空运单。

⑥报关环节当事人承担业务内容梳理。

航空货运公司（货运代理人）：持缮制完的航空运单、报关单、装箱单、发票等相关单证到海关报关放行。

⑦向航空公司交货环节当事人承担业务内容梳理。

a.航空货运公司（货运代理人）：将盖有海关放行章的航空运单与货物一起交给航空公司。 b.航空公司（承运人）：安排航空运输，验收单、货物核实无误后，在交接单上签字。

⑧信息传递环节当事人承担业务内容梳理。

航空货运公司（货运代理人）：确认货物出运后，及时将信息反馈给货主或代理收货公司。

⑨费用结算环节当事人承担业务内容梳理。

a.航空货运公司（货运代理人）：向发货人收取航空运费、地面运费及各种手续费、服务费；向承运人支付航空运费并向其收取佣金。 b.航空公司（承运人）：支付佣金。

操作步骤4：将各当事人承担业务内容与业务流程合并绘制，最终形成航空货物出口运输业务流程图（见图5-2-7）。

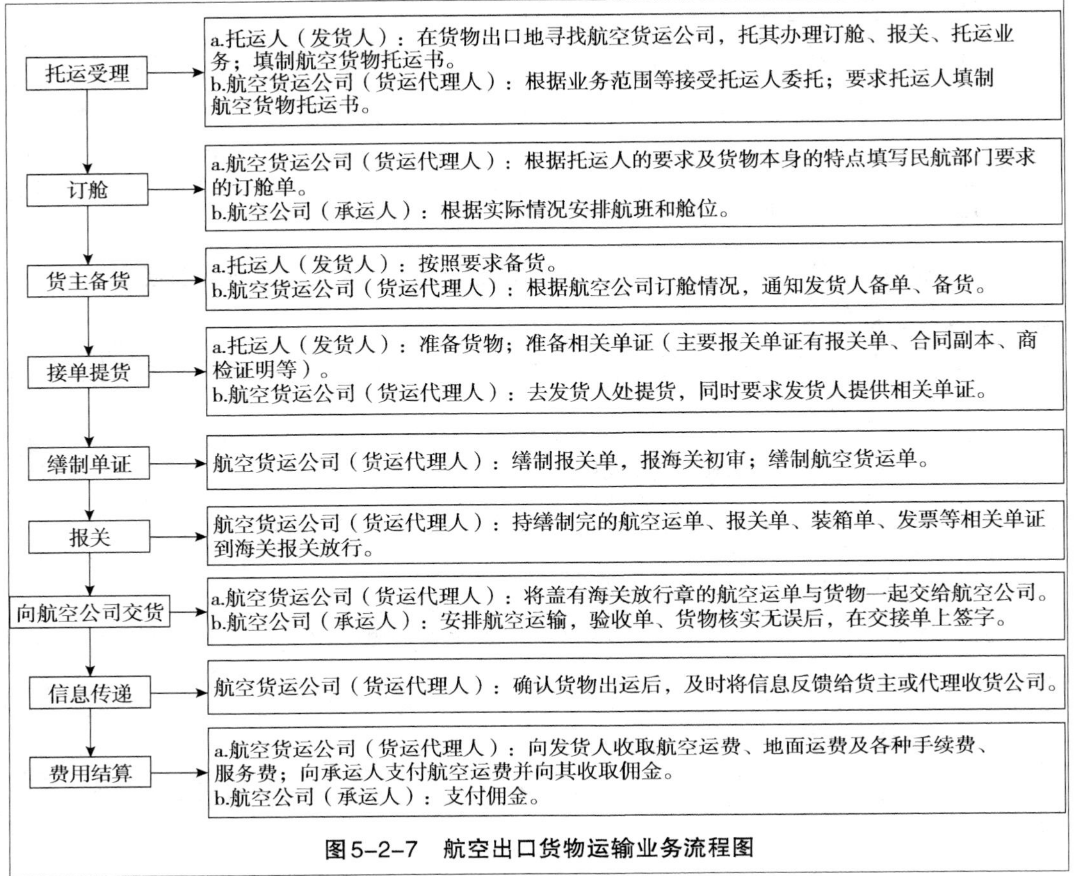

图5-2-7 航空出口货物运输业务流程图

步骤三：具体航空货物运输业务操作实训任务实施。

结合上述两个步骤的分析，基于任务信息，简单梳理整个任务的执行过程。

1. 托运受理

上海佳美贸易有限公司找到华源集团上海物流中心航空事业部，托其办理空运订舱、报关、托运业务。华源集团上海物流中心航空事业部根据自己的业务范围，承接了该请求，并要求上海佳美贸易有限公司填制航空货物托运书。

2. 订舱

上海佳美贸易有限公司要托运的是纺织品，填写了民航部门要求的订舱单，并注明货物的详细信息，航空公司安排好航班和舱位。

3. 货主备货

华源集团上海物流中心航空事业部通知上海佳美贸易有限公司按航班时间备好货物。

4. 接单提货

华源集团上海物流中心航空事业部检查收运的货物是否符合要求。

5. 缮制单证

华源集团上海物流中心航空事业部缮制报关单，报海关初审。

6. 报关

华源集团上海物流中心航空事业部拿着缮制好的单证到海关报关放行，海关盖放行章。

7. 向航空公司交货

将盖好章的单证和货物交回华源集团上海物流中心航空事业部定好的航班，安排空运。

8. 信息传递

货物发出后，华源集团上海物流中心航空事业部将航班号、运单号等相关资料发送给国外收货公司。

9. 费用结算

华源集团上海物流中心航空事业部根据此次运输货物所有花费，计算此次运费。

任务三　航空货物运输费用计算

任务目标

通过本任务的学习，可以达成以下目标。

知识目标	1. 掌握航空运价的分类及各类具体内容 2. 说出航空货物运费的构成 3. 掌握航空货物运费计算步骤
技能目标	能根据教学情境准确计算航空运费
思政目标	具备成本节约意识，培养标准规范意识

任务发布

华源集团上海物流中心航空事业部张强等人已经熟悉了航空货物运输的进出口业务流程，航空事业部主管便让他们计算以下两批货物的航空运费。

1.Routing: SHANGHAI, CHINA (JMU) TO AMSTERDAM, HOLLAND (AMS)

Commodity: PARTS

Gross Weight: 40.6 kg

Dimension: 101cm×58cm×32cm

运价如表5-3-1所示。

表5-3-1　　运价1

SHANGHAI	CN	JMU	
Y.RENMINBI	CNY	KGS	
AMSTERDAM	NL	M	320.00
		N	50.22
		45	41.33
		300	37.52

2. Routing: SHANGHAI, CHINA (JMU) TO OSAKA , JAPAN (OSA)

Commodity: FRESH PEARS

Gross Weight: EACH 70.2kg, TOTAL 5 PIECES

Dimension: 102cm×30cm×50cm×5

运价如表5-3-2所示。

表5-3-2　　运价2

SHANGHAI	CN	JMU		
Y.RENMINBI	CNY	KGS		
OSAKA	JP		M	230.00
			N	37.51
			45	28.13
		0008	300	18.80
		0300	500	20.61

张强应该如何进行运费计算呢？

任务工单

航空货物运输费用计算的任务计划如表5-3-3所示。

表5-3-3　　航空货物运输费用计算的任务计划

任务名称：	
组长：	组员：
任务分工：	
方法、工具：	
任务步骤：	

任务实施

步骤一：第一批货物运费计算。

此批货物分别按照两种方式计算运费，即按照实际重量计算运费及采用较高分界点的较低运价计算运费。

（1）分别计算运费。

操作步骤1：按实际重量计算。

结合任务信息，计算出该批货物的体积（Volume）：____________________。

根据体积重量计算公式，计算其体积重量（Volume Weight）：__________。

根据任务信息，可知其毛重（Gross Weight）为________________________。

因此，计费重量（Chargeable Weight）为______________________。

查询任务信息，可得适用运价（Applicable Rate）为____________________。

至此，可计算出该批货物的运费（Weight Charge）为____________________。

操作步骤2：采用较高分界点的较低运价计算。

根据任务信息，得出该批货物的计费重量（Chargeable Weight）为____________。

货物的适用运价（Applicable Rate）为______________________________。

因此，其运费（Weight Charge）为______________________________。

（2）确定最终运费。

_________________________<____________________________________，因此取运费较低者，则此批货物的运费为____________。

步骤二：第二批货物运费计算。

（1）判别货物要求。

查品名表，编号0008对应的货物品名是__________，货物数量达到________________________________。

（2）计算运费。

操作步骤1：计算此批货物的计费重量。

根据任务信息，可知体积（Volume）：____________________。

体积重量（Volume Weight）：______________________________。

毛重（Gross Weight）：______________________________________。

因此，计费重量（Chargeable Weight）为__________________________。

操作步骤2：确定适用运价。

查询任务信息，可知其适用运价（Applicable Rate）为________________________。

操作步骤3：计算最终运费。

根据运费计算公式_____________________________，计算出运费（Weight Charge）：_____________________________。

因此，此批货物的航空运费为__________________。

任务反思

在完成任务的过程中，遇到了哪些问题？是如何解决的？

任务评价

学生互评表

班级		姓名	学号	
任务名称		航空货物运输费用计算		
评价项目（占比）		评价标准	分值（分）	得分（分）
考勤（10%）		出勤情况（无故旷课、迟到、早退，出现一次扣10分；请假出现一次扣2分）	10	
学习能力（10%）	合作学习能力	小组合作参与程度（优6分，良4分，一般2分，未参与0分）	6	
	个人学习能力	个人自主探究参与程度（优4分，良2分，未参与0分）	4	
工作过程（60%）	第一批货物运费计算	能基于任务信息按照实际重量计算航空货物运费（每错一处扣2分）	12	
		能基于任务信息采用较高分界点的较低运价计算航空货物运费（每错一处扣3分）	12	
		能确定最终的航空货物运费（每错一处扣6分）	6	
	第二批货物运费计算	能查询品名表，确定货物品名（每错一处扣2分）	8	
		能根据任务信息确定该批货物的计费重量（每错一处扣4分）	8	
		能根据任务信息确定该批货物的适用运价（每错一处扣4分）	4	
		能根据任务信息结合航空运费计算公式准确计算该批货物的具体运费（每错一处扣10分）	10	
工作成果（20%）	完成情况	能按规范及要求完成任务（未完成一处扣2分）	10	
	展示情况	能准确展示计算航空运费的步骤，以及最终计算的航空运费（失误一次扣5分）	10	
合计			100	

教师评价表

任务名称		航空货物运输费用计算		
授课信息				
班级		组别　　　　姓名　　　　学号		
评价项目（占比）		评价标准	分值（分）	得分（分）
考勤（10%）		出勤情况（无故旷课、迟到、早退，出现一次扣10分；请假出现一次扣2分）	10	
学习能力（10%）	合作学习能力	小组合作参与程度（优6分，良4分，一般2分，未参与0分）	6	
	个人学习能力	个人自主探究参与程度（优4分，良2分，未参与0分）	4	
工作过程（60%）	第一批货物运费计算	能基于任务信息按照实际重量计算航空货物运费（每错一处扣2分）	12	
		能基于任务信息采用较高分界点的较低运价计算航空货物运费（每错一处扣3分）	12	
		能确定最终的航空货物运费（每错一处扣6分）	6	
	第二批货物运费计算	能查询品名表，确定货物品名（每错一处扣2分）	8	
		能根据任务信息确定该批货物的计费重量（每错一处扣4分）	8	
		能根据任务信息确定该批货物的适用运价（每错一处扣4分）	4	
		能根据任务信息结合航空运费计算公式准确计算该批货物的具体运费（每错一处扣10分）	10	
工作成果（20%）	完成情况	能按规范及要求完成任务（未完成一处扣2分）	10	
	展示情况	能准确展示计算航空运费的步骤，以及最终计算的航空运费（失误一次扣5分）	10	
合计			100	

知识学习

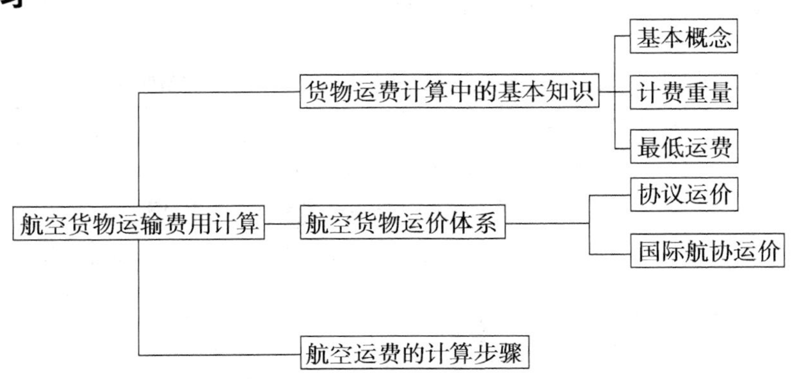

一、货物运费计算中的基本知识

1. 基本概念

（1）运价。

运价，又称费率，指承运人对所运输的每一重量单位（kg或lb）的货物所收取的自始发地机场至目的地机场的航空费用。航空运价一般采用始发地货币表示，如人民币CNY。航空运价应为制单日的有效运价。

（2）航空运费（Weight Charge）。

货物的航空运费是指航空公司将一票货物自始发地机场运至目的地机场所应收取的航空运输费用。该费用根据每票货物所适用的运价和货物的计费重量计算得出，不包括其他费用。

（3）其他费用（Other Charges）。

其他费用是指由承运人、代理人或其他部门收取的与航空货物运输有关的费用。

在组织一票货物自始发地至目的地运输的全过程中，除了航空运输外，还包括地面运输、仓储、制单、国际货物的清关等环节，提供这些服务的部门所收取的费用即为其他费用，比如，取货、送货服务费和机场与市区货运站之间的地面运输费，货物保管费，保险费，垫付款项，危险品操作费，燃油附加费（无佣金），为办理货物报关而发生的费用，货物关税、税费，修理破损包装的费用，用其他运输方式办理的货物预运、转运和续运费用，以及货物运回原始发地点的费用。

2. 计费重量

计费重量是指用以计算货物航空运费的重量。货物的计费重量可以是货物的实际毛重，可以是货物的体积重量，还可以是较高重量分界点的重量。

（1）毛重（Gross Weight）。

货物连同货物包装在内的重量称为货物的毛重。

（2）体积重量（Volume Weight）。

按照国际航空运输协会（IATA）规则，将货物的体积按一定的比例折合成的重量，称为体积重量。由于货舱空间体积的限制，体积重量大于实际重量的货物，一般是低密度的货物，称为轻泡货物。

体积重量的计算规则为：不论货物的形状是否为规则的长方体或正方体，计算货物体积时，均应以最长、最宽、最高的三边的长度计算。长、宽、高的小数部分按四舍五入取整，体积重量的折算，换算标准为每6000cm^3折合1kg。

（3）较高重量分界点的重量。

一般地，计费重量采用货物的实际毛重与货物的体积重量两者中较高者；但当货物按较高重量分界点的较低运价计算的航空运费较低时，则以此较高重量分界点的重量作为货物的计费重量。

IATA规定，国际货物的计费重量以0.5千克为最小单位，重量尾数不足0.5千克的，按0.5千克计算；0.5千克以上不足1千克的，按1千克计算。

3. 最低运费（Minimum Charge）

最低运费是指一票货物自始发地机场至目的地机场航空运费的最低限额。货物按其适用的航空运价与其计费重量计算所得的航空运费，应与货物最低运费相比，取高者。

扫一扫

航空运费的计算

扫描二维码，思考：

1. 航空运费是如何计算的?

2. 其中最基本的运价都有哪些？各代表什么意思?

二、航空货物运价体系

1. 协议运价

协议运价是指航空公司与托运人签订协议，托运人保证每年向航空公司交运一定数量的货物，航空公司则向托运人提供一定数量的运价折扣。

2. 国际航协运价

国际航协运价是指国际航空运输协会（简称国际航协）在TACT（The Air Cargo Tariff，航空货物运输手册）运价资料上公布的运价。国际货物运价使用IATA运价，结合并遵守国际货物运输规则，但从实际操作来看，各国从竞争角度考虑，很少有航空公司完全按照国际航协运价计费，大多有一定的折扣，但该运价对各国来说，都有参考价值。按照IATA货物运价公布的形式划分，国际货物运价可分为公布直达运价和非公布直达运价。

公布直达运价包括普通货物运价（General Cargo Rate）、指定商品运价（Specific Commodity Rate）、等级货物运价（Commodity Classification Rate）、集装货物运价（Unit Load Device Rate）。

三、航空运费的计算步骤

（1）计算出航空货物的体积及体积重量。

体积重量的折算，换算标准为每6000cm³折合1kg。即：

$$体积重量（kg）=货物体积/6000$$

（2）计算货物的毛重。

$$总重量=单个商品重量 \times 商品总数$$

（3）比较体积重量与毛重，取大者为计费重量。

（4）根据公布运价，找出适合计费重量的适用运价。

（5）计算航空运费。

$$航空运费=计费重量 \times 适用运价$$

（6）若采用较高重量分界点的较低运价计算出的运费比第五步计算出的航空运费较低时取低者。

（7）比较第六步计算出的航空运费与最低运费，取高者。

扫一扫

航空货物运费计算案例

扫描二维码，进一步理解航空货物运费计算。

思政提升

核算意识

所谓核算意识其实包含四个方面的内容。

一是事前确定核算原则，也就是说要事前确定核算的组织边界在哪里，明确核算的产品或项目，明确核算的费用科目，说得通俗一点，就是要明确哪些花费要计入这个项目或产品的成本，哪些花费不计入这个项目或产品的成本。二是收集数据，收集数据的时候，我们要做到数据的一一对应，即确保产出数据和成本数据是同一时间段的。三是进行归集整理，归集整理的过程要根据组织划分和时间划分的原则进行。四是对数据进行结果分析，找出变化点和改善点交给相关部门和人员进行改善。

因此，我们说成本意识绝对不是能省即省，而是以核算意识为基础的全过程成本管理。

参考答案

步骤一：第一批货物运费计算。

此批货物分别按照两种方式计算运费，即按照实际重量计算运费及采用较高分界点的较低运价计算运费。

（1）分别计算运费。

操作步骤1：按实际重量计算。

结合任务信息，计算出该批货物的体积（Volume）：$101\times58\times32=187456$（$cm^3$）。

根据体积重量计算公式，计算其体积重量（Volume Weight）：$187456\div6000\approx31.5$（kg）。

根据任务信息，可知其毛重（Gross Weight）为40.6 kg。

因此，计费重量（Chargeable Weight）为40.6 kg。

查询任务信息，可得适用运价（Applicable Rate）为GCR N50.22。

至此，可计算出该批货物的运费（Weight Charge）为$40.6\times50.22\approx2038.93$（元）。

操作步骤2：采用较高分界点的较低运价计算。

根据任务信息，得出该批货物的计费重量（Chargeable Weight）为45.0 kg。

货物的适用运价（Applicable Rate）为GCR 41.33。

因此，其运费（Weight Charge）为$45.0\times41.33=1859.85$（元）。

（2）确定最终运费。

采用较高分界点的较低运价计算的运费<按实际重量计算的运费，因此取运费较低者，则此批货物的运费为1859.85元。

步骤二：第二批货物运费计算。

（1）判别货物要求。

查品名表，编号0008对应的货物品名是新鲜水果，货物数量达到300千克的最低数量要求。

（2）计算运费。

操作步骤1：计算此批货物的计费重量。

根据任务信息，可知体积（Volume）：$102\times30\times50\times5=765000$（$cm^3$）。

体积重量（Volume Weight）：$765000\div6000=127.5$（kg）。

毛重（Gross Weight）：$70.2\times5=35$（kg）。

因此，计费重量（Chargeable Weight）为351 kg。

操作步骤2：确定适用运价。

查询任务信息，可知其适用运价（Applicable Rate）为SCR0008/Q300 18.80。

操作步骤3：计算最终运费。

根据运费计算公式航空运费=计费重量 × 适用运价，计算出运费（Weight Charge）：351 × 18.80=6598.8（元）。

因此，此批货物的航空运费为6598.8元。

项目六　国际多式联运操作

任务一　国际多式联运概述

任务目标

通过本任务的学习，可以达成以下目标。

知识目标	1. 了解国际多式联运的基本知识 2. 了解国际多式联运的种类及基本形式 3. 认知国际多式联运经营人
技能目标	1. 能够根据贸易信息选择合适的国际多式联运方式 2. 能够说出国际多式联运服务可能的组合方式
思政目标	通过“一带一路”对多式联运的促进作用，培养爱国主义情怀

任务发布

华源集团有限公司是一级国际货运代理企业，在国际多式联运方面拥有一支高素质、操作经验丰富的专业团队，根据客户个性化需求，依托与船公司、航空公司、铁路公司和海外代理的合作关系及优势资源，为客户提供海铁联运、海空联运、海陆联运等专业的运输解决方案，保障货物安全、顺利、高效地到达最终地点。

近期，匈牙利A公司作为买方与武汉市B进出口公司签订销售合同——童装500箱。武汉市B进出口公司委托华源集团有限公司承运此批货物，将此批货物运至布达佩斯的马哈特堆场。

现在王磊需要熟悉国际多式联运的业务内容，根据贸易信息选择合适的国际多式联运形式，并总结国际多式联运服务可能的组合方式。

任务工单

国际多式联运概述的任务计划如表6-1-1所示。

表6-1-1　　国际多式联运概述的任务计划

任务名称：	
组长：	组员：
任务分工：	
方法、工具：	
任务步骤：	

任务实施

步骤一：国际多式联运基础认知。

（1）梳理国际多式联运的构成条件。

王磊结合所学的知识及公司业务，梳理出国际多式联运的构成条件，并填入表6-1-2。

表6-1-2　　国际多式联运的构成条件

序号	构成条件
1	
2	
3	
4	

（2）比较国际多式联运经营人、无船承运人和传统货运代理的异同点。

操作步骤1：梳理三者的相同之处。

国际多式联运经营人、无船承运人和传统货运代理的相同之处如下。

扫一扫

多式联运破解长江三峡瓶颈的案例

扫描二维码，查看多式联运破解长江三峡瓶颈的案例，深度理解多式联运服务。

操作步骤2：梳理三者的不同之处。

分别从涉及运输方式、法律地位、资金占用、是否拥有船舶、是否拥有陆运与空运工具、是否有自己的提单、是否有自己的运价表及收入性质几个层面梳理三者的不同之处，并填入表6–1–3。

表6–1–3　国际多式联运经营人、无船承运人和传统货运代理的不同之处

比较项目	国际多式联运经营人	无船承运人	传统货运代理
涉及运输方式			
法律地位			
资金占用			
是否拥有船舶			
是否拥有陆运与空运工具			
是否有自己的提单			
是否有自己的运价表			
收入性质			

步骤二：国际多式联运方式选择。

现在王磊需要熟悉国际多式联运的业务内容，根据贸易信息选择合适的国际多式联运形式。

华源集团有限公司接受武汉市B进出口公司的委托，王磊综合考虑__________、__________、__________、__________及__________，为其设计国际多式联运方案。

由于货源地位于武汉，王磊选择从________________经由________________至________________，再由________________至________________，货抵________________，再用________________运至________________。

经上述分析，显然这批货物需要采用____________、____________，即经水路运输将货物运抵上海港，然后再进行海运周转，并通过铁路运输最终把货物运到布达佩斯的马哈特堆场。

步骤三：国际多式联运服务可能的组合方式总结。

基于不同的分类标准，国际多式联运可分为不同的形式。从运输方式的组成看，国际多式联运必须是两种或两种以上不同运输方式组成的连贯运输。按这种方法分类，理论上多式联运可有海铁、海空、海公、铁公、铁空、公空、海铁海、公海空等多种类型。

目前，大多数国际多式联运仍需在不同运输方式之间进行换装作业，但也出现了货物中途无换装作业的国际多式联运组合形式，如驼背运输、滚装运输、火车轮渡等。

（1）以海运为核心的国际多式联运。

以海运为核心的国际多式联运主要包括海公联运、海铁联运、火车轮渡、滚装运输等。由于内河运输与海运在航行条件、船舶吨位、适用法规上有所不同，因此，江海联运、载驳运输/子母船运输往往也被视为多式联运。

目前，我国海铁联运发展缓慢，在我国集装箱多式联运中，海铁联运的比重很低，而加拿大、澳大利亚集装箱海铁联运量一般占总量的30%以上。

（2）以陆运为核心的国际多式联运。

操作步骤1：总结以陆运为核心的国际多式联运方式。

通过资料查询，可知常见的以陆运为核心的国际多式联运方式有______________、______________。

操作步骤2：梳理以陆运为核心的国际多式联运方式的主要内容，完成表格填制（见表6-1-4）。

表6-1-4　以陆运为核心的国际多式联运方式的主要内容

序号	以陆运为核心的国际多式联运方式	主要内容
1		
2		

（3）以空运为核心的国际多式联运。

操作步骤1：总结海空联运。

海空联运的主要线路有远东—欧洲、远东—中南美、远东—中近东、非洲、澳洲。查阅相关资料，了解具体线路的主要中转地，完成表格填制（见表6-1-5）。

表6-1-5　海空联运的主要线路的主要中转地

序号	线路	主要中转地
1	远东—欧洲	
2	远东—中南美	
3	远东—中近东、非洲、澳洲	

操作步骤2：总结陆空联运。

陆空联运广泛采用“卡车航班”运输形式，即空运进出境航班与卡车内陆运输相结合。

通过“卡车航班”建立非枢纽机场与枢纽机场之间的联系。“卡车航班”完全是为了向枢纽机场汇集货物，或者为枢纽机场发散货物而开通的。

任务反思

在完成任务的过程中，遇到了哪些问题？是如何解决的？

任务评价

学生互评表

<table>
<tr><td>班级</td><td></td><td>姓名</td><td></td><td>学号</td><td colspan="2"></td></tr>
<tr><td colspan="2">任务名称</td><td colspan="5">国际多式联运概述</td></tr>
<tr><td colspan="2">评价项目（占比）</td><td colspan="3">评价标准</td><td>分值（分）</td><td>得分（分）</td></tr>
<tr><td colspan="2">考勤（10%）</td><td colspan="3">出勤情况（无故旷课、迟到、早退，出现一次扣10分；请假一次扣2分）</td><td>10</td><td></td></tr>
<tr><td rowspan="2">学习能力（10%）</td><td>合作学习能力</td><td colspan="3">小组合作参与程度（优6分，良4分，一般2分，未参与0分）</td><td>6</td><td></td></tr>
<tr><td>个人学习能力</td><td colspan="3">个人自主探究参与程度（优4分，良2分，未参与0分）</td><td>4</td><td></td></tr>
<tr><td rowspan="7">工作过程（60%）</td><td rowspan="3">国际多式联运基础认知</td><td colspan="3">能准确梳理国际多式联运的构成条件（每错一处扣2分）</td><td>6</td><td></td></tr>
<tr><td colspan="3">能梳理国际多式联运经营人、无船承运人和传统货运代理的相同之处（每错一处扣3分）</td><td>9</td><td></td></tr>
<tr><td colspan="3">能准确分析国际多式联运经营人、无船承运人和传统货运代理的不同之处（每错一处扣1分）</td><td>21</td><td></td></tr>
<tr><td rowspan="2">国际多式联运方式选择</td><td colspan="3">能准确填写选择合适的国际多式联运方式需考虑的内容（每错一处扣1分）</td><td>4</td><td></td></tr>
<tr><td colspan="3">能结合贸易信息选择最为合适的国际多式联运方式（每错一处扣3分）</td><td>6</td><td></td></tr>
<tr><td rowspan="2">国际多式联运服务可能的组合方式总结</td><td colspan="3">能准确梳理以陆运为核心的国际多式联运方式及其主要内容（每错一处扣2分）</td><td>8</td><td></td></tr>
<tr><td colspan="3">能准确梳理以空运为核心的国际多式联运不同线路的主要中转地（每错一处扣2分）</td><td>6</td><td></td></tr>
<tr><td rowspan="2">工作成果（20%）</td><td>完成情况</td><td colspan="3">能按规范及要求完成任务（未完成一处扣2分）</td><td>10</td><td></td></tr>
<tr><td>展示情况</td><td colspan="3">能准确展示国际多式联运经营人、无船承运人和传统货运代理的异同分析表，并阐述国际多式联运服务可能的组合方式（失误一次扣5分）</td><td>10</td><td></td></tr>
<tr><td colspan="5">合计</td><td>100</td><td></td></tr>
</table>

教师评价表

<table>
<tr><td>任务名称</td><td colspan="7">国际多式联运概述</td></tr>
<tr><td>授课信息</td><td colspan="7"></td></tr>
<tr><td>班级</td><td></td><td>组别</td><td></td><td>姓名</td><td></td><td>学号</td><td></td></tr>
<tr><td colspan="2">评价项目（占比）</td><td colspan="4">评价标准</td><td>分值（分）</td><td>得分（分）</td></tr>
<tr><td colspan="2">考勤（10%）</td><td colspan="4">出勤情况（无故旷课、迟到、早退，出现一次扣10分；请假一次扣2分）</td><td>10</td><td></td></tr>
<tr><td rowspan="2">学习能力（10%）</td><td>合作学习能力</td><td colspan="4">小组合作参与程度（优6分，良4分，一般2分，未参与0分）</td><td>6</td><td></td></tr>
<tr><td>个人学习能力</td><td colspan="4">个人自主探究参与程度（优4分，良2分，未参与0分）</td><td>4</td><td></td></tr>
<tr><td rowspan="7">工作过程（60%）</td><td rowspan="3">国际多式联运基础认知</td><td colspan="4">能准确梳理国际多式联运的构成条件（每错一处扣2分）</td><td>6</td><td></td></tr>
<tr><td colspan="4">能梳理国际多式联运经营人、无船承运人和传统货运代理的相同之处（每错一处扣3分）</td><td>9</td><td></td></tr>
<tr><td colspan="4">能准确分析国际多式联运经营人、无船承运人和传统货运代理的不同之处（每错一处扣1分）</td><td>21</td><td></td></tr>
<tr><td rowspan="2">国际多式联运方式选择</td><td colspan="4">能准确填写选择合适的国际多式联运方式需考虑的内容（每错一处扣1分）</td><td>4</td><td></td></tr>
<tr><td colspan="4">能结合贸易信息选择最为合适的国际多式联运方式（每错一处扣3分）</td><td>6</td><td></td></tr>
<tr><td rowspan="2">国际多式联运服务可能的组合方式总结</td><td colspan="4">能准确梳理以陆运为核心的国际多式联运方式及其主要内容（每错一处扣2分）</td><td>8</td><td></td></tr>
<tr><td colspan="4">能准确梳理以空运为核心的国际多式联运不同线路的主要中转地（每错一处扣2分）</td><td>6</td><td></td></tr>
<tr><td rowspan="2">工作成果（20%）</td><td>完成情况</td><td colspan="4">能按规范及要求完成任务（未完成一处扣2分）</td><td>10</td><td></td></tr>
<tr><td>展示情况</td><td colspan="4">能准确展示国际多式联运经营人、无船承运人和传统货运代理的异同分析表，并阐述国际多式联运服务可能的组合方式（失误一次扣5分）</td><td>10</td><td></td></tr>
<tr><td colspan="6">合计</td><td>100</td><td></td></tr>
</table>

知识学习

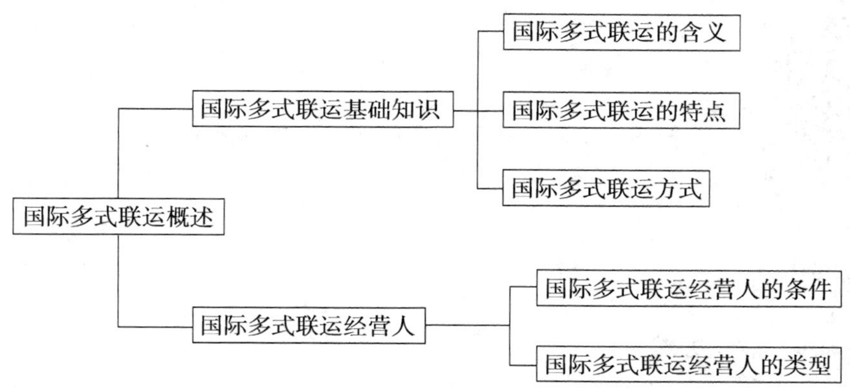

一、国际多式联运基础知识

1. 国际多式联运的含义

国际多式联运是一种以实现货物整体运输的最优化效益为目标的联运组织形式。它通常是以集装箱为运输单元，将不同的运输方式有机地组合在一起，构成连续的、综合性的一体化货物运输。通过一次托运、一次计费、一份单证、一次保险，由各运输区段的承运人共同完成货物的全程运输，即将货物的全程运输作为一个完整的单一运输过程来安排。

国际多式联运是指按照根据1980年《联合国国际货物多式联运公约》以及1997年我国交通部和铁道部共同颁布的《国际集装箱多式联运管理规则》的定义，多式联运合同，以至少两种不同的运输方式，由国际多式联运经营人将货物从一国境内接管的地点运至另一国境内指定交付的地点。

2. 国际多式联运的特点

（1）根据国际多式联运的合同进行操作，运输过程中至少使用两种运输方式，而且是不同方式的连续运输。

（2）国际多式联运的货物主要为集装箱货物，具有集装箱运输的特点。

（3）国际多式联运是一票到底，实行单一运费率的运输。

（4）国际多式联运是不同方式的综合组织，全程运输均是由国际多式联运经营人组织完成的。无论涉及几种运输方式，分为几个运输区段，均由国际多式联运经营人对货运全程负责。

扫一扫

日本邮船公司的多式联运服务

扫描二维码，查看日本邮船公司的多式联运服务。

3. 国际多式联运方式

目前，有代表性的国际多式联运方式包括海陆联运、陆桥运输和海空联运等。

（1）海陆联运。

海陆联运是国际多式联运的主要方式，也是远东—欧洲国际多式联运的主要组织形式之一。目前组织和经营远东—欧洲海陆联运业务的主要有班轮公会的三联集团和丹麦的马士基等国际航运公司，以及非班轮公会的长荣海运和德国那亚航运公司等。这种方式以航运公司为主体，签发联运提单，与航线两端的内陆运输部门开展联运业务，与陆桥运输展开竞争。

（2）陆桥运输。

在国际多式联运中，陆桥运输起着非常重要的作用。它是远东—欧洲国际多式联运的主要形式。所谓陆桥运输，是指采用集装箱专用列车或卡车，把横贯大陆的铁路或公路作为中间“桥梁”，使大陆两端的集装箱海运航线与专用列车或卡车连接起来的一种连贯运输方式。严格地讲，陆桥运输也是一种海陆联运方式，只是因为其在国际多式联运中的独特地位，故在此将其单独作为一种联运方式。目前，远东—欧洲的陆桥运输线路有西伯利亚大陆桥和北美大陆桥。

（3）海空联运。

海空联运又被称为空桥运输。在运输组织方式上，空桥运输与陆桥运输有所不同，陆桥运输在整个货运过程中使用的是同一个集装箱，不用换装，而空桥运输的货物通常要在航空港换入航空集装箱。不过两者的目标是一致的，即以低费率提供快捷、可行的运输服务。

二、国际多式联运经营人

1. 国际多式联运经营人的条件

国际多式联运经营人指本人或通过其代理同托运人订立多式联运合同的人。他可以是实际承运人，也可以是无船承运人（Non-vessel Operating Common Carrier,

NVOCC）。实务中，担任国际多式联运经营人的主要有货运代理人、无船承运人及船舶所有人。《联合国国际货物多式联运公约》对国际多式联运经营人的规定为："国际多式联运经营人是指本人或委托他人以本人名义与托运人订立多式联运合同的任何人，他是事主，而不是发货人的代理人或代表或参加多式联运的承运人的代表人或代表，并且负有履行合同的责任。"因此，国际多式联运经营人是一个独立的法律实体。

国际多式联运经营人具有如下基本特征。

（1）国际多式联运经营人是国际多式联运合同的主体。

（2）国际多式联运经营人的职能是负责完成国际多式联运合同。

（3）国际多式联运经营人是"中间人"。

国际上承办多式联运业务的企业多为一些规模较大的货运公司，他们与货主及各类运输公司都有着密切的业务关系，国际上称这种办理多式联运业务的企业为"无船承运人"（NVOCC）。

2. 国际多式联运经营人的类型

国际多式联运经营人分为以下三类。

（1）承运人型。

承运人型国际多式联运经营人不拥有运输船舶，但却拥有汽车、火车或飞机等运输工具。他与货主订立国际多式联运合同后，除了利用自己拥有的运输工具完成某些区段的实际运输外，对于自己无权经营的运输区段则需要通过与相关承运人订立分包合同实现该区段的运输。这类国际多式联运经营人既是契约承运人又是某个或某几个区段的实际承运人。

（2）场站经营人型。

场站经营人型国际多式联运经营人拥有货运站、堆场、仓库等场站设施。他与货主订立国际多式联运合同后，除了利用自己拥有的场站设施完成装卸、仓储外，还需要与相关的各种运输方式的承运人订立分运合同，由这些承运人完成货物的运输。

（3）代理人型。

代理人型国际多式联运经营人不拥有任何运输工具和场站设施，需要通过与相关的承运人、场站经营人订立分合同来履行他与货主订立的国际多式联运合同。

思政提升

共享共赢：国际多式联运实践彰显"一带一路"倡议精神

共享共赢，作为"一带一路"倡议的核心精神之一，在国际多式联运的实践中得到了深刻体现。国际多式联运通过整合各种运输方式，实现了资源的优化配置和高效利用，为参与各方带来了实实在在的经济利益。同时，它也促进了沿线国家之间的贸易往来和文化交流，推动了区域经济的共同发展和繁荣。在这个过程中，各国相互尊重、平等互利，共同分享发展的成果，形成了互利共赢的良好局面。这种共赢共享的精神不仅符合经济全球化的发展趋势，也为构建人类命运共同体提供了有力支撑。通过多式联运的实践，我们可以深刻感受到“一带一路”倡议所倡导的开放、包容、合作、共赢的理念，为实现全球经济的可持续发展注入了新的动力。

参考答案

步骤一：国际多式联运基础认知。

（1）梳理国际多式联运的构成条件。

王磊结合所学的知识及公司业务，梳理出国际多式联运的构成条件，并填入表6–1–2（见表6–1–6）。

表6–1–6　国际多式联运的构成条件

序号	构成条件
1	有一个国际多式联运合同
2	由一个国际多式联运经营人对国际多式联运负责
3	至少使用两种运输方式
4	属于不同国家之间的货物运输

（2）比较国际多式联运经营人、无船承运人和传统货运代理的异同点。

操作步骤1：梳理三者的相同之处。

国际多式联运经营人、无船承运人和传统货运代理的相同之处如下。

> 三者均属于运输中间商，其主要业务是为供需双方提供运输服务或代理服务，以赚取运费或代理费。

操作步骤2：梳理三者的不同之处。

分别从涉及运输方式、法律地位、资金占用、是否拥有船舶、是否拥有陆运与空运工具、是否有自己的提单、是否有自己的运价表以及收入性质几个层面梳理三者的不同之处，并填入表6–1–3（见表6–1–7）。

表 6–1–7　　国际多式联运经营人、无船承运人和传统货运代理的不同之处

比较项目	国际多式联运经营人	无船承运人	传统货运代理
涉及运输方式	至少两种运输方式	海运	海运、陆运、空运
法律地位	对货主而言是承运人，对各区段承运人而言是货主	对货主而言是承运人，对船公司而言是货主	代理人
资金占用	很大	较大	很少
是否拥有船舶	必要时可以拥有	禁止拥有	禁止拥有
是否拥有陆运与空运工具	必要时可以拥有	必要时可以拥有	禁止拥有
是否有自己的提单	有	有	无
是否有自己的运价表	有	有	无
收入性质	运费（差价）	运费（差价）	代理费或佣金

步骤二：国际多式联运方式选择。

现在王磊需要熟悉国际多式联运的业务内容，根据贸易信息选择合适的国际多式联运形式。

华源集团有限公司接受武汉市B进出口公司的委托，王磊综合考虑货物特征、运输与装卸搬运特征、储运保管特征、货运时间及客户其他要求，为其设计国际多式联运方案。

由于货源地位于武汉，王磊选择从武汉经由长江水运至上海，再由上海海运至斯洛文尼亚的可波尔港，货抵斯洛文尼亚的可波尔港，再用铁路运至布达佩斯的马哈特堆场。

经上述分析，显然这批货物需要采用江海联运、铁海联运，即经水路运输将货物运抵上海港，然后再进行海运周转，并通过铁路运输最终把货物运到布达佩斯的马哈特堆场。

步骤三：国际多式联运服务可能的组合方式总结。

基于不同的分类标准，国际多式联运可分为不同的形式。从运输方式的组成看，国际多式联运必须是两种或两种以上不同运输方式组成的连贯运输。按这种方法分类，理论上多式联运可有海铁、海空、海公、铁公、铁空、公空、海铁海、公海空等多种类型。

目前，大多数国际多式联运仍需在不同运输方式之间进行换装作业，但也出现了货物中途无换装作业的国际多式联运组合形式，如驼背运输、滚装运输、火车轮渡等。

（1）以海运为核心的国际多式联运。

以海运为核心的国际多式联运主要包括海公联运、海铁联运、火车轮渡、滚装运输等。由于内河运输与海运在航行条件、船舶吨位、适用法规上有所不同，因此，江海联运、载驳运输/子母船运输往往也被视为多式联运。

目前，我国海铁联运发展缓慢，在我国集装箱多式联运中，海铁联运的比重很低，而加拿大、澳大利亚集装箱海铁联运量一般占总量的30%以上。

（2）以陆运为核心的国际多式联运。

操作步骤1：总结以陆运为核心的国际多式联运方式。

通过资料查询，可知常见的以陆运为核心的国际多式联运方式有公铁联运、驮背运输。

操作步骤2：梳理以陆运为核心的国际多式联运方式的主要内容，完成表格填制（见表6–1–8）。

表6–1–8　以陆运为核心的国际多式联运方式的主要内容

序号	以陆运为核心的国际多式联运方式	主要内容
1	公铁联运	有效的公铁联运集公路、铁路为一体，公铁联运已成为快速准时、安全高效、费用相对较低的门到门的物流服务体系
2	驮背运输	驮背运输是一种公路和铁路联合运输方式；公铁两用车是指一种卡车拖车底盘，既适合于橡胶轮又适合于钢轨卡车的系统

（3）以空运为核心的国际多式联运。

操作步骤1：总结海空联运。

海空联运的主要线路有远东—欧洲、远东—中南美、远东—中近东、非洲、澳洲。查阅相关资料，了解具体线路的主要中转地，完成表格填制（见表6–1–9）。

表6–1–9　海空联运的主要线路的主要中转地

序号	线路	主要中转地
1	远东—欧洲	该线路有以温哥华、西雅图、洛杉矶为中转地的，也有以中国香港、仁川、曼谷、符拉迪沃斯托克（海参崴）为中转地的，还有以旧金山、新加坡为中转地的
2	远东—中南美	该线路以迈阿密、洛杉矶、温哥华为中转地

续　表

序号	线路	主要中转地
3	远东—中近东、非洲、澳洲	该线路以中国香港、曼谷、仁川为中转地，在特殊情况下，还有经马赛至非洲、经曼谷至印度、经中国香港至澳洲等的线路，但这些线路货运量较小

操作步骤2：总结陆空联运。

陆空联运广泛采用“卡车航班”运输形式，即空运进出境航班与卡车内陆运输相结合。

通过“卡车航班”建立非枢纽机场与枢纽机场之间的联系。“卡车航班”完全是为了向枢纽机场汇集货物，或者为枢纽机场发散货物而开通的。

任务二　国际多式联运业务操作

任务目标

通过本任务的学习，可以达成以下目标。

知识目标	1. 了解国际多式联运经营人的责任 2. 掌握国际多式联运单据的含义 3. 理解国际多式联运业务的组织方式
技能目标	1. 能够分析国际多式联运业务的组织方式 2. 能够梳理国际多式联运单据的内容 3. 能够梳理国际多式联运的主要业务
思政目标	培养敢于创新的精神和信息共享意识

任务发布

经过上一任务的学习，王磊已经熟悉国际多式联运的业务内容了，为了能够让王磊快速地适应后续的国际多式联运业务组织工作，主管要求王磊对国际多式联运的业务操作进行详细的了解和学习。

任务工单

国际多式联运业务操作的任务计划如表6-2-1所示。

表6-2-1　　国际多式联运业务操作的任务计划

任务名称：	
组长：	组员：
任务分工：	
方法、工具：	

续　表

任务步骤：

任务实施

步骤一：分析国际多式联运业务的组织方式。

（1）请根据所学的知识，绘制衔接式多式联运流程图和协作式多式联运流程图。

操作步骤1：绘制衔接式多式联运流程图。

操作步骤2：绘制协作式多式联运流程图。

（2）请根据《中华人民共和国海商法》《国际集装箱多式联运管理规则》《中华人民共和国民法典》等有关法律法规的规定，并参照实践中的习惯做法，对协作式多式联运与衔接式多式联运的特征进行简要分析，填写表6-2-2。

表6-2-2　　协作式多式联运与衔接式多式联运的特征分析

比较项目	协作式多式联运	衔接式多式联运
应用范围		
国际多式联运经营人的性质		
计划运输		
全程运输所涉及的商务作业和衔接工作		
运费标准、全程单一（统一）费率及运费核收办法		

步骤二：梳理国际多式联运单据的内容。

结合所学习的知识，准确梳理国际多式联运单据的内容。

扫一扫

国际多式联运提单示例

扫描二维码，查看国际多式联运提单示例。

国际多式联运单据的主要内容如下。

步骤三：梳理国际多式联运的主要业务。

国际多式联运经营人是全程运输的组织者，结合所学的知识，梳理国际多式联运的主要业务程序。

（1）第一个环节是接收托运申请、订立国际多式联运合同，此环节的核心业务及要点如下。

（2）第二个环节是集装箱的发放、提取及运送，此环节的核心业务及要点如下。

（3）第三个环节是出口报关，此环节的核心业务及要点如下。

（4）第四个环节是货物装箱及接收，此环节的核心业务及要点如下。

（5）第五个环节是订舱及安排货物运送，此环节的核心业务及要点如下。

（6）第六个环节是办理保险，此环节的核心业务及要点如下。

（7）第七个环节是签发国际多式联运提单、组织完成货物的全程运输，此环节的核心业务及要点如下。

（8）第八个环节是运输过程中的通关，此环节的核心业务及要点如下。

（9）第九个环节是货物交付，此环节的核心业务及要点如下。

（10）第十个环节是货物事故处理，此环节的核心业务及要点如下。

任务反思

在完成任务的过程中，遇到了哪些问题？是如何解决的？

任务评价

学生互评表

<table>
<tr><td>班级</td><td></td><td>姓名</td><td></td><td>学号</td><td></td></tr>
<tr><td colspan="2">任务名称</td><td colspan="4">国际多式联运业务操作</td></tr>
<tr><td colspan="2">评价项目（占比）</td><td colspan="2">评价标准</td><td>分值（分）</td><td>得分（分）</td></tr>
<tr><td colspan="2">考勤（10%）</td><td colspan="2">出勤情况（无故旷课、迟到、早退，出现一次扣10分；请假一次扣2分）</td><td>10</td><td></td></tr>
<tr><td rowspan="2">学习能力（10%）</td><td>合作学习能力</td><td colspan="2">小组合作参与程度（优6分，良4分，一般2分，未参与0分）</td><td>6</td><td></td></tr>
<tr><td>个人学习能力</td><td colspan="2">个人自主探究参与程度（优4分，良2分，未参与0分）</td><td>4</td><td></td></tr>
<tr><td rowspan="14">工作过程（60%）</td><td rowspan="3">分析国际多式联运业务的组织方式</td><td colspan="2">能准确绘制衔接式多式联运流程图（每错一处扣1分）</td><td>7</td><td></td></tr>
<tr><td colspan="2">能准确绘制协作式多式联运流程图（每错一处扣1分）</td><td>6</td><td></td></tr>
<tr><td colspan="2">能准确分析协作式多式联运与衔接式多式联运的业务特征（每错一处扣1分）</td><td>8</td><td></td></tr>
<tr><td>梳理国际多式联运单据的内容</td><td colspan="2">能准确梳理国际多式联运单据的主要内容（每错一处扣1分）</td><td>9</td><td></td></tr>
<tr><td rowspan="10">梳理国际多式联运的主要业务</td><td colspan="2">能梳理接收托运申请、订立多式联运合同环节的核心业务及要点（每错一处扣1分）</td><td>3</td><td></td></tr>
<tr><td colspan="2">能梳理集装箱的发放、提取及运送环节的核心业务及要点（每错一处扣1分）</td><td>3</td><td></td></tr>
<tr><td colspan="2">能梳理出口报关环节的核心业务及要点（每错一处扣1分）</td><td>3</td><td></td></tr>
<tr><td colspan="2">能梳理货物装箱及接收环节的核心业务及要点（每错一处扣1分）</td><td>3</td><td></td></tr>
<tr><td colspan="2">能梳理订舱及安排货物运送环节的核心业务及要点（每错一处扣1分）</td><td>3</td><td></td></tr>
<tr><td colspan="2">能梳理办理保险环节的核心业务及要点（每错一处扣1分）</td><td>3</td><td></td></tr>
<tr><td colspan="2">能梳理签发多式联运提单、组织完成货物的全程运输环节的核心业务及要点（每错一处扣1分）</td><td>3</td><td></td></tr>
<tr><td colspan="2">能梳理运输过程中的通关环节的核心业务及要点（每错一处扣1分）</td><td>3</td><td></td></tr>
<tr><td colspan="2">能梳理货物交付环节的核心业务及要点（每错一处扣1分）</td><td>3</td><td></td></tr>
<tr><td colspan="2">能梳理货物事故处理环节的核心业务及要点（每错一处扣1分）</td><td>3</td><td></td></tr>
<tr><td rowspan="2">工作成果（20%）</td><td>完成情况</td><td colspan="2">能按规范及要求完成任务（未完成一处扣2分）</td><td>10</td><td></td></tr>
<tr><td>展示情况</td><td colspan="2">能准确展示国际多式联运业务组织方式的业务特征，并梳理国际多式联运的主要业务（失误一次扣5分）</td><td>10</td><td></td></tr>
<tr><td colspan="4">合计</td><td>100</td><td></td></tr>
</table>

教师评价表

任务名称	国际多式联运业务操作							
授课信息								
班级		组别		姓名		学号		
评价项目（占比）		评价标准					分值（分）	得分（分）
考勤（10%）		出勤情况（无故旷课、迟到、早退，出现一次扣10分；请假一次扣2分）					10	
学习能力（10%）	合作学习能力	小组合作参与程度（优6分，良4分，一般2分，未参与0分）					6	
	个人学习能力	个人自主探究参与程度（优4分，良2分，未参与0分）					4	
工作过程（60%）	分析国际多式联运业务的组织方式	能准确绘制衔接式多式联运流程图（每错一处扣1分）					7	
		能准确绘制协作式多式联运流程图（每错一处扣1分）					6	
		能准确分析协作式多式联运与衔接式多式联运的业务特征（每错一处扣1分）					8	
	梳理国际多式联运单据的内容	能准确梳理国际多式联运单据的主要内容（每错一处扣1分）					9	
	梳理国际多式联运的主要业务	能梳理接收托运申请、订立多式联运合同环节的核心业务及要点（每错一处扣1分）					3	
		能梳理集装箱的发放、提取及运送环节的核心业务及要点（每错一处扣1分）					3	
		能梳理出口报关环节的核心业务及要点（每错一处扣1分）					3	
		能梳理货物装箱及接收环节的核心业务及要点（每错一处扣1分）					3	
		能梳理订舱及安排货物运送环节的核心业务及要点（每错一处扣1分）					3	
		能梳理办理保险环节的核心业务及要点（每错一处扣1分）					3	
		能梳理签发多式联运提单、组织完成货物的全程运输环节的核心业务及要点（每错一处扣1分）					3	
		能梳理运输过程中的通关环节的核心业务及要点（每错一处扣1分）					3	
		能梳理货物交付环节的核心业务及要点（每错一处扣1分）					3	
		能梳理货物事故处理环节的核心业务及要点（每错一处扣1分）					3	
工作成果（20%）	完成情况	能按规范及要求完成任务（未完成一处扣2分）					10	
	展示情况	能准确展示国际多式联运业务组织方式的业务特征，并梳理国际多式联运的主要业务（失误一次扣5分）					10	
合计							100	

知识学习

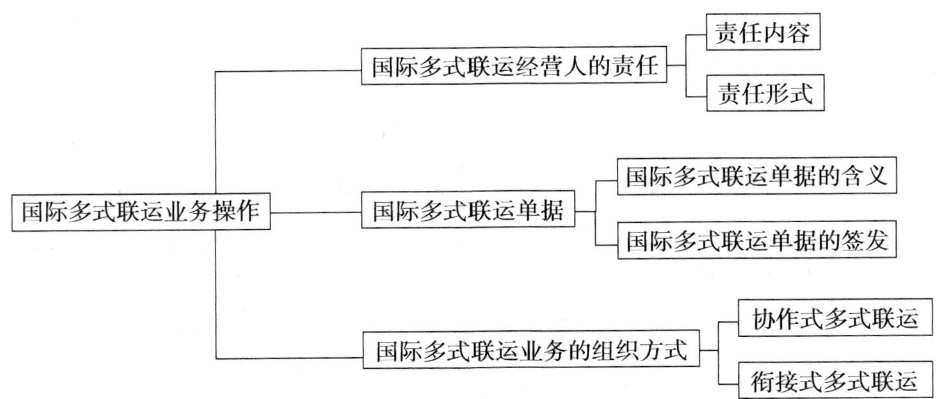

一、国际多式联运经营人的责任

1. 责任内容

根据《联合国国际货物多式联运公约》的规定，国际多式联运经营人的责任期间为从接管货物时起至交付货物时止，即承运人掌管货物的全部期间。其主要责任如下。

（1）托运人委托国际多式联运经营人负责装箱、计数的，其应对箱内货物不是由于包装和质量问题而造成的污损和灭失负责。

（2）托运人委托国际多式联运经营人装箱时，未按托运人要求，对因积载不当、衬垫捆扎不良而造成的串味、污损、倒塌、碰撞等货损负责。

（3）在责任期间，国际多式联运经营人对因责任事故造成的货物损坏或灭失负责。

（4）国际多式联运经营人对货物延迟交付负责。

2. 责任形式

（1）统一责任制。

统一责任制是指不论货损、货差发生在哪个区段，国际多式联运经营人都要负责。而且对货主赔偿时不考虑各区段运输方式的种类及其所用的法律，对全程运输按统一的原则和约定的责任限额进行赔偿。

（2）网状责任制。

网状责任制是指国际多式联运经营人尽管对全程运输负责，但对货运事故的赔偿仍按不同运输区段所适用的法律规定进行，当无法确定货运事故发生区段时，则按海运法规或双方约定原则予以赔偿。目前，几乎所有的多式联运提单均采取这种责任形式。

（3）修正的统一责任制。

这是一种介于统一责任制与网状责任制之间的责任形式，也称混合责任制。它在责任基础上与统一责任制相同，而在赔偿限额上则与网状责任制相同。

扫一扫

国际多式联运集装箱
货损责任纠纷案例

扫描二维码，查看国际多式联运集装箱货损责任纠纷案例。

二、国际多式联运单据

1. 国际多式联运单据的含义

《联合国国际货物多式联运公约》对国际多式联运单据的定义："国际多式联运单据是指证明多式联运合同及证明多式联运经营人接管货物并负责按照合同条款交付货物的单据。"

国际多式联运单据并不是国际多式联运合同，而是国际多式联运合同的证明，同时还是国际多式联运经营人收到货物的收据和凭其交货的凭证。

2. 国际多式联运单据的签发

（1）国际多式联运经营人接管货物时，应签发一项国际多式联运单据，该单据应依发货人的选择，或为可转让单据或为不可转让单据。

（2）国际多式联运单据应由国际多式联运经营人或经其授权的人签字。

（3）国际多式联运单据上的签字，如不违背签发国际多式联运单据所在国的法律，可以是手签、打透花字、盖章、符号，也可以用任何其他机械或电子仪器打印。

三、国际多式联运业务的组织方式

国际多式联运的全过程就其工作性质的不同，可分为实际运输过程（即各区段载运工作过程）和全程运输组织业务过程两部分。实际运输过程是由参加国际多式联运的各种运输方式的实际承运人完成的，可以是国际多式联运经营人自己完成，也可以通过订立分运合同由其他承运人完成。全程运输组织业务过程则一定是由国际多式联运经营人完成的，主要包括全程运输所涉及的所有商务性事务和衔接服务性工作的组织实施。国际多式联运业务的组织方式可以有多种，但就其组织体制来说，基本上可按协作式多式联运和衔接式多式联运分为两大类。

1. 协作式多式联运

协作式多式联运是指两种或两种以上运输方式的运输企业，按照统一的规章或商定的协议，共同将货物从接管地点运到指定交付地点的运输。

协作式多式联运是目前国内段联运的基本形式。在协作式多式联运组织方式下，参与联运的承运人均可受理托运人的托运申请，接收货物，签署全程运输单据，并负责自己区段的运输；后续承运人除负责自己区段的运输，还需要承担运输衔接工作；而最后承运人则需要承担货物交付及受理收货人的货损货差的索赔。目前，根据开展国际多式联运依据的不同，协作式多式联运可进一步细分为法定（多式）联运和协议（多式）联运两种。

（1）法定（多式）联运是指不同运输方式的运输企业之间根据国家运输主管部门颁布的规章开展的多式联运。

（2）协议（多式）联运是指运输企业之间根据商定的协议开展的国际多式联运。比如，不同运输方式的干线运输企业与支线运输或短途运输企业，根据签署的联运协议开展的国际多式联运，即属此种联运。

2.衔接式多式联运

衔接式多式联运是指由一个国际多式联运企业（国际多式联运经营人）综合组织两种或两种以上运输方式的运输企业，将货物从接管地点运到指定交付地点。

在实践中，国际多式联运经营人既可能由不拥有任何运输工具的国际货运代理、场站经营人、仓储经营人担任，也可能由从事某一区段的实际承运人担任，但无论如何，都必须持有国家有关主管部门核准的许可证书，能独立承担责任。

思政提升

国际多式联运智慧物流：助力内陆开放高地建设

以重庆果园港为中心，依托完善的水、陆、空、铁多式联运体系优势，打造国际物流重要枢纽节点和多式联运基地，加速推进重庆建设内陆国际物流枢纽和口岸高地——2019年，人民网“一撇一捺看发展”主题调研采访团走进重庆辉联埔程多式联运智慧物流项目，挖掘讲述了重庆在服务“陆海新通道”，助力内陆开放高地建设中的一线生动案例。

“目前公司已形成以智慧物流、大数据、供应链金融、商贸等为一体的供应链智慧物流信息化平台。”丁艳介绍，该项目也将关注“陆海新通道”沿线城市并持续发力，目前实现了新加坡、越南、印度等东南亚各国家重点港口的网点全覆盖。

国内市场方面，辉联埔程以“重庆聚盟App”为建设主体，现已聚集300多家物流企业，建设全国核心城市物流干线987条，实现了点发全国、点地直发的全覆盖。同时，项目还进一步整合货源、车源、场地等物流资源，建立了高效专业的大重庆配送网络。2018年6月同城供应链平台正式上线后，2018年平台收发货量20万吨；2019年11月—2019年10月，平台收发货量则共计52万吨。

“‘陆海新通道’为客户提供了高速的物流解决方案，未来市场潜力非常大。”丁艳

表示，接下来辉联埔程多式联运智慧物流项目将继续整合资源，打造重庆乃至中西部地区的重要物流枢纽中心，促进重庆物流业的发展，“在中新两国政府的支持下，辉联埔程多式联运智慧物流项目将充分调动和发挥本地、区域和国际层面的资源优势和专业能力，为中新双方合作的一张靓丽名片，为中新（重庆）战略性互联互通示范项目增光添彩。”

“陆海新通道”的成功，离不开创新举措的实施以及跨方式、跨部门、跨区域的信息资源共享。

作为当代青年，我们要紧跟国家“一带一路”发展步伐，要敢于创新，要有信息共享意识，提升国家自豪感。

参考答案

步骤一：分析国际多式联运业务的组织方式。

（1）请根据所学的知识，绘制衔接式多式联运流程图和协作式多式联运流程图。

操作步骤1：绘制衔接式多式联运流程图（见图6-2-1）。

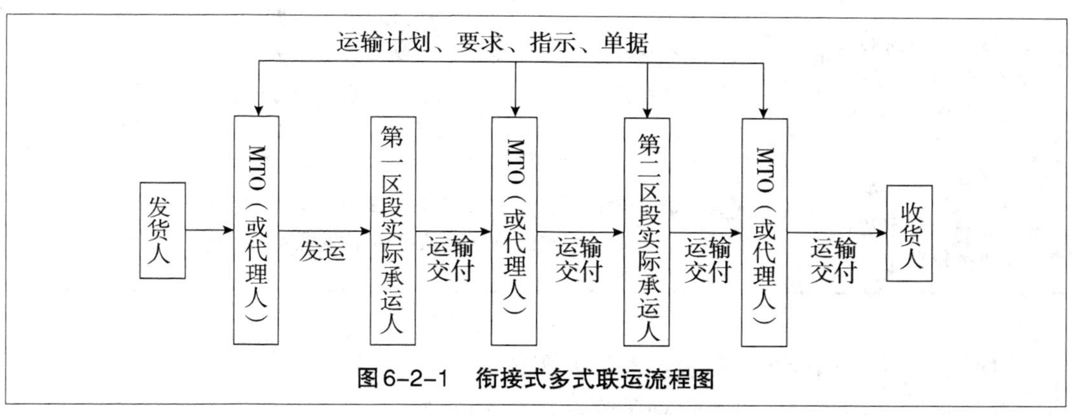

图6-2-1　衔接式多式联运流程图

操作步骤2：绘制协作式多式联运流程图（见图6-2-2）。

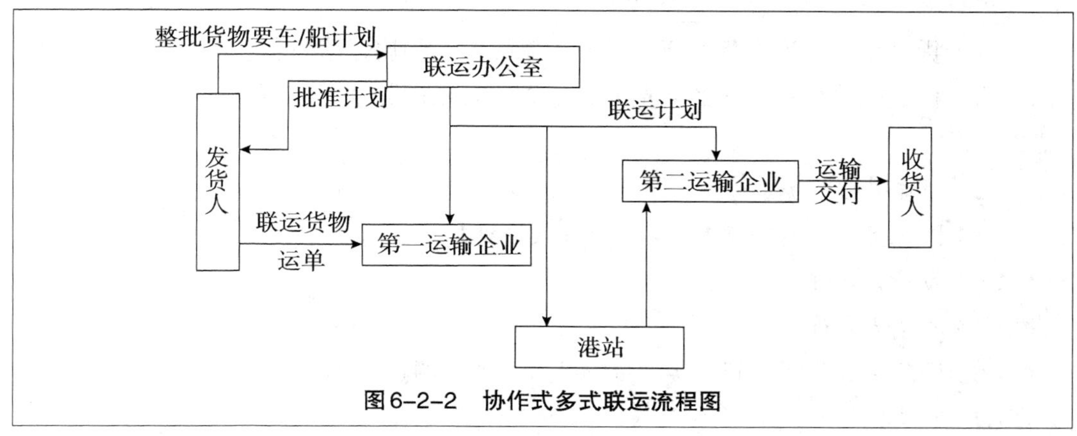

图6-2-2　协作式多式联运流程图

（2）请根据《中华人民共和国海商法》《国际集装箱多式联运管理规则》《中华人民共和国民法典》等有关法律法规的规定，并参照实践中的习惯做法，对协作式多式联运与衔接式多式联运的特征进行简要分析，填写表6–2–2（见表6–2–3）。

表6–2–3　　协作式多式联运与衔接式多式联运的特征分析

比较项目	协作式多式联运	衔接式多式联运
应用范围	仅在国内段联运中采用	不仅在国际货物运输中广泛采用，而且在国内货物运输中采用的比例也在迅速变大
国际多式联运经营人的性质	各联运换装港/站大都设置联运机构，以便于协调换装作业及衔接工作，但联运机构不具备法人资格，不能独立承担责任	国际多式联运经营人应持相应的许可证书，能够独立承担责任，这是衔接式多式联运开展的必备条件
计划运输	协作式多式联运和衔接式多式联运无须事先提报联运计划，不实行计划运输，可直接办理托运、填写运单或提单	
全程运输所涉及的商务作业和衔接工作	由实际承运人负责全程运输所涉及的商务作业和衔接工作	国际多式联运经营人负责包括受理托运、收货、签发运输单据、收取运费、运输衔接、交付、受理货方的索赔等所有商务作业和衔接工作，实际承运人不与货方直接发生关系
运费标准、全程单一（统一）费率及运费核收办法	在协作式多式联运和衔接式多式联运中，运费标准由双方协商（在分段计价时，如果某一区段实行国家定价，则该区段不能采取协议价）	

步骤二：梳理国际多式联运单据的内容。

结合所学习的知识，准确梳理国际多式联运单据的内容。

国际多式联运单据的主要内容如下。

（1）货物品类、识别货物所必需的主要标志，如属危险货物，其危险特性的明确声明、包数或件数、货物的毛重或其他方式表示的数量等，所有这些事项均由发货人提供。

（2）货物外表状况。

（3）国际多式联运经营人的名称和主要营业场所。

（4）发货人名称。

（5）收货人名称。

（6）国际多式联运经营人接管货物的地点和日期。

（7）交货地点。

（8）在交付地点交货的日期或期间。

（9）表示该国际多式联运单据为可转让或不可转让的声明。

（10）国际多式联运单据的签发地点和日期。

（11）国际多式联运经营人或经其授权的人的签字。

（12）每种运输方式的运费；或者应由收货人支付的运费，包括用以支付的货币；或者关于运费由收货人支付的其他说明。

（13）预期经过的线路、运输方式和转运地点。

（14）不违背签发国际多式联运单据所在国的法律，双方同意列入多式联运单据的任何其他事项。

但是以上一项或者多项内容的缺乏，不影响单据作为多式联运单据的性质。

步骤三：梳理国际多式联运的主要业务。

国际多式联运经营人是全程运输的组织者，结合所学的知识，梳理国际多式联运的主要业务程序。

（1）第一个环节是接收托运申请、订立国际多式联运合同，此环节的核心业务及要点如下。

国际多式联运经营人根据货主提出的托运申请和自己的运输线路等情况，判断是否接受该托运申请。如果能够接受，则双方议定有关事项后，在交给发货人或其代理人的场站收据（空白）副本上签章（必须是海关能接受的），证明接受托运申请，国际多式联运合同就已经订立并开始执行。

发货人或其代理人根据双方就货物交接方式、时间、地点、付费方式等达成的协议，填写场站收据（货物情况可暂时为空），并把其送至国际多式联运经营人处编号，国际多式联运经营人编号后留下货物托运联，将其他联交还给发货人或其代理人。

（2）第二个环节是集装箱的发放、提取及运送，此环节的核心业务及要点如下。

国际多式联运中使用的集装箱一般应由国际多式联运经营人提供。

如果双方协议由发货人自行装箱，则国际多式联运经营人应签发提箱单或者把租箱公司或分运人签发的提箱单交给发货人或其代理人，由他们在规定日期到指定的堆场提箱并自行将空箱拖运到货物装箱地点，准备装货。如果发货人委托亦可由国际多式联运经营人办理从堆场装箱地点的空箱拖运（这种情况需加收空箱拖运费）；如果是拼箱货（或是整箱货但发货人无装箱条件不能自装时），则由国际多式联运经营人将所用空箱调运至接收货物的集装箱货运站，做好装箱准备。

（3）第三个环节是出口报关，此环节的核心业务及要点如下。

若联运从港口开始，则在港口报关；若联运从内陆地区开始，应在附近的内陆地海关办理报关。出口报关事宜一般由发货人或其代理人办理，也可委托国际多式联运经营人代为办理（这种情况需加收报关手续费，并由发货人负责海关派员所产生的全部费用）。报关时应提供场站收据、装箱单、出口许可证等有关单据和文件。

（4）第四个环节是货物装箱及接收，此环节的核心业务及要点如下。

若是发货人自行装箱，即发货人或其代理人提取空箱后在自己的工厂和仓库组织装箱，装箱工作一般要在报关后进行，并请海关派人到装箱地点监装和办理加封事宜。

对于由货主自装箱的整箱货物，发货人应负责将货物运至双方协议规定的地点，国际多式联运经营人或其代理人（包括委托的堆场业务员）在指定地点接收货物。

如是拼箱货，国际多式联运经营人在指定的货运站接收、验收货物后，在场站收据正本上签章，并将其交给发货人或其代理人。

（5）第五个环节是订舱及安排货物运送，此环节的核心业务及要点如下。

国际多式联运经营人在合同订立之后，即制订合同涉及的集装箱货物的运输计划，该计划包括货物的运输线路、区段的划分、各区段实际承运人的选择确定及各区段衔接地点的到达、起运时间等内容。

（6）第六个环节是办理保险，此环节的核心业务及要点如下。

在发货人方面，应投保货物运输险。该保险由发货人自行办理，或由发货人承担费用由国际多式联运经营人代为办理。货物运输保险可以是全程的，也可以分段投保。

在国际多式联运经营人方面，应投保货物责任险和集装箱保险，由国际多式联运经营人或其代理人向保险公司办理，或以其他形式办理。

（7）第七个环节是签发国际多式联运提单、组织完成货物的全程运输，此环节的核心业务及要点如下。

国际多式联运经营人的代表收取货物后，应向发货人签发多式联运提单。国际多式联运经营人有完成和组织完成全程运输的责任和义务。在接收货物后，要组织各区段实际承运人、各派出机构及代表共同协调工作，完成全程中各区段的运输及各区段之间的衔接工作，还要负责运输过程中所涉及的各种服务性工作和运输单据、文件及有关信息等的组织和协调工作。

（8）第八个环节是运输过程中的通关，此环节的核心业务及要点如下。

该环节工作主要包括进口国的通关手续、进口国内陆段保税（海关监管）运输手续及结关等内容。如果陆上运输要通过其他国家海关和内陆运输线路时，还应包括这些海关的通关及保税运输手续。这些涉及海关的手续一般由国际多式联运经营人的派出机构或代理人办理，也可由各区段国际承运人作为国际多式联运经营人的代表办理，由此产生的全部费用应由发货人或收货人负担。

（9）第九个环节是货物交付，此环节的核心业务及要点如下。

当货物运至目的地后，由目的地代理人通知收货人提货。

收货人需凭国际多式联运提单提货，国际多式联运经营人或其代理人需按合同规定，收取收货人应付的全部费用。

国际多式联运经营人或其代理人收回提单后签发提货单（交货记录），提货人凭提货单到指定堆场（整箱货）和集装箱货运站（拼箱货）提取货物。

如果是整箱提货，则收货人要负责至掏箱地点的运输，并在货物掏出后将集装箱运回指定的堆场，运输合同终止。

（10）第十个环节是货物事故处理，此环节的核心业务及要点如下。

在国际多式联运经营人接管货物后，如果全程运输中发生了货物灭失、损害和运输延误，无论是否能确定发生的区段，发（收）货人均可向国际多式联运经营人提出索赔。

国际多式联运经营人根据提单条款及双方协议确定责任并做出赔偿，不能因已把全程的某一个运输阶段委托给其他运输分包人而不负责任。

如能确知事故发生的区段和实际责任者时，可向实际责任者进一步进行索赔。如不能确定事故发生的区段时，一般按在海运段发生事故处理。

如果已对货物及责任投保，则存在要求保险公司赔偿和向保险公司进一步追索的问题。如果受损人和责任人之间不能取得一致意见，则需通过在诉讼时效内提起诉讼和仲裁来解决。

项目七　甩挂运输操作

任务一　甩挂运输概述

任务目标

通过本任务的学习，可以达成以下目标。

知识目标	1. 了解甩挂运输的含义 2. 理解甩挂运输的影响因素 3. 了解实施甩挂运输的必要条件
技能目标	1. 能够准确梳理实施甩挂运输的必要条件 2. 能够识别具体的甩挂运输类别
思政目标	通过“一带一路”对甩挂运输的促进作用，培养爱国主义情怀

任务发布

华源集团有限公司是一级国际货运代理企业，在甩挂货运方面拥有一支高素质、操作经验丰富的专业团队，可根据客户个性化需求，为客户提供合理的甩挂运输解决方案，保障货物安全、顺利、高效地到达最终地点。

张力是刚入职的新员工，为了让其更加快速地适应新的工作，主管要求其对甩挂运输的基础知识进行学习和理解。

任务工单

甩挂运输概述的任务计划如表7-1-1所示。

表 7-1-1　　甩挂运输概述的任务计划

任务名称：	
组长：	组员：
任务分工：	
方法、工具：	
任务步骤：	

任务实施

步骤一：甩挂运输基础认知。

（1）甩挂运输企业认知。

通过网络查询的方式，收集实施甩挂运输的企业，并简要说明该企业的具体情况，包括企业类型、企业所运输的货物及企业实施甩挂运输的优势。

操作步骤 1：查找甩挂运输相关企业。

操作步骤 2：梳理实施甩挂运输的企业概况（见表 7-1-2）。

表 7-1-2　　实施甩挂运输的企业概况

序号	企业名称	企业概况
1		
2		

（2）梳理企业实施甩挂运输的必要条件。

根据所学的知识，结合甩挂运输的案例，梳理甩挂运输的必要条件（见表7–1–3）。

表7–1–3　　　　甩挂运输的必要条件

序号	必要条件
1	
2	
3	
4	
5	

扫一扫

德邦甩挂运输实施案例

扫描二维码，查看德邦甩挂运输实施案例，进一步分析甩挂运输实施的必要条件。

步骤二：识别甩挂运输类别。

公路干线甩挂运输根据作业点的不同，可以分为不同的类别，结合所学内容及对甩挂运输的理解，根据给定的图例填写正确的甩挂运输类别（见表7–1–4）。

表7–1–4　　　　甩挂运输类别

序号	甩挂运输图例	甩挂运输类别
1		

续　表

序号	甩挂运输图例	甩挂运输类别
2	挂车（C） 挂车（C） 挂车（C） 挂车（C） 挂车（B） 装卸货点甲 挂车（A） 挂车（A） 装卸货点乙 挂车（A） 挂车（B） 挂车（B） 挂车（B）	
3	装卸货点甲 挂车（A） 装卸货点乙 挂车（B） 装卸货点丙 …… 装卸货点…… 挂车（B） 挂车（A） 挂车（C） 挂车（B） 挂车（N） 原路返回 沿途甩挂	
4	挂车（B） 挂车（D） 装卸货点甲 挂车（A） 挂车（B） 挂车（A） 装卸货点乙 挂车（D） 挂车（B） 装卸货点丁 挂车（C） 装卸货点丙 挂车（D） 挂车（C） 挂车（C） 挂车（B）	
5	挂车（A） 挂车（B） 挂车（N） 挂车（a） 挂车（b） 挂车（n） 装卸货点甲 挂车（A） 挂车（a） 挂车（a） 挂车（A） 装卸货点乙 挂车（B） 挂车（b） 挂车（b） 挂车（B） 装卸货点丙 挂车（N） 挂车（n） 挂车（n） 挂车（N） 装卸货点……	

任务反思

在完成任务的过程中，遇到了哪些问题？是如何解决的？

任务评价

学生互评表

班级		姓名		学号	
任务名称		甩挂运输概述			
评价项目（占比）		评价标准		分值（分）	得分（分）
考勤（10%）		出勤情况（无故旷课、迟到、早退，出现一次扣10分；请假出现一次扣2分）		10	
学习能力（10%）	合作学习能力	小组合作参与程度（优6分，良4分，一般2分，未参与0分）		6	
	个人学习能力	个人自主探究参与程度（优4分，良2分，未参与0分）		4	
工作过程（60%）	甩挂运输基础认知	能梳理常见的实施甩挂运输业务的企业（每错一处扣4分）		8	
		能梳理出实施甩挂运输的企业概况（每错一处扣6分）		12	
		能准确梳理出企业实施甩挂运输的必要条件（每错一处扣4分）		20	
	识别甩挂运输类别	能结合甩挂运输的图例确定甩挂运输类别（每错一处扣4分）		20	
工作成果（20%）	完成情况	能按规范及要求完成任务（未完成一处扣2分）		10	
	展示情况	能准确展示实施甩挂运输业务的企业及企业概况，实施甩挂运输的必要条件及常见的甩挂运输的类别（失误一次扣5分）		10	
合计				100	

教师评价表

<table>
<tr><td>任务名称</td><td colspan="7">甩挂运输概述</td></tr>
<tr><td>授课信息</td><td colspan="7"></td></tr>
<tr><td>班级</td><td></td><td>组别</td><td></td><td>姓名</td><td></td><td>学号</td><td></td></tr>
<tr><td colspan="2">评价项目（占比）</td><td colspan="4">评价标准</td><td>分值（分）</td><td>得分（分）</td></tr>
<tr><td colspan="2">考勤（10%）</td><td colspan="4">出勤情况（无故旷课、迟到、早退，出现一次扣10分；请假出现一次扣2分）</td><td>10</td><td></td></tr>
<tr><td rowspan="2">学习能力（10%）</td><td>合作学习能力</td><td colspan="4">小组合作参与程度（优6分，良4分，一般2分，未参与0分）</td><td>6</td><td></td></tr>
<tr><td>个人学习能力</td><td colspan="4">个人自主探究参与程度（优4分，良2分，未参与0分）</td><td>4</td><td></td></tr>
<tr><td rowspan="4">工作过程（60%）</td><td rowspan="3">甩挂运输基础认知</td><td colspan="4">能梳理常见的实施甩挂运输业务的企业（每错一处扣4分）</td><td>8</td><td></td></tr>
<tr><td colspan="4">能梳理出实施甩挂运输的企业概况（每错一处扣6分）</td><td>12</td><td></td></tr>
<tr><td colspan="4">能准确梳理出企业实施甩挂运输的必要条件（每错一处扣4分）</td><td>20</td><td></td></tr>
<tr><td>识别甩挂运输类别</td><td colspan="4">能结合甩挂运输的图例确定甩挂运输类别（每错一处扣4分）</td><td>20</td><td></td></tr>
<tr><td rowspan="2">工作成果（20%）</td><td>完成情况</td><td colspan="4">能按规范及要求完成任务（未完成一处扣2分）</td><td>10</td><td></td></tr>
<tr><td>展示情况</td><td colspan="4">能准确展示实施甩挂运输业务的企业及企业概况，实施甩挂运输的必要条件及常见的甩挂运输的类别（失误一次扣5分）</td><td>10</td><td></td></tr>
<tr><td colspan="6">合计</td><td>100</td><td></td></tr>
</table>

知识学习

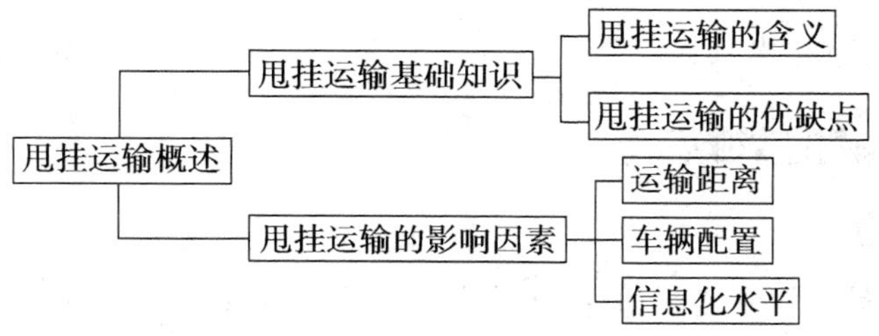

一、甩挂运输基础知识

1. 甩挂运输的含义

甩挂运输就是带有动力的机动车将随车拖带的承载装置，包括半挂车、全挂车甚至货车底盘上的货箱甩留在目的地后，再拖带其他装满货物的装置返回原地，或者驶向新的地点。

扫一扫

甩挂运输案例

扫描二维码，查看甩挂运输案例。

2. 甩挂运输的优缺点

（1）优点。

①人停车不停，车辆运营效率提高。

在同样的运输条件下，车辆运输效率的高低取决于货物的装载量、装卸时间、车辆的行驶速度等因素，甩挂运输极大节省了货物装卸时车辆的停车等待时间，同时也提高了牵引车的运营效率。

②减少牵引车购入数量，减少投资成本。

由于甩挂运输牵引车可以重复拖挂不同的挂车，不必按传统的“一车一挂”进行匹配，因此在同等的条件下，物流公司可以减少牵引车的数量，以此减少投资成本。

③减少车辆空载率，提高车辆使用率。

甩挂运输下，车辆到达装卸点更换完挂车以后即可踏上新的运程，几乎不存在放空的情况，可以节约不少不必要的燃油消耗，进一步减少成本开支。

（2）缺点。

①首期投资成本巨大。

②需要充足的货源做支撑。

二、甩挂运输的影响因素

1. 运输距离

甩挂运输作为一种公路运输组织形式，其运输距离是影响运作效率的一个因素。由于甩挂运输所解决的一个重要问题是作业点处的装卸作业时间较长而造成车辆等待，因此在理想情况下，牵引车的行驶时间应当与装卸作业时间相等，这就等同于限定了甩挂运输的运输距离。

由此可见，若甩挂运输距离较长，即牵引车运输时间大于各点的装卸作业时间，就会导致作业点处货物的堆积，产生大量存储成本；若甩挂运输距离较短，即牵引车运输时间小于各点的装卸作业时间，就会导致牵引车不必要的等待，降低运输效率。

因此，运输距离是甩挂运输一个重要的影响因素，但由于甩挂运输的最佳运输距离需要结合不同的甩挂运输组织方式具体分析，且通常在复杂的运输网络中很难确定一个确切的值。

2. 车辆配置

由于牵引车在途中进行运输时，挂车在各作业点进行装卸，因此在一条运输线路上，牵引车数量与挂车数量要根据运输任务和牵引车运输时长配置相应的比例。比如在“一线两点”甩挂过程中，作业点A、B处有正在装货的挂车a、b，同时牵引车运输挂车c前往作业点B，理想情况下，牵引车到达作业点B随即甩下挂车c，并挂上装好货物的挂车b，将其运输至作业点A，重复上述过程。

由此可见，与甩挂运输的运输距离一样，甩挂运输的车辆配置也需要与具体的运输组织模式相结合进行分析。若牵引车配置过量会出现牵引车闲置的情况，从而影响车辆的使用效率；牵引车配置过少则会使挂车在作业点存放时间过长，增加不必要的存储成本。因此，甩挂运输的车辆配置也是影响其整体效率的因素之一。

3. 信息化水平

与整车的车辆调度不同，由于甩挂运输的牵引车与挂车可分离，根据货运任务进行车辆调度时更加复杂，既需要考虑牵引车的行驶路径，还需要考虑牵引车在每条路径上的行驶状态，以及每个牵引车的运输任务。除了需要了解牵引车的位置信息，还需要了解牵引车的状态、每个作业点处的挂车数量等信息，并需要信息化平台来联通货源信息和运力信息，才能更有效地进行车辆调度。因此，信息化水平也是甩挂运输的关键影响因素。

思政提升

半挂车标准化建设

我国以前公路上行驶着许多超限的超长厢车和低平板车，面对如此情况政府大力推进半挂车标准化进程。半挂车作为道路干线运输的主要装备，车厢长度标准是综合运输体系的一个基础标准。

为改善目前超限半挂车主导的局面，参照欧美双挂车标准，依据轴荷、载重量、总长度尺寸、货厢容积等参数，制定出三种模块化超长汽车车型选型方案。

在政策方面以强化执法、疏堵结合、加快淘汰、鼓励更新为目标，在车辆数量少的区域和线路率先开展集中治理。

很多物流企业和个体业主需要注意的是，禁止大件运输专用车型从事普通货物运输，超出国家标准规定的车长限制的半挂车型同样禁止在高速公路通行，国家会加大审查力度，查处超限挂车。同时，鼓励车辆更新和使用先进的标准化车型。通过引入模块化超长汽车列车、中置轴货车列车进行疏导。

在国家政策的支持下，干线甩挂运输必将成为未来货运物流的重要运作模式，同时交通部将对大量非标准甩挂进一步强化执法力度。干线运输企业唯有加快企业内部甩挂标准化，加强区域企业合作，紧跟国家大方向，才能在新常态物流环境下杀出重围。

正所谓无规矩不成方圆，标准意识和规范意识在任何的事务中都是必不可少的。

参考答案

步骤一：甩挂运输基础认知。

（1）甩挂运输企业认知。

通过网络查询的方式，收集实施甩挂运输的企业，并简要说明该企业的具体情况，包括企业类型、企业所运输的货物及企业实施甩挂运输的优势。

操作步骤1：查找甩挂运输相关企业。

①烟台中远海运甩挂物流有限公司。
②盛丰物流集团有限公司。

操作步骤2：梳理实施甩挂运输的企业概况（见表7–1–5）。

表7–1–5 实施甩挂运输的企业概况

序号	企业名称	企业概况
1	烟台中远海运甩挂物流有限公司	烟台中远海运甩挂物流有限公司充分发挥中远海运客运的舱位保障和运价保障优势，借助中国远洋海运集团有限公司的物流网络和物流组织能力，利用烟台打捞局码头资源，实现了港、航、物流一体化运营，聚焦产业链经营理念，优化资源配置，以集装箱甩挂为抓手推出“次日达”渤海快线，成功打造了产业链经营的一站式服务“范式产品”
2	盛丰物流集团有限公司	盛丰物流集团有限公司成立于2001年，是一家专注于国内货物仓储、公路运输、市区配送的国家5A级综合物流企业。公司立足于合同物流，聚焦重点行业，以仓运配解决方案能力为基础，以仓储网络与公路运输为核心，通过推进全国物流网点布局。公司为超过4000家大中型生产制造企业和商贸企业提供优质高效的物流服务，是小米、比亚迪、当当网、新华书店、良品铺子等知名企业的主要物流合作伙伴。公司自成立以来先后获得中国物流百强企业、中国民营物流企业十强、全国制造业与物流业联动发展示范企业、中国公路货运行业金运奖、中国物流信息化十佳应用企业、中国道路运输诚信百强企业、中国物流行业先进抗疫企业等多项荣誉称号

（2）梳理企业实施甩挂运输的必要条件。

根据所学的知识，结合甩挂运输的案例，梳理甩挂运输的必要条件（见表7–1–6）。

表7–1–6　**甩挂运输的必要条件**

序号	必要条件
1	车辆装备技术标准化
2	车辆性能要达标
3	货运场地建设要完善
4	道路情况要好
5	货源稳定充足

步骤二：识别甩挂运输类别。

公路干线甩挂运输根据作业点的不同，可以分为不同的类别，结合所学内容及对甩挂运输的理解，根据给定的图例填写正确的甩挂运输类别（见表7–1–7）。

表7–1–7　**甩挂运输类别**

序号	甩挂运输图例	甩挂运输类别
1	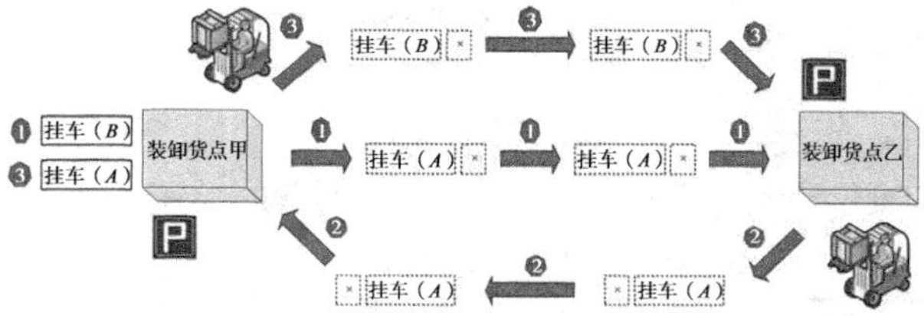	一点两点，一端甩挂
2	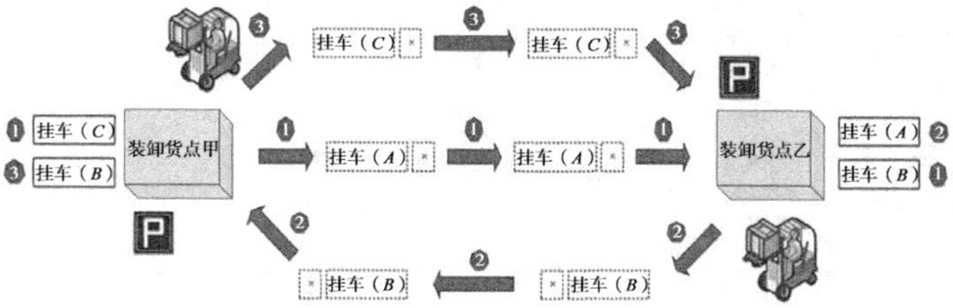	一点两点，两端甩挂
3	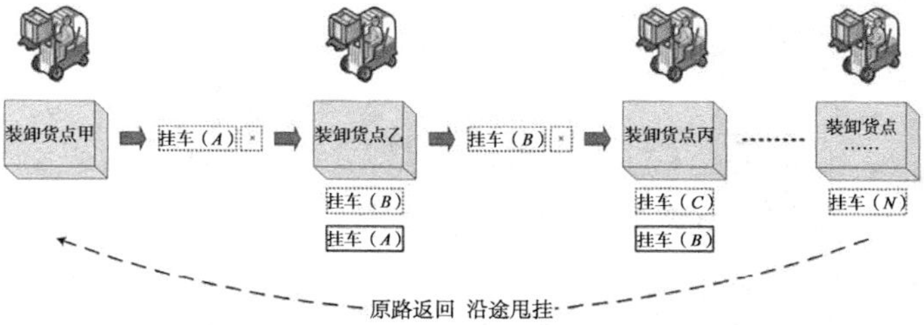	一点多点，沿途甩挂

续　表

序号	甩挂运输图例	甩挂运输类别
4	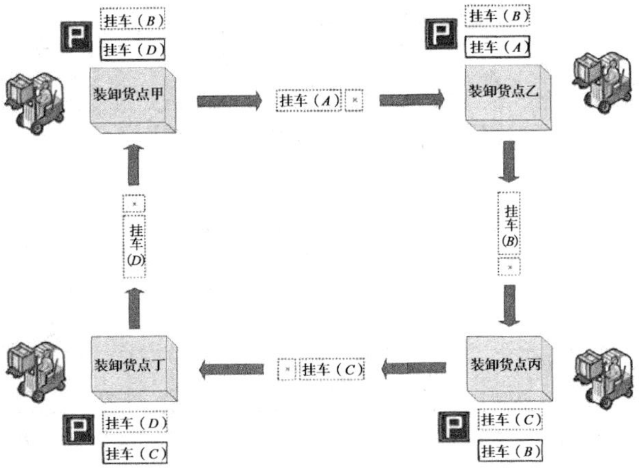 挂车（B） 挂车（D） 装卸货点甲 挂车（A） 挂车（B） 挂车（A） 装卸货点乙 挂车（B） 挂车（D） 装卸货点丁 挂车（C） 装卸货点丙 挂车（D） 挂车（C） 挂车（C） 挂车（B）	循环甩挂
5	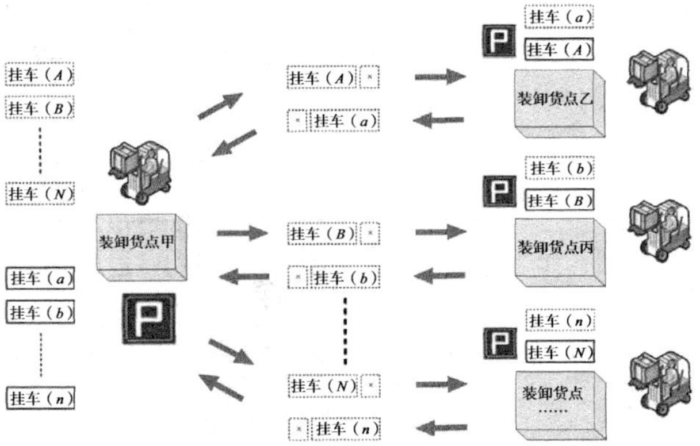 挂车（A） 挂车（B） 挂车（N） 挂车（a） 挂车（b） 挂车（n） 装卸货点甲 挂车（A） 挂车（a） 挂车（B） 挂车（b） 挂车（N） 挂车（n） 挂车（a） 挂车（A） 装卸货点乙 挂车（b） 挂车（B） 装卸货点丙 挂车（n） 挂车（N） 装卸货点 ……	多线一点，轮流甩挂

任务二　甩挂运输业务组织

任务目标

通过本任务的学习，可以达成以下目标。

知识目标	1.了解甩挂运输作业原理 2.理解甩挂运输选择的依据
技能目标	1.能够基于甩挂运输选择的依据，结合任务信息确定甩挂运输模式 2.能够基于甩挂运输模式绘制甩挂运输作业流程图
思政目标	培养数字化运营意识、绿色物流意识

任务发布

华源集团上海物流中心要运输三批货物，分别是塑料粒子、电子成品、塑料原料。经调研，公司长期承担三条线路的运输任务，具体情况如表7-2-1所示。

表7-2-1　　运输任务

序号	线路	货物类型
1	镇江—宁波	塑料粒子
2	镇江—苏州	电子成品
3	苏州—镇江	塑料原料

由于三条线路一头一尾的待装待卸时间严重影响车辆利用效率，公司拟在这三条线路开展甩挂运输，旨在降低运输成本，提高运输效益，现需张力协助制定合理的甩挂运输方案。

任务工单

甩挂运输业务组织的任务计划如表7-2-2所示。

表 7-2-2 甩挂运输业务组织的任务计划

任务名称：	
组长：	组员：
任务分工：	
方法、工具：	
任务步骤：	

任务实施

步骤一：分析运输线路。

结合任务内容，可知此次运输任务在________、________和________三条线路开展。

步骤二：确定甩挂运输模式。

（1）分析选择甩挂运输模式的考虑因素。

结合所学习的内容，分析得出选择甩挂运输模式的考虑因素如下。

（2）确定甩挂运输模式。

结合具体运输业务线路及甩挂运输的各种业务模式，张力决定采用循环甩挂模式执行此次运输业务。

此次运输业务所涉及的三个地点为：宁波奇美电子、苏州保税园区、镇江奇美化工。

①结合任务信息，牵引车 D 从______内部堆场挂电子成品重挂 $D1$，到______转关，运输时间为______小时。

②进入苏州保税园区后，牵引车D卸下重挂$D1$，挂上由________配好货的塑料原料重挂$D2$，驶向______，运输时间为________小时。

③到达____甩挂站场后，摘下重挂$D2$，挂上已装好塑料粒子的重挂$D3$，驶向________________，运输时间为______小时。

④牵引车D到达宁波奇美电子的工厂后卸下重挂$D3$，然后再行驶到______内部，运输时间为1~2小时。到达______后，重复步骤①，循环。

（3）绘制循环甩挂模式作业流程示意图。

根据上一步的分析结果，简单绘制循环甩挂模式作业流程示意图。

任务反思

在完成任务的过程中，遇到了哪些问题？是如何解决的？

任务评价

学生互评表

班级		姓名	学号		
任务名称		甩挂运输业务组织			
评价项目（占比）		评价标准		分值（分）	得分（分）
考勤（10%）		出勤情况（无故旷课、迟到、早退，出现一次扣10分；请假出现一次扣2分）		10	
学习能力（10%）	合作学习能力	小组合作参与程度（优6分，良4分，一般2分，未参与0分）		6	
	个人学习能力	个人自主探究参与程度（优4分，良2分，未参与0分）		4	
工作过程（60%）	分析运输线路	能结合任务信息确定运输任务的运输线路（每错一处扣4分）		12	

续 表

评价项目（占比）		评价标准	分值（分）	得分（分）
工作过程（60%）	确定甩挂运输模式	能准确分析选择甩挂运输模式的考虑因素（每错一处扣5分）	15	
		能确定甩挂运输的具体业务环节（每错一处扣1分）	15	
		能绘制特定模式下甩挂运输业务流程图（每错一处扣3分）	18	
工作成果（20%）	完成情况	能按规范及要求完成任务（未完成一处扣2分）	10	
	展示情况	能准确展示具体运输任务的甩挂运输作业流程示意图（失误一次扣5分）	10	
合计			100	

教师评价表

任务名称	甩挂运输业务组织						
授课信息							
班级		组别		姓名		学号	

评价项目（占比）		评价标准	分值（分）	得分（分）
考勤（10%）		出勤情况（无故旷课、迟到、早退，出现一次扣10分；请假出现一次扣2分）	10	
学习能力（10%）	合作学习能力	小组合作参与程度（优6分，良4分，一般2分，未参与0分）	6	
	个人学习能力	个人自主探究参与程度（优4分，良2分，未参与0分）	4	
工作过程（60%）	分析运输线路	能结合任务信息确定运输任务的运输线路（每错一处扣4分）	12	
	确定甩挂运输模式	能准确分析选择甩挂运输模式的考虑因素（每错一处扣5分）	15	
		能确定甩挂运输的具体业务环节（每错一处扣1分）	15	
		能绘制特定模式下甩挂运输业务流程图（每错一处扣3分）	18	
工作成果（20%）	完成情况	能按规范及要求完成任务（未完成一处扣2分）	10	
	展示情况	能准确展示具体运输任务的甩挂运输作业流程示意图（失误一次扣5分）	10	
合计			100	

知识学习

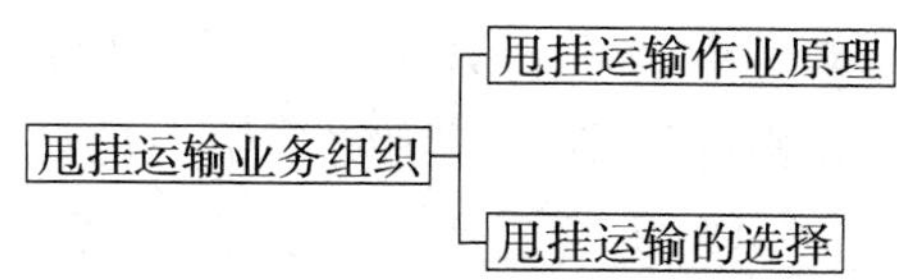

一、甩挂运输作业原理

甩挂运输的基本原理实质上是平行作业原则的最大应用。牵引车拖带挂车 A 从装卸点出发，到达目的地后，按照运行计划甩下拖带的挂车 A，换上预先装卸完货物的挂车 B，继续运行到下一个目的地，一直到完成所有的运输任务，如图 7-2-1 所示。

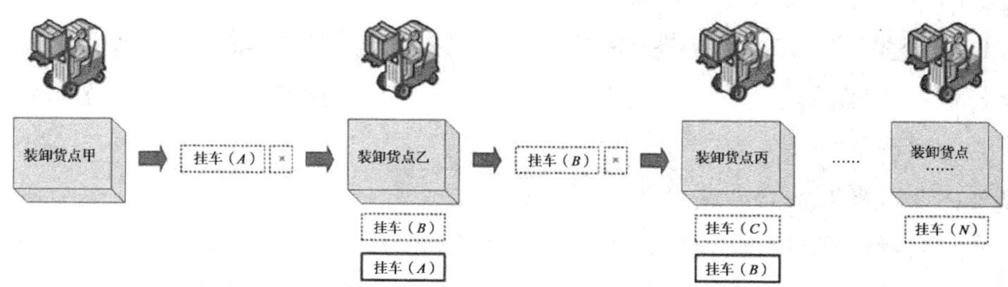

图 7-2-1　甩挂运输作业原理

扫一扫

甩挂运输的组织方式

扫描二维码，查看甩挂运输的组织方式。

牵引车与挂车之间有计划地分离与组合，使牵引车的途中运行和挂车装卸作业平行进行，在牵引车途中运行时间内完成挂车的装卸作业，缩短因装卸挂车货物而造成的牵引车停滞时间，从而加速车辆周转，提高运输效率。在同样的条件下，甩挂运输可比定挂运输取得更高的运输效率。

二、甩挂运输的选择

（1）车辆利用率高的场景更适合甩挂运输。

甩挂运输能降低车辆的运营成本，其中最重要的原因是甩挂运输中装卸作业时长缩短，车辆的利用率大幅度提高。车辆的利用率越高，越容易摊薄固定成本，降低车辆总拥有成本；同时，车辆的利用率越高，载货越多，越容易降低吨公里成本。

（2）货量充足且稳定的长距离运输适合采用甩挂运输。

短距离运输由于装卸作业时长过长，不建议物流公司采用甩挂运输。同时，运输距离越短，往返的次数越多，每次满载的情况对货量的需求就越高。

例如，300公里下，需求货量是5040吨，两端都甩的话，需要每一端每个月稳定货量为2520吨。而实际情况中，单条线路上每个月都满足2520吨货量基本不现实，因此，短途运输不适合采用甩挂运输。

而1500公里下，需求货量是936吨，两端每月稳定货量在468吨。这个货量，大部分专线公司、大车队还是有能力做到的。因此，往返有稳定且充足货量的长途线路适合采用甩挂运输。

（3）管理水平高的企业适合采用甩挂运输。

除了要求货量充足且稳定外，甩挂运输对企业的管理水平的要求也很高。

由于货源地域特性，两端的货源并不总是大致相同，所以当采用甩挂运输时，要考虑是一端甩还是两端甩。一端甩的时候，甩的那一端应该用几头几挂，才能匹配另一端的货源；两端同时甩时，用几头几挂才能让车辆利用率得到最大化，且运营成本最低。相比双边往返运营，甩挂运输对车队管理的要求更高，对成本的把控更加精细。

扫一扫

A物流公司运用甩挂运输的可行性分析

扫描二维码，查看A物流公司运用甩挂运输的可行性分析。

思政提升

东方驿站推动数字化甩挂运输发展

在国务院印发《“十四五”现代综合交通运输体系发展规划》中，第六章第二节构建高效货运服务系统中提到，要深入推广甩挂运输，创新货车租赁、挂车共享、定制化服务等模式。

在国家政策的鼓励下和新兴物流运输的需要下，甩挂运输作为一种先进的运输方式，正在蓬勃发展。以牵引车拖带挂车组成的集装箱汽车已成为物流干线运输的主力依托，欧美国家所完成的货运周转量占道路运输总周转量的比重高达70%～80%，牵引车与挂车拥有量之比普遍达到1：2.5以上，集装箱式半挂车也已成为物流运输的主要工具。

东方驿站从成立之初就在做数字化运营。要支持多变的甩挂运输需求，就要实现租赁方式多样化，如月租、日租、趟租、里程租。而要实现随时响应用户的高频需求，就要搭建互联网平台，于是简单快捷的租、售、养、修一站式线上服务平台——“挂E租”就顺势诞生了。

在中国高速发展的趋势下，东方驿站将坚持发挥企业的社会责任，在物流产业的关键技术上寻求突破，支持中国甩挂运输事业的发展。

党的二十大报告指出坚持把发展经济的着力点放在实体经济上，推进新型工业化，加快建设制造强国、质量强国、航天强国、交通强国、网络强国、数字中国。实施产业基础再造工程和重大技术装备攻关工程，支持专精特新企业发展，推动制造业高端化、智能化、绿色化发展。

作为当代青年，要不断培养数字化运营意识，为国家物流的绿色化发展持续发热。

参考答案

步骤一：分析运输线路。

结合任务内容，可知此次运输任务在镇江到宁波、镇江到苏州和苏州到镇江三条线路开展。

步骤二：确定甩挂运输模式。

（1）分析选择甩挂运输模式的考虑因素。

结合所学习的内容，分析得出选择甩挂运输模式的考虑因素如下。

①挂车的数量。
②客户的需求，如时效、货物装卸规范等。
③部分分拨中心即货运站场配备转运空挂的设备。
④挂车之间的互换协议。
⑤始发地与目的地之间的运输线路。

（2）确定甩挂运输模式。

结合具体运输业务线路及甩挂运输的各种业务模式，张力决定采用循环甩挂模式执行此次运输业务。

此次运输业务所涉及的三个地点为：宁波奇美电子、苏州保税园区、镇江奇美化工。

①结合任务信息，牵引车D从宁波奇美电子内部堆场挂电子成品重挂$D1$，到苏州保税园区转关，运输时间为3~4小时。

②进入苏州保税园区后，牵引车D卸下重挂$D1$，挂上由苏州保税园区配好货的塑料原料重挂$D2$，驶向镇江奇美化工，运输时间为2~3小时。

③到达镇江奇美化工甩挂站场后，摘下重挂$D2$，挂上已装好塑料粒子的重挂$D3$，驶向宁波奇美电子的工厂，运输时间为5~6小时。

④牵引车D到达宁波奇美电子的工厂后卸下重挂$D3$，然后再行驶到宁波奇美电子内部，运输时间为1~2小时。到达宁波奇美电子后，重复步骤①，循环。

（3）绘制循环甩挂模式作业流程示意图。

根据上一步的分析结果，简单绘制循环甩挂模式作业流程示意图，如图7-2-2所示。

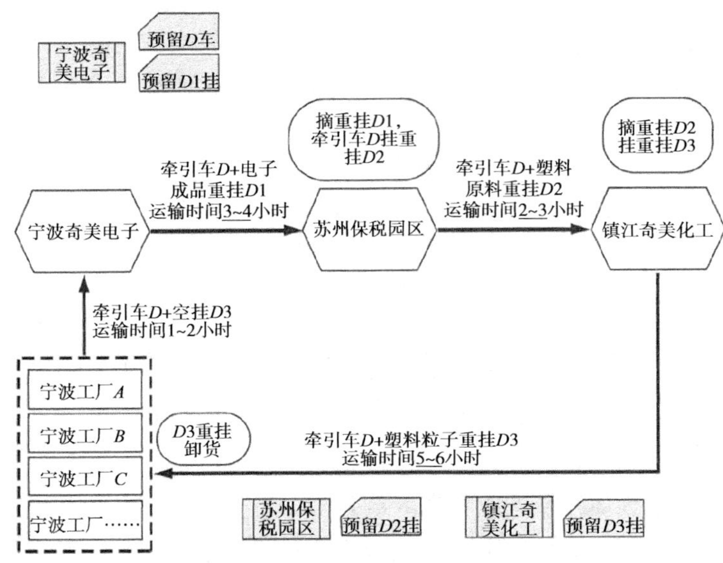

图7-2-2　循环甩挂模式作业流程示意图

项目八　网络货运操作

任务一　网络货运概述

任务目标

通过本任务的学习，可以达成以下目标。

知识目标	1. 了解网络货运的含义 2. 熟悉网络货运的特点 3. 理解网络货运平台的优势
技能目标	1. 能够梳理我国目前常见的网络货运平台 2. 能够识别具体的网络货运平台的业务核心要点
思政目标	培养"互联网+"思维和敢于实践、敢于创新的精神

任务发布

张力是华源集团上海物流中心运输部的新员工，基于华源集团网络货运业务，主管要求张力学习一下网络货运的基础知识。

任务工单

网络货运概述的任务计划如表8–1–1所示。

表8–1–1　网络货运概述的任务计划

任务名称：	
组长：	组员：
任务分工：	

续　表

方法、工具：
任务步骤：

任务实施

步骤一：比较网络货运与无车承运。

通过网络查询的方式，结合所学的知识，分析网络货运和无车承运的异同点，填写表8–1–2。

表8–1–2　网络货运和无车承运的异同点

相同点	不同点

步骤二：分析网络货运平台。

（1）收集网络货运平台。

通过网络查询的方式，收集我国目前市场上常见的网络货运平台（至少4个），并简要概括其网络货运业务核心要点，填写表8–1–3。

表8–1–3　网络货运平台的网络货运业务核心要点

网络货运平台	网络货运业务核心要点

（2）分析网络货运平台的功能。

网络货运平台是申请网络货运资质的前提条件，货主通过平台下单后选择整车还是零担，真正实现了线上互联网便捷体验和线下实体合作伙伴服务的深度融合。

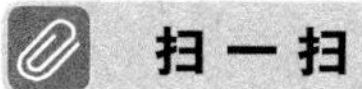

扫描二维码，查看指南车网络货运平台案例。

指南车网络货运平台案例

在选择网络货运平台时，一定要注意其具体功能，根据所学的知识，梳理出网络货运平台需要具备的功能，填写表8-1-4。

表8-1-4　网络货运平台需要具备的功能

序号	功能	功能描述
1		
2		
3		
4		
5		
6		
7		
8		

（3）梳理网络货运平台的基本运营模式。

结合所学的内容，将网络货运平台的基本运营模式图（见图8-1-1）补充完整。

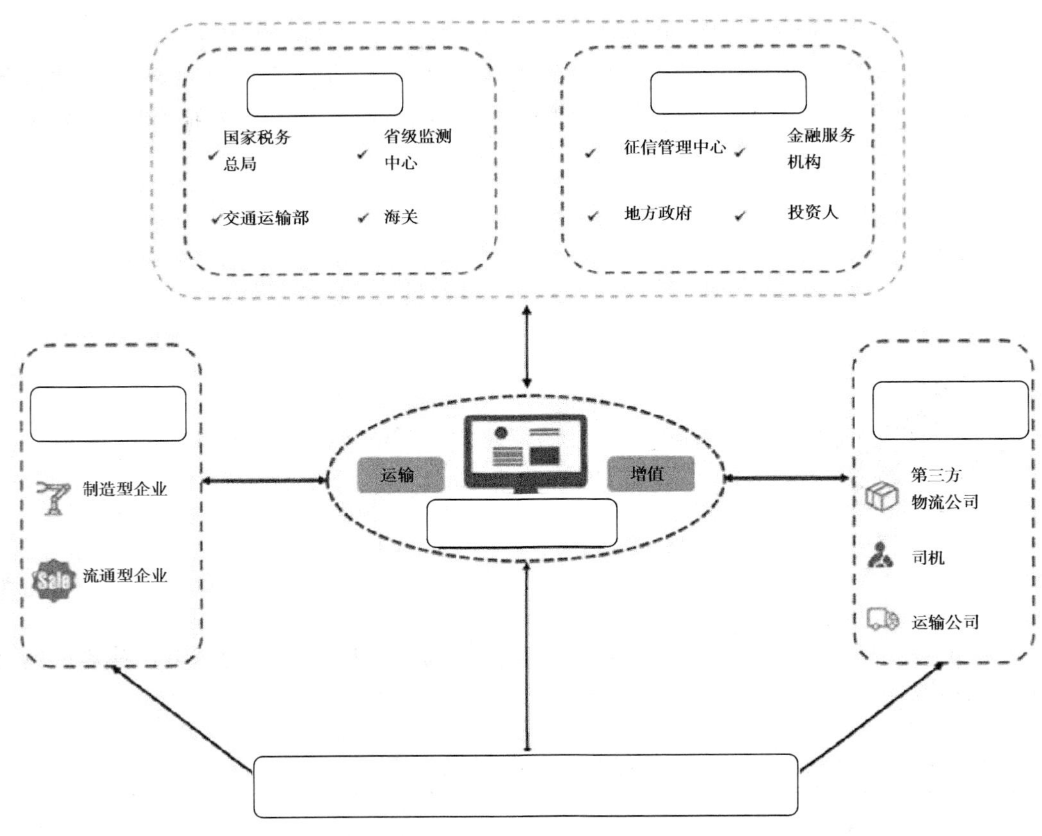

图 8-1-1　网络货运平台的基本运营模式图

任务反思

在完成任务的过程中，遇到了哪些问题？是如何解决的？

任务评价

学生互评表

<table>
<tr><td>班级</td><td></td><td>姓名</td><td></td><td colspan="2">学号</td><td colspan="2"></td></tr>
<tr><td colspan="2">任务名称</td><td colspan="6">网络货运概述</td></tr>
<tr><td colspan="2">评价项目（占比）</td><td colspan="4">评价标准</td><td>分值（分）</td><td>得分（分）</td></tr>
<tr><td colspan="2">考勤（10%）</td><td colspan="4">出勤情况（无故旷课、迟到、早退，出现一次扣10分；请假出现一次扣2分）</td><td>10</td><td></td></tr>
<tr><td rowspan="2">学习能力（10%）</td><td>合作学习能力</td><td colspan="4">小组合作参与程度（优6分，良4分，一般2分，未参与0分）</td><td>6</td><td></td></tr>
<tr><td>个人学习能力</td><td colspan="4">个人自主探究参与程度（优4分，良2分，未参与0分）</td><td>4</td><td></td></tr>
<tr><td rowspan="6">工作过程（60%）</td><td rowspan="2">比较网络货运与无车承运</td><td colspan="4">能准确梳理网络货运与无车承运的相同点（每错一处扣4分）</td><td>8</td><td></td></tr>
<tr><td colspan="4">能准确梳理网络货运与无车承运的不同点（每错一处扣6分）</td><td>12</td><td></td></tr>
<tr><td rowspan="4">分析网络货运平台</td><td colspan="4">能收集并记录我国常见的网络货运平台（每错一处扣1分）</td><td>4</td><td></td></tr>
<tr><td colspan="4">能准确梳理常见的网络货运平台的网络货运业务核心要点（每错一处扣2分）</td><td>10</td><td></td></tr>
<tr><td colspan="4">能梳理网络货运平台所需要具备的功能（每错一处扣2分）</td><td>16</td><td></td></tr>
<tr><td colspan="4">能将网络货运平台的基本运营模式图补充完整（每错一处扣2分）</td><td>10</td><td></td></tr>
<tr><td rowspan="2">工作成果（20%）</td><td>完成情况</td><td colspan="4">能按规范及要求完成任务（未完成一处扣2分）</td><td>10</td><td></td></tr>
<tr><td>展示情况</td><td colspan="4">能准确展示梳理的网络货运与无车承运的相同点及不同点和网络货运平台的基本运营模式图（失误一次扣5分）</td><td>10</td><td></td></tr>
<tr><td colspan="6">合计</td><td>100</td><td></td></tr>
</table>

教师评价表

<table>
<tr><td>任务名称</td><td colspan="8">网络货运概述</td></tr>
<tr><td>授课信息</td><td colspan="8"></td></tr>
<tr><td colspan="2">班级</td><td>组别</td><td></td><td>姓名</td><td></td><td>学号</td><td colspan="2"></td></tr>
<tr><td colspan="2">评价项目（占比）</td><td colspan="5">评价标准</td><td>分值（分）</td><td>得分（分）</td></tr>
<tr><td colspan="2">考勤（10%）</td><td colspan="5">出勤情况（无故旷课、迟到、早退，出现一次扣10分；请假出现一次扣2分）</td><td>10</td><td></td></tr>
</table>

续　表

评价项目（占比）		评价标准	分值（分）	得分（分）
学习能力（10%）	合作学习能力	小组合作参与程度（优6分，良4分，一般2分，未参与0分）	6	
	个人学习能力	个人自主探究参与程度（优4分，良2分，未参与0分）	4	
工作过程（60%）	比较网络货运与无车承运	能准确梳理网络货运与无车承运的相同点（每错一处扣4分）	8	
		能准确梳理网络货运与无车承运的不同点（每错一处扣6分）	12	
	分析网络货运平台	能收集并记录我国常见的网络货运平台（每错一处扣1分）	4	
		能准确梳理常见的网络货运平台的网络货运业务核心要点（每错一处扣2分）	10	
		能梳理网络货运平台需要具备的功能（每错一处扣2分）	16	
		能将网络货运平台的基本运营模式图补充完整（每错一处扣2分）	10	
工作成果（20%）	完成情况	能按规范及要求完成任务（未完成一处扣2分）	10	
	展示情况	能准确展示梳理的网络货运与无车承运的相同点及不同点和网络货运平台的基本运营模式图（失误一次扣5分）	10	
合计			100	

知识学习

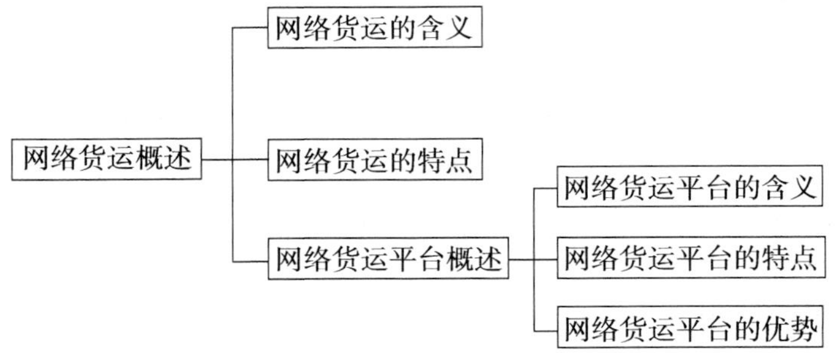

一、网络货运的含义

网络货运的前身是无车承运，网络货运是由无车承运演变而来的，它是一种无运输工具承运的新模式。2019年《网络平台道路货物运输经营管理暂行办法》（以下简称

《暂行办法》）发布，在《暂行办法》中关于网络货运的定义是：经营者依托互联网平台整合配置运输资源，以承运人身份与托运人签订运输合同，委托实际承运人完成道路货物运输，承担承运人责任的道路货物运输经营活动，如图8–1–2所示。

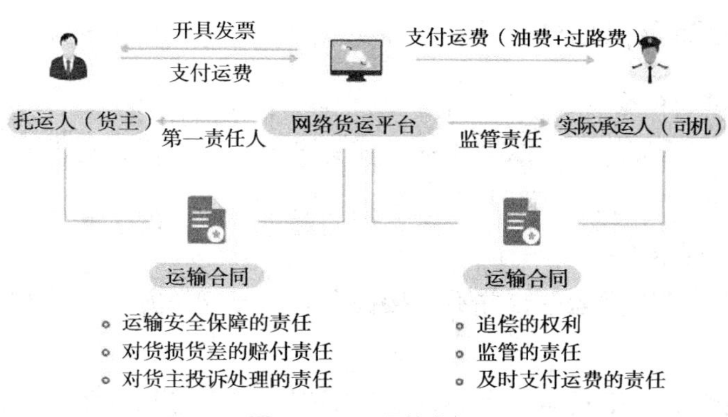

图8–1–2　网络货运

扫一扫

网络货运的三个关键词

扫描二维码，进一步理解网络货运的三个关键词。

二、网络货运的特点

（1）网络货运属于承运人的范畴，享有与实际承运人同等的权利与义务。

（2）网络货运属于轻资产运作，适应当前运输行业存在的运力、园区、专线等资源相对过剩的现状。

（3）实现了资产与运营的相对分离和高效运作，在更大范围加快了行业分工协作；具有较强的市场灵活性和应变能力；有利于实现快速的规模扩张和网络覆盖。

（4）网络货运有助于实现货源、零散运力、车辆后服务市场、专线、站场、网点等的整合。

（5）网络货运带有一定的互联网基因，需要有专业的研发团队并持续加大科技研发投入，属于技术密集型和管理密集型产业。

（6）网络货运与社会运力、货主方形成稳固的平台合作关系；显著提升行业市场集中度和组织化水平；有利于企业平台化发展，并向生态圈演进。

三、网络货运平台概述

1. 网络货运平台的含义

网络货运平台就是通过共享模式整合社会运力资源，依托移动互联、大数据和人工智能技术，搭建的“方便、科技、可靠”的货运平台。

2. 网络货运平台的特点

（1）轻资产。网络货运平台并不直接拥有运输车辆，并不直接对各类物流设施进行运营管理。

（2）强适应性。网络货运平台不仅适应零担、整车等运输市场，而且在城配、冷链、危货、多式联运等专业运输领域有着天然优势。

（3）重技术。操作便捷，可在线进行对接位置服务、短信发送、电子合同签署、单据识别、实名认证等，所有数据可视化。

（4）强风控。五流合一（订单流、合同流、轨迹流、支付流、票据流），可大大提高风控能力。

3. 网络货运平台的优势

（1）有效促进了资源整合和集约开发。经营者利用移动互联网等先进信息技术，整合大量货源，通过信息网络实现分散的运力、货源、站点等资源的集中调度和优化配置。逐步引导带动行业由“零、散、小、弱”向集约化、规模化、组织化方向发展。

（2）有效提高物流运输的组织效率。无车试点企业通过合理配置在线资源，实现线下物流的高效运行，促进行业降低成本，提高效率。

（3）切实规范物流运输经营行为。试点企业通过严格的承运商筛选标准，完善评估档案，加强全过程实施风险管理，完善保险赔偿机制，逐步建立覆盖全链、全环节、全要素的管理体系，有效规范中小企业的经营行为。

思政提升

物联网与数字经济发展

党的二十大报告指出，加快发展物联网，建设高效顺畅的流通体系，降低物流成

本。加快发展数字经济，促进数字经济和实体经济深度融合，打造具有国际竞争力的数字产业集群。优化基础设施布局、结构、功能和系统集成，构建现代化基础设施体系。

互联网时代瞬息万变，考虑和处理问题要敏捷，反应要快速。因此，我们必须紧紧跟上互联网的步伐，利用互联网思维研判问题，处理工作。要敢于做过去没有做过的事情，敢于想过去没有想过的事情，使行业和企业永远立于不败之地。

参考答案

步骤一：比较网络货运与无车承运。

通过网络查询的方式，结合所学的知识，分析网络货运和无车承运的异同点，填写表8–1–2（见表8–1–5）。

表8–1–5　　网络货运和无车承运的异同点

相同点	不同点
①都是利用互联网技术实现物流运输的信息化和网络化。 ②都可以提高物流运输的效率，减少中间环节，降低物流成本。 ③都可以实现运输过程的可视化，方便货主和物流公司对运输过程进行监控和管理。 ④都对物流运输市场产生了重大影响，改变了传统的物流运输模式	①概念不同：网络货运是指利用互联网技术，通过信息化手段实现物流运输的组织和管理；而无车承运则是指不拥有车辆的第三方物流公司，通过互联网技术，为货主提供物流运输服务。 ②运营模式不同：网络货运通常由大型物流企业或专业的信息技术公司开发和运营，它们拥有强大的物流资源和信息技术能力；而无车承运则通常由小型创业公司或个人开发运营，没有自己的车辆，而是通过整合社会资源来实现物流运输。 ③服务对象不同：网络货运主要服务于大型企业和物流公司，可以通过网络货运平台来提高物流运输的效率和降低成本；而无车承运则主要服务于小微企业和个体户，可以通过无车承运平台来解决运输难、运费高的问题。 ④法律责任不同：在无车承运模式中，由于无车承运人不拥有车辆，因此无车承运人主要是对货物损失承担连带责任；而网络货运平台作为承运人，需要对货物损失承担直接责任

步骤二：分析网络货运平台。

（1）收集网络货运平台。

通过网络查询的方式，收集我国目前市场上常见的网络货运平台（至少4个），并简要概括其网络货运业务核心要点，填写表8–1–3（见表8–1–6）。

表 8-1-6　　网络货运平台的网络货运业务核心要点

网络货运平台	网络货运业务核心要点
中储智运	中储智运针对传统物流行业“小、散、乱、差”及车辆空驶、空载率高的长期痛点，集成移动互联网、云计算、大数据、人工智能、物联网、区块链等前沿技术，打造突破时空界限的中储智运网络货运平台，整合货主企业、司机、运输公司等社会运力资源，通过核心智能配对数学算法模型，将货源精准推荐给返程线路、返程时间、车型等最为契合的货车司机，实现货主与司机的线上交易，为货主企业降本增效，为货车司机降低车辆空驶率，减少找货、等货时间及各种中间费用，实现社会物流效率与发展质量的“双向提升”
G7 易流	定位于智慧物联网平台，以 GPS 位置数据服务起步（监管方对车辆位置监控有硬性要求），用工具解决货运物流公司的调度管理难题。面向生产制造与消费物流行业的货主及货运经营者提供软硬一体、全链贯通的 SaaS（软件即服务）服务，包括订阅服务（车队管理、安全管理）与交易服务（数字货运、数字能源、智能装备、物联保险）
传化智联	以“物流+科技+金融”的平台模式，聚焦服务中国制造，通过线上传化货运网和线下公路港城市物流中心互相协同的方式，以数字化智能技术助力制造业客户转型升级，聚焦解决企业间、区域间、省际货物高效流转问题，以平台化与数字化使能物流企业高效服务制造业货主企业。目前已建设形成“传化货运网”“智能公路港”“科技金融”三大线上线下融合的服务体系
满帮	满帮是中国领先的数字货运平台之一，由两家公路干线货运平台－运满满和货车帮于2017年合并而成。满帮连接货车司机及货主双端用户，将大数据、云计算、人工智能技术引入物流行业，其智慧物流生态体系涵盖货源信息发布业务、货源经纪业务、增值业务、同城业务和冷运业务

（2）分析网络货运平台的功能。

网络货运平台是申请网络货运资质的前提条件，货主通过平台下单后选择整车还是零担，真正实现了线上互联网便捷体验和线下实体合作伙伴服务的深度融合。

在选择网络货运平台时，一定要注意其具体功能，根据所学的知识，梳理出网络货运平台需要具备的功能，填写表 8-1-4（见表 8-1-7）。

表 8-1-7　　网络货运平台需要具备的功能

序号	功能	功能描述
1	信息发布	网络货运平台应具备车源、货源管理，信息发布、修改、推送等功能
2	线上交易	线上组织运力，整合资源生成电子运单，完成线上交易
3	全程监控	运输轨迹全程跟踪，证件到期提示，违规行为报警
4	金融支付	具备核销对账、交易明细查询、生成资金流水单等功能
5	咨询投诉	具备咨询、举报投诉、结果反馈等功能

续　表

序号	功能	功能描述
6	在线评价	具备对托运人、实际承运人进行信用打分及评级的功能
7	查询统计	具备运单、资金流水、运输轨迹、信用记录等的统计功能
8	数据调取	交通运输、税务等相关部门能依法调取数据

（3）梳理网络货运平台的基本运营模式。

结合所学的内容，将网络货运平台的基本运营模式图（见图8–1–1）补充完整（见图8–1–3）。

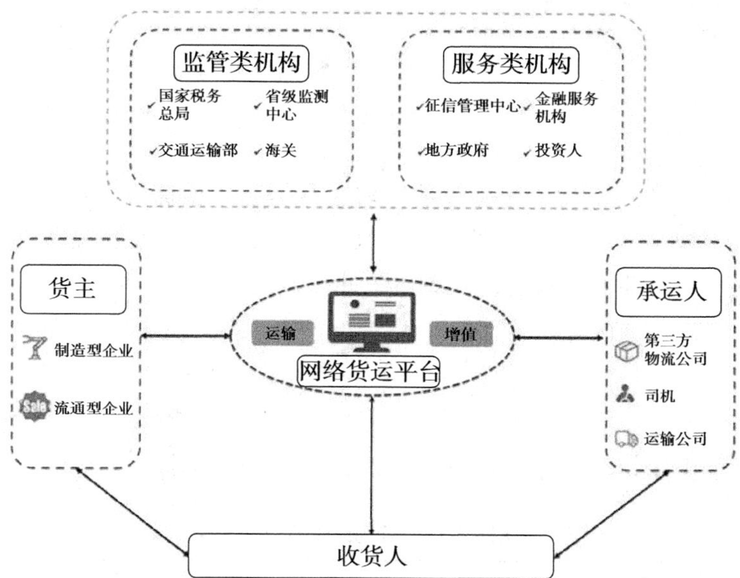

图8–1–3　网络货运平台的基本运营模式图

任务二　网络货运业务组织

任务目标

通过本任务的学习，可以达成以下目标。

知识目标	1. 了解网络货运业务的核心要素 2. 理解网络货运的主要业务 3. 理解网络货运经营模式
技能目标	1. 能够梳理网络货运平台使用流程 2. 能够梳理网络货运经营发展的有效手段
思政目标	培养以身作则的责任意识、规范意识、创新意识

任务发布

张力是华源集团上海物流中心运输部的新员工，在主管的带领下，张力很快熟悉了网络货运的基础知识。为了让张力能够快速地适应公司环境，更加高效地执行网络货运业务，张力还需要对网络货运业务组织进行详细学习。

任务工单

网络货运业务组织的任务计划如表8-2-1所示。

表8-2-1　网络货运业务组织的任务计划

任务名称：	
组长：	组员：
任务分工：	
方法、工具：	

续　表

任务步骤：

任务实施

步骤一：梳理网络货运平台的使用流程及要求。

（1）网络货运平台使用流程的第一个环节是信息审核。

操作步骤1：托运人信息审核。

网络货运经营者应在平台上登记并核对托运人信息。

①当托运人为法人时，需要审核的信息如下。

②当托运人为自然人时，需要审核的信息如下。

操作步骤2：实际承运人信息审核。

①网络货运经营者应要求实际承运人在平台注册登记并核对以下信息。

②对于实际承运人来说，网络经营者应留存的有效证件如下。

（2）网络货运平台使用流程的第二个环节是签订合同。

网络货运经营者应按照《中华人民共和国民法典》的要求，分别与托运人和实际承运人签订运输合同，请结合所学知识，梳理出运输合同的主要内容，填写表8-2-2。

表8-2-2 运输合同的主要内容

序号	合同信息项目	项目具体内容
1		
2		
3		
4		

（3）网络货运平台使用流程的第三个环节是运输过程监控。

网络货运经营者应在生成运单号码后，实时采集实际承运车辆运输轨迹的动态信息，具体需要实时采集和上传的信息如下。

步骤二：梳理网络货运经营发展的有效手段。

扫一扫

网络货运平台运营战略分析案例

扫描二维码，查看网络货运平台运营战略分析案例。

结合所学知识和案例，梳理出有效的网络货运经营发展建议（至少3条）。

任务反思

在完成任务的过程中，遇到了哪些问题？是如何解决的？

任务评价

学生互评表

班级		姓名		学号	
任务名称		网络货运业务组织			
评价项目（占比）		评价标准		分值（分）	得分（分）
考勤（10%）		出勤情况（无故旷课、迟到、早退，出现一次扣10分；请假出现一次扣2分）		10	
学习能力（10%）	合作学习能力	小组合作参与程度（优6分，良4分，一般2分，未参与0分）		6	
	个人学习能力	个人自主探究参与程度（优4分，良2分，未参与0分）		4	
工作过程（60%）	梳理网络货运平台的使用流程及要求	能准确梳理网络货运平台中托运人需要审核的信息（每错一处扣1分）		10	
		能准确梳理网络货运平台中实际承运人需要审核的信息（每错一处扣2分）		6	
		能准确列出网络经营者应留存的有效证件名称（每错一处扣1分）		7	
		能准确梳理运输合同中需列明的合同信息项（每错一处扣2分）		10	
		能准确梳理运输合同中需列明的合同信息项的具体内容（每错一处扣1分）		5	
		能准确列出网络货运平台运输过程监控需要监控的基础信息（每错一处扣1分）		4	
	梳理网络货运经营发展的有效手段	能梳理促进网络货运经营发展的有效手段（每错一处扣2分）		6	
		能结合具体的手段阐述具体建议（每错一处扣4分）		12	

续　表

<table>
<tr><th colspan="2">评价项目（占比）</th><th>评价标准</th><th>分值（分）</th><th>得分（分）</th></tr>
<tr><td rowspan="2">工作成果（20%）</td><td>完成情况</td><td>能按规范及要求完成任务（未完成一处扣2分）</td><td>10</td><td></td></tr>
<tr><td>展示情况</td><td>能准确展示梳理的网络货运平台使用流程和网络货运经营发展的有效手段（失误一次扣5分）</td><td>10</td><td></td></tr>
<tr><td colspan="3">合计</td><td>100</td><td></td></tr>
</table>

教师评价表

<table>
<tr><td>任务名称</td><td colspan="8">网络货运业务组织</td></tr>
<tr><td>授课信息</td><td colspan="8"></td></tr>
<tr><td>班级</td><td></td><td>组别</td><td></td><td>姓名</td><td></td><td>学号</td><td colspan="2"></td></tr>
<tr><td colspan="2">评价项目（占比）</td><td colspan="5">评价标准</td><td>分值（分）</td><td>得分（分）</td></tr>
<tr><td colspan="2">考勤（10%）</td><td colspan="5">出勤情况（无故旷课、迟到、早退，出现一次扣10分；请假出现一次扣2分）</td><td>10</td><td></td></tr>
<tr><td rowspan="2">学习能力（10%）</td><td>合作学习能力</td><td colspan="5">小组合作参与程度（优6分，良4分，一般2分，未参与0分）</td><td>6</td><td></td></tr>
<tr><td>个人学习能力</td><td colspan="5">个人自主探究参与程度（优4分，良2分，未参与0分）</td><td>4</td><td></td></tr>
<tr><td rowspan="8">工作过程（60%）</td><td rowspan="6">梳理网络货运平台的使用流程及要求</td><td colspan="5">能准确梳理网络货运平台中托运人需要审核的信息（每错一处扣1分）</td><td>10</td><td></td></tr>
<tr><td colspan="5">能准确梳理网络货运平台中实际承运人需要审核的信息（每错一处扣2分）</td><td>6</td><td></td></tr>
<tr><td colspan="5">能准确列出网络经营者应留存的有效证件名称（每错一处扣1分）</td><td>7</td><td></td></tr>
<tr><td colspan="5">能准确梳理运输合同中需列明的合同信息项（每错一处扣2分）</td><td>10</td><td></td></tr>
<tr><td colspan="5">能准确梳理运输合同中需列明的合同信息项的具体内容（每错一处扣1分）</td><td>5</td><td></td></tr>
<tr><td colspan="5">能准确列出网络货运平台运输过程监控需要监控的基础信息（每错一处扣1分）</td><td>4</td><td></td></tr>
<tr><td rowspan="2">梳理网络货运经营发展的有效手段</td><td colspan="5">能梳理促进网络货运经营发展的有效手段（每错一处扣2分）</td><td>6</td><td></td></tr>
<tr><td colspan="5">能结合具体的手段阐述具体建议（每错一处扣4分）</td><td>12</td><td></td></tr>
</table>

续　表

评价项目（占比）		评价标准	分值（分）	得分（分）
工作成果（20%）	完成情况	能按规范及要求完成任务（未完成一处扣2分）	10	
	展示情况	能准确展示梳理的网络货运平台使用流程和网络货运经营发展的有效手段（失误一次扣5分）	10	
合计			100	

知识学习

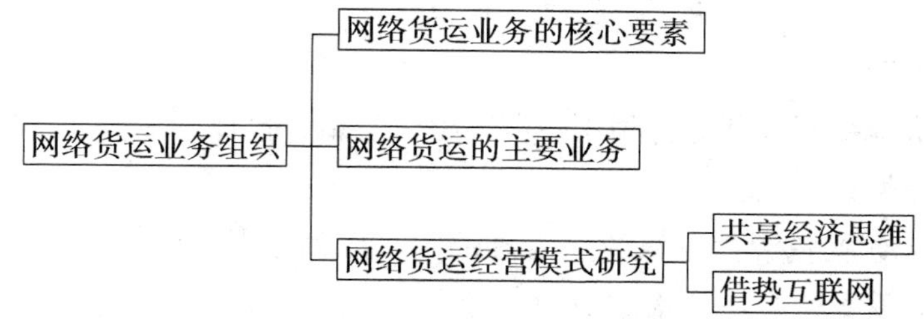

一、网络货运业务的核心要素

网络货运的核心要素是道路货运经营。网络货运的手段是网络平台，根本是道路货运经营。网络货运要发展不能脱离互联网这个必要手段，需要依托互联网的新业态。互联网经济必须依托实体产业，网络货运发展中货源组织、运力调度、全程管理仍是不能动摇的关键。

从法律的角度理解，网络货运有以下三个要点。

（1）网络货运属于道路货运经营。相关部门会向符合条件的申请人颁发道路运输经营许可证，经营范围为网络货运。

（2）承担承运人责任。以承运人身份与托运人签订运输合同，进行承担承运人责任的道路运输经营活动。

（3）撮合业务不属于网络货运。网络货运不包括仅为托运人和实际承运人提供信息中介和交易撮合等服务的行为。

网络货运法律定位中的两个核心要素如下。

（1）与托运人的合同类型。签订运输合同（或运单），而不是居间合同或会员服务合同。运输合同是指承运人将旅客或货物从起运地点运输到约定地点，旅客、托运人或收货人支付票款或运费的合同。

（2）是否承担全程运输责任。网络货运经营者直接向托运人负责，承担全程运输责任，而不是由实际承运人直接承担运输责任。

二、网络货运的主要业务

根据服务对象的需求及互联网业务模式移植与创新，网络货运平台业务主要有以下几种。

（1）运送货物。

运送货物全过程实施动态跟踪、运力资源优化配置等技术手段，向托运人提供货物运输、货物装卸、设施设备租赁等基础物流服务。

（2）供应链的增值。

根据各行业供应链的特点，为上游和下游工商企业提供物流系统设计、运行战略制定、信息共享、市场政策决定、软硬件集成等一体化服务。

（3）物流金融。

汇集网络货运平台运营的各种用户群，提供贷款、投保、投资等金融服务。

（4）数据分析。

基于物流大数据资源为各级政府管理部门、工商企业、物流企业、咨询机构、科研院所、社会公众提供专业的物流地理、货流时空分布等基础数据分析服务。

（5）物流节点智能化运营。

基于物流复杂网络模型理论和各种输送方式的多段物流节点功能设定，由分布式应用系统、定影化数据终端和标准服务帧构成的模块化、自定义利用物流节点的智能化系统，提供扩大商品供应源、运输企业加盟、信息检索、市场宣传等业务功能。

（6）公益咨询。

基于大数据技术，为政府和行业管理部门提供发展战略、物流计划、经济运行分析等公益咨询业务。

三、网络货运经营模式研究

1. 共享经济思维

网络货运经营者要充分应用共享经济思维，利用运输市场上所有能触及的资源（运输载具、装卸工人、仓库等），制定货运标准和流程，提升资源利用率。

2. 借势互联网

互联网产品有一个实体产品比不了的特点，就是边际成本几乎为零。边际成本指的是每一单位新增生产的产品（或者购买的产品）带来的总成本的增量。互联网产品是虚拟的，增加一个和增加一百个，总成本几乎不变。网络货运经营者就是要利用互联网产品边际成本几乎为零的特点，使物流成本变小。

思政提升

网络货运平台发展挑战

据国家统计局数据显示，2020年货物运输总量463亿吨，货物运输周转量196618亿吨公里，其中公路运输总量为342.6亿吨。相关数据显示，中国有近92.8%的物流企业平均车辆数少于5辆（含挂靠）；从事公路运输的经营主体有92%为个体工商户。庞大的公路货运需求和大量个体驾驶员的存在为网络货运的飞速发展创造机遇，货运行业数字化转型刻不容缓。自2020年以来，成功拿到网络货运牌照的企业有1200余家，得益于利好政策的支持，全国各地都有网络货运的身影。

尽管有了网络货运平台，部分驾驶员仍处于水深火热中，由此可见，作为连接货主和驾驶员的桥梁，网络货运平台应该肩负其职责，加强信息审核，确保平台信息的真实性，杜绝货源垄断和恶意压价，实现运费线上实时结算，改善驾驶员的生存现状。

未来，应加强对该行业的税务督查、运营监管，借助大数据等先进手段，不放过违法违规的任何一个蛛丝马迹，守住法律的红线，确保企业合规运营。随着利好政策的逐渐收紧，过于依赖政策红利的企业将不具备竞争优势，专注于提升服务质量，提供多元化差异服务的企业才有更加光明的未来。

作为当代青年，在瞬息万变的数字时代，更加需要我们具备责任意识和创新精神，以身作则，为物流行业的发展保驾护航。

参考答案

步骤一：梳理网络货运平台的使用流程及要求。

（1）网络货运平台使用流程的第一个环节是信息审核。

操作步骤1：托运人信息审核。

网络货运经营者应在平台上登记并核对托运人信息。

①当托运人为法人时，需要审核的信息如下。

托运单位及法人代表名称、统一社会信用代码、联系人、联系方式、通信地址、经营范围及营业期限等基本信息

②当托运人为自然人时，需要审核的信息如下。

托运人姓名、有效证件号码、联系方式等基本信息。

操作步骤2：实际承运人信息审核。

①网络货运经营者应要求实际承运人在平台注册登记并核对以下信息。

实际承运人名称、道路运输经营许可证号、统一社会信用代码（或身份证号）等。

②对于实际承运人来说，网络经营者应留存的有效证件如下。

实际承运人的营业执照、身份证等扫描件，驾驶员的身份证、机动车驾驶证、道路运输从业资格证、车辆行驶证、道路运输证。

（2）网络货运平台使用流程的第二个环节是签订合同。

网络货运经营者应按照《中华人民共和国民法典》的要求，分别与托运人和实际承运人签订运输合同，请结合所学知识，梳理出运输合同的主要内容，填写表8–2–2（表8–2–3）。

表8–2–3　运输合同的主要内容

序号	合同信息项	具体内容
1	当事人信息	包括托运人、收货人、网络货运经营者、实际承运人的名称和联系方式
2	服务内容	包括货物信息、运输方式、起讫地、运价、时效要求等
3	当事人权利义务关系	包括托运人、收货人、网络货运经营者、实际承运人各方的权利和义务
4	运费结算方式	包括具体的运费计算方式，如月结、季度结或者年度结

（3）网络货运平台使用流程的第三个环节是运输过程监控。

网络货运经营者应在生成运单号码后，实时采集实际承运车辆运输轨迹的动态信息，具体需要实时采集和上传的信息如下。

驾驶员地理位置信息，实现交易环节信息，运输全过程的物流信息，结算过程的信息。

步骤二：梳理网络货运经营发展的有效手段。

结合所学知识和案例，梳理出有效的网络货运经营发展建议（至少3条）。

①组建自己的技术团队。网络货运经营者必须组建自己的技术团队，根据客户反馈和运输流程的变化，及时更新系统。

②汇聚各种运输方式的人才，发展多式联运。网络货运经营要通过多式联运降低运输成本，首先要有精通各种运输方式的人才。

③制定标准化流程，规范每个运输环节。网络货运经营者只有在流程创新和技术创新上下功夫，才能“弥补”不超载带来的成本增加。标准化作业流程是实现共享经济的基础准备，能够带来更多的模式创新，发掘更多降低成本的方法。

④从细分市场入手，摸清真正的痛点。从一个细分市场入手，了解该品类真正的痛点，再逐个击破扩大规模。

参考文献

[1] 王长琼，袁晓丽. 物流运输组织与管理[M]. 2版. 武汉：华中科技大学出版社，2017.

[2] 付丽茹，解进强. 公路运输实务[M]. 北京：清华大学出版社，2016.

[3] 邓永贵，王静梅. 铁路货物运输[M]. 北京：化学工业出版社，2017.